U0505290

国民经济学原理

［奥］卡尔·门格尔 著　　刘絜敖 译

格致出版社　上海人民出版社

目录

目　录

导　言

卡尔·门格尔*

哈耶克(F. A. Hayek)

一部经济学说史说不尽为人遗忘的先驱者传奇：这些人的著作起初毫无影响，只是经过别人的宣扬，他们的主要观念才能被重新发现并广为人知；也道不尽那些各自独立发现的显著的不谋而合及其单本著作特殊命运的故事。但在经济学或其他知识分支中，的确还有一些例外的事：作者本人革命了这个发展本已成熟的科学而且世所公认，可其著作却鲜为人知。卡尔·门格尔(Carl Menger)的著作便是一例。很难想象还有第二本著作能像《国民经济学原理》那样产生过如此持久和一致的影响，却纯粹由于种种意外，而流传于极小的范围。

如果说在过去60年间，奥地利学派在经济科学发展中几乎占据了独一无二的位置，那么，这完全要归功于门格尔所奠定的基础。对此，没有哪一位能干的史学家会有疑问。但这个学派在国外的名声以及其体系中重要观点的发展则来自他的两位杰出同仁的努力。一位是庞巴维克(Eugen von Böhm-Bawerk)，另一位则是维塞尔(Friedrich von Wieser)。但是，如果我们贬低这两个人的成就而认为这个学派基本观念完完全全属于门格尔，也毫不为过。若非他发现了这些原理，也许会相对不为人知，甚至会和在他之前的许多杰出人物的命运一样为历史所遗忘，并几乎肯定在德语国家以外长期地默默无闻。然而，奥地利

---

* 这篇生平介绍是专门为门格尔《国民经济学原理》重印而写的，以此为导言。有四本著作体现了他对经济科学的主要贡献。它们全都作为“政治经济学珍稀著作再版系列丛书”(Series of Reprints of Scarce Works in Economics and Political Science)由伦敦经济学院出版。在这套书中编号为17到20号，而《国民经济学原理》则是四本中的头一本。

学派成员的共通之处，构成其独到方面以及为其日后成就奠定基础的正是他们接受了卡尔·门格尔的传授。

有关杰文斯(W.S.Jevons)、门格尔、瓦尔拉斯(L.Walras)三人各自独立发现边际效用原理之事已众所周知，毋需多言。在1871年，杰文斯的《政治经济学理论》和门格尔的《国民经济学原理》(以下简称《原理》)同时出版。现在，人们通常恰当地认为这是现代经济学的发轫之年。其实，杰文斯早在9年前的一篇讲演中(该讲演于1866年出版)就概述其基本观念，但和者甚寡，而瓦尔拉斯则到1874年才发表其成就。但是，三位奠基人的著作完全是独自创作，这是确凿无疑的。而事实上，虽然他们同处核心地位，在他们的体系中，他们及同代人最为重视的观点也完全一样，可他们著作的一般特征及背景是如此明显地不同以至于我们不禁要问一个最有意思的问题，即如此不同的思想路线是怎么产生这样近似结果的。

要理解卡尔·门格尔这部著作的知识背景，就必须对当时经济学的一般地位多言几句。虽然从1848年穆勒(J.S.Mill)的《政治经济学原理》到新学派出现的四分之一世纪里，古典经济学在应用领域中的众多方面都取得了伟大的成功，但其基础，尤其是价值理论都在日益失去人们的信任。尽管穆勒志得意满于其价值理论的完善状态，但正是《政治经济学原理》中系统化的表述以及日后他在这个学说要点上的退步，使得古典体系的不足表露无遗。无论如何，在大多数国家中批判性攻击和重建的尝试与日倍增。

但是，没有一个地方像德国那样，古典经济学衰落得如此干净利落。在历史学派的猛烈攻击之下，人们不仅完全地抛弃了古典学说——它们从未求在德国扎下根来——而且也深深地怀疑任何理论分析的尝试。这部分出于方法论的考虑，但更多的则是对古典英国学派实际结论的强烈厌恶，因为这个学派阻碍了以“伦理学派”之名为荣的年轻团体的改革热情。在英国，经济理论的发展只是停滞不前，而在德国，则成长起第二代历史学派经济学家。他们不仅从未熟悉现存的发展完善的理论体系，而且学会了把任何一种类型的理论都视为无用之举，如果不是有害的话。

也许，古典学派学说已经名声扫地，以至于其无法为仍然有志于理论问题的人提供重建基础的可能。但是，19世纪上半叶德国经济学家的文章著作中的要素却孕育着新发展方向的种子。[1]古典学派之所以从未在德国根深蒂固，原因之一便是德国经济学家一直清醒地意识到任何成本或劳动价值理论中内在的矛盾。也许，这部分是因为18世纪孔狄拉克(Condillac)和其他法国、意大利作者的传统遗风尚存的影响所致。这个传统拒绝将价值与效用完全割裂开来。从这个世纪早期到五六十年代，在后继作者中，赫尔曼(Hermann)也许是出类拔萃并最有影响的人物[获得完全成功的戈森(Gossen)当时并不引人注意]。他试图把效用和稀缺概念结合起来解释价值，这已经非常逼近门格尔提出的解决方法。正是这些在同时代的头脑更为实际的英国经济学家看来是纯粹无用的哲学思考，使门格尔受益匪浅。只要浏览一下《原理》中其范围甚广的注释或者本版中已增补的作者索引，就会发现门格尔对这些德国和法国、意大利作家是何等熟悉，而古典英国学派相对来说在其中地位何等之小。

虽然，门格尔的文献知识之广超过了其他边际效用学说的共同奠基者——这方面，在《原理》撰写的早期，只有百科全书式的罗雪尔(Roscher)堪与之媲美——但在他所提及的作者名单中却有着一块奇怪的空白。这个空白也许可以用来解释他与杰文斯、瓦尔拉斯方法上的差异。[2]特别重要的是，他在写《原理》时显然并不知道古诺(Cournot)的著作，而其他现代经济学的奠基人，瓦尔拉斯、马歇尔(Marshall)甚至杰

[1] 法国很大程度上亦是如此。甚至也可以说，英国也存在着一股非正统的思潮，只是完全被占统治地位的古典学派所掩蔽，但是，它却十分重要，因为其杰出的代表，郎菲尔德(Longfield)的著作经由赫恩(Hearn)的中介无疑对杰文斯产生了一些影响。

[2] 毫不令人惊奇的是，他并不认识离他不远的法国先驱者戈森。当杰文斯和瓦尔拉斯第一次发表他们的观点时，门格尔同样也对他们一无所知。直到1870年才出现了第一本公正评价戈森著作的书，朗格(F.A.Lange)的《工人问题》第二版，而此时门格尔的《原理》也许已在排版了。

文斯都很可能直接或间接地受益于古诺。[1]更令人惊讶的事还在于，当时门格尔似乎还不知道与他思想特别契合的屠能(Thünen)的著作。故而，虽然可以说门格尔是在一种特别适合于边际分析思路的学术氛围中写作的，但他在创造现代价格理论时并无明确的思想、著作可以借鉴。这与同一领域的其他同仁不同，他们都受古诺影响，此外，瓦尔拉斯还受益于杜普伊(Dupuit)[2]，而马歇尔则受益于屠能。

我们可以作一番有意思的推测，如果门格尔早已熟悉了其他奠基人的数学分析，门格尔的思想路线将会向何方发展。就我所知，一个有趣的事实是他从没有评论过数学作为经济分析工具的价值，一字半句也没有。没有理由认为他对数学一窍不通或不大喜欢。相反，他对自然科学的兴趣是毫无疑问的，他的著作中也明显地体现出对自然科学方法的强烈偏向，事实上，他的兄弟，尤其是安东(Anton)以热衷数学闻名，其子卡尔(Karl)成为一名知名数学家。这也许是这个家族有数学气质的明证。虽然他日后不仅知道了杰文斯和瓦尔拉斯的著作，也知道其同胞奥斯皮茨(Auspitz)和利本(Lieben)的著作，但他甚至没在任何一篇方法论的文章中谈及数学方法[3]，难道我们还不能得出他相当怀疑其有效性的结论?

在门格尔思想形成阶段，他肯定完全没有受到过奥地利经济学家的影响。道理很简单，奥地利事实上没有本国经济学家。门格尔所就读的大学中，政治经济学是作为法学课程的一部分，其教师几乎全是来自德国的经济学家，虽然门格尔像所有后来的奥地利学派经济学家一样，继续攻读到法学博士，但没有理由相信他确实受到其经济学教师的激

---

[1] 希克斯博士(Dr.Hicks)告诉我他有理由相信拉德勒(Lardner)用图表阐释的垄断理论来源于古诺。而杰文斯自己则说他主要受到了拉德勒这一理论的影响，有关这一点参见希克斯有关瓦尔拉斯的论文，该文将发表于今后几期的《经济学》杂志。

[2] 但是，门格尔的确知道瓦尔拉斯的父亲，A.A.瓦尔拉斯的著作，他在《原理》的第54页引用了他的著作。

[3] 唯一的例外是1889年7月8日他在一家日报《维也纳报》上发表的评论奥斯皮茨和利本关于价值理论的《探索》的文章。但这几乎也称不上例外，因为他表示他不想在此论述经济学说中数学说明的价值。这篇书评的基调，以及他反对这两位作者不仅把数学方法当作说明方法，而且当作研究工具的事实，使得一般人确信他并不以为数学特别有用。

励，故而，这使我们转向考察他的个人历史。

卡尔·门格尔于1840年2月28日生于加里西亚的纽—桑德克，这块土地现已属波兰。其父是一名律师，他来自一个古老的奥地利家族，其成员有工匠、音乐家、公务员以及军官等。这个家族从波希米亚德国部分迁到东部省，不过两代人的时间。他的外祖父[1]是一个商人。他在拿破仑战争中成了暴发户后，在西加里西亚购置了大宗田产，卡尔·门格尔在此地度过了他大部分孩提时代，直到1848年，这儿仍能见到半农奴的情况。除了俄国以外，欧洲没有一个地区能像奥地利这一地区那样如此长久地保留农奴制。他有两个弟弟，其一是安东·门格尔，他以撰写法学和社会主义著作而家喻户晓，著有《劳动力生产的整个权利》(Right to the whole Product of Labour)，他还是卡尔·门格尔在维也纳大学法学系的同事。另一个是马克思·门格尔(Max)，是著名奥地利议员和社会问题作家。兄弟三人一块就读于维也纳大学(1859—1860)，以及布拉格大学(1860—1863)。卡尔·门格尔在克拉科夫大学获得博士学位后，最初当了记者。先在李堡后在维也纳写有关经济问题的文章。几年之后，他进入奥地利国务院办公厅的新闻部工作，当了公务员，当时，国务院办公厅在奥地利公务机构中地位显赫，吸引着为数众多的天赋甚高的人才。

维塞尔曾经说过门格尔有一次告诉他当时他的职责之一就是为官方报纸《维也纳报》写市场状况的调查研究报告。正是对这些市场报告的研究，使他对传统价格理论和阅历丰富的实践家们所认为的决定价格的那些事实之间巨大的反差大为震动。究竟这是导致门格尔去研究价格决定理论的最初原因，还是看来可能仅仅给门格尔指出了其大学毕业后学业上追求的方向，我们不得而知。但是，从他离开大学到出版

[1] 卡尔·门格尔的父亲是安东·门格尔，他是另一个安东·门格尔的儿子，老安东来自1623年就生活在波希米亚安戈尔的一个古老的德国家族。卡尔·门格尔的母亲是卡洛琳。外祖父名为约瑟夫·古萨贝克，是霍恩毛特的一个商人，妻子为特蕾西·尼克蕾丝，其祖先都可各自追溯到17、18世纪霍恩毛特的洗礼派。

《原理》之日期间，他全神贯注于这些问题，一再推迟出版直到头脑中形成完整的体系[1]，这些事实是没有太大疑问的。

据说，他自己谈过他是在一种病态亢奋中写就《原理》的，这并不意味着这本书是一时兴起之作，从计划到写作都极为仓促。恰恰相反，很少有什么书能如此细致地计划，如此费尽心力地发展首次表述的观念并贯之以始终。这本 1871 年出版的薄薄一卷书，本来打算只是作为一本综合性论著的头一部分，即导言部分，它探讨了一些基本问题。门格尔不赞同公认的观点，他竭尽所能地进行必要的详尽分析，以使自己相信他正在建立一个绝对稳固的基础。第一部分是通论部分，所处理的问题正如序言所述的是产生经济活动的一般条件、价值交换、价格和货币。从他儿子 50 年后透露出的手稿笔记(这部分笔记作为第二版的导言)中，我们知道第二部分要探讨利息、价格、地租、收入、信用和纸币；第三部分则是应用部分，即生产和产业理论；第四部分则讨论了对现行经济体制的批判和经济改革的各种建议。

诚如在序言中所言，他的主要目标是建立一个统一的价格理论，用一个主导的概念解释一切价格现象，尤其是利息、工资和地租。但是全书中一大半只是在为这个主要任务作铺垫，讨论了体现这个新学派特征的新概念，即主观价值以及个人感觉。然而，甚至在全面检查经济分析所必须借助的主要概念之前，这个工作也未完成。

此外，值得注意的是早期德国作家的影响，他们偏好多少有些学究气的分类以及冗长的概念，但这些传统德国教材中历史悠久的概念一经门格尔妙手回春，便焕发青春。它们不再是干巴巴的列举或定义，而是成为一种强而有力的分析工具，在这种分析中，每一步似乎都是前面一步的必然结果。虽然，较之于庞巴维克和维塞尔的文章、著作，门格尔的表述中缺乏许多给人留下深刻印象的句子以及更为典雅系统的说明，但大体上毫不逊色，在许多方面还明显地优于那些后期的著作。

---

[1] 最早的有关价值理论的手稿写于 1867 年。

导　言

本篇导言的目的并不是就门格尔的论述作一个相关概述。但是他论述中的确有一些方面本该值得特别注意却不大为人所知，这多少令人惊讶。在书的开头几页中，他第一次仔细地研究了人类欲望及其满足手段之间的因果关系，据此推导出了他的著名的区分，即把财货分为第一级、第二级、第三级及更高的级别，以及现在已家喻户晓的不同财货间补足品的概念。上述研究典型地表明：与一般的印象相反，奥地利学派总是特别地关注生产技术结构。1914 年，维塞尔出版了其晚年著作《社会经济学理论》。在书中，他精细地研究了“前价值理论部分”。这部分阐述继续讨论了价值理论，同时也最为清晰和系统地体现出对生产技术结构的关注。更为显著的是时间因素自始至终所起的重要作用。在人们的一般印象中，现代经济学的早期代表倾向于忽略这个因素，对那些现代均衡理论数学表述的肇始者来说，这样的印象也许并不为过，但如包括门格尔则失之偏颇了。对他来说，经济活动本质上是对未来的计划，所以他根据人类在不同时段预想的不同需求而划分相当不同的时段。他对时段(period)的讨论的确具有现代意义。

现在，人们似乎多少有点不可思议，门格尔是第一个以稀缺观念为基础区分自由财货和经济财货的人。但是，正如他所言，当英语文献中还不大知道这个概念时，那些先于他使用这个概念的德国作家，尤其是赫尔曼就已尝试以有无努力成本来作出这种区分。但是，非常符合他个性的是，当所有门格尔的分析以这个稀缺观念为根据时，他就不再使用这个简单术语了，取而代之以“不足数量”或“经济比例关系”这两个非常精确却略显啰嗦的词来表达。

大体而言，其著作的一个特点便是他重视一个现象的细致描述甚于给出一个简单、合适的名称。这常常使得他的表述不如预期的有效，但这也防止了他的片面之词以及失之简约，而后者是简化公式中经常产生的倾向。这方面经典事例当然是如下事实，即门格尔从未首创过——就我所知也未使用过——由维塞尔引入的“边际效用”术语，但却总是用有些笨拙却精确的句子来解释价值，“所谓价值，就是一种财货或一种财货的一定量，在我们意识到我们对于它的支配，关系到我们欲望的满足时，为我们所获得的意义”(见本书第52页)，并且把这个价值的重要性等同于由可获得的一定数量商品中一个单位商品所保证的最不重要的满足所产生的重要性。

此外一个不大重要却也并非可有可无的事例发生得更早，即门格尔在讨论满足增加而个人需求强度下降时，也拒绝将他的解释压缩成一个公式。这个日后被冠以“戈森需求满足法则”之名的心理事实，在价值理论的解释中占据了有点不太相称的位置，甚至维塞尔也欢呼它是门格尔的发现。但在门格尔体系中，它只是作为一个使我们能根据个人感觉重要性秩序来安排个人不同感官需求的因素，从而占据了较小的却更合适的地位。

另一个与门格尔纯粹主观价值理论有关的、更为有趣的一点是他的观点相当超前。虽然他偶尔谈到价值可以测度，但他的表述却明明白白地显示，他的意思并不是说任何一个商品价值可以用名义上的另一个等价商品来表示。他公开宣称，他用来表示效用差距的数字并不旨在代表欲望的绝对重要性，而只是代表欲望的相对重要性。他第一次介绍价值时引用的事例即十分清楚地表明他认为这些只是序数而非基数数字。[1]

门格尔发现了这样一个普遍原理，使其得以以效用为基础解释价值。除此之外，门格尔的最大贡献在于他把这个原理，应用到任何一个欲望的满足都需要两种以上财货的情况中去。正是在这个地方，开篇几章中对财货和欲望之间因果关系的费尽心力的分析，以及补足品或不同等级财货的概念，结出了累累硕果。甚至直到今天仍鲜为人知的是，门格尔通过一个相当成熟的边际生产率理论，解答了在几个共同起作用的高级财货间最后产品的效用分配问题——这个问题后被维塞尔称

[1] 门格尔探讨价值通论时始终坚持必须以经济而非技术原因区分不同的商品，并清楚地预见到了低估未来需要的庞巴维克学派学说，同时还仔细地分析了资本积累逐渐把原初自由财货变成经济财货的过程——这些也许都是值得一提的。

为“归属”(imputation)问题。他清楚地区分了两种情况。一种情况是在任何一种商品生产中，两种或两种以上生产要素的比例关系可以变动；另一种情况则是比例关系固定不变。他说，在第一种情况之下，为了增加同量产品而可以互相替代的一定数量的不同要素具有同等价值；而在后一种情况下，他指出不同要素的价值取决于它们其他用途的效用。由此他解决了归属问题。

他这本著作的第一部分集中探讨了主观价值理论。这堪与维塞尔、庞巴维克和其他人后来的表述媲美。但门格尔的表述却在一个关键点上存在危险漏洞。如果一个价值理论没有清楚地解释生产成本在决定不同商品相对价值时的作用，就很难说它是完整的和令人信服的。门格尔的早期表述曾表明他看到了这个问题并允诺在将来予以解答。但他却从未兑现这个诺言，这就留给了维塞尔发展出日后众所周知的机会成本原理或“维塞尔规律”。这个原理的意思是：在一种产品的价值须不低于该产品的所有生产要素用于其他用途所产生的价值总和的要求下，产品生产所能获得的生产要素的数量将受到这些要素其他用途的限制。

被人们经常指出的是，门格尔及其学派得意于发现个体经济中规范价值的原理，以致倾向于过于匆忙和简化地应用同样的原理来解释价格。这种说法对门格尔的那些同事，尤其是青年时代的维塞尔的某些著作而言确有其道理。但门格尔自己的著作绝非如此。他的表述完全符合后来庞巴维克多次强调的规则，即任何一种令人满意的价格解释都要包括两个互有区别的独立阶段，而主观价值的解释只是其中的第一部分，它仅仅为两人以上的交易的起因和限度提供基础。在这方面，门格尔在《原理》中的铺陈堪称典范，紧随“价格的理论”一章之后，“交换的理论”一章从假设出发，步步推导，非常清晰地说明了主观感觉对客观交换的影响。

关于价格的一章是门格尔在《原理》中的第三个主要贡献，或许知道的人也最少。它仔细地研究了在垄断以及最终在竞争条件下，交易中众多单个参与者的相对估价是如何影响两个人孤立交换情况下的交换比率的。人们只有读了这一章才能意识到他思想本质上的统一性以及把他的表述推向辉煌成就的明确目标。

全书的最后几章探讨了生产对市场的影响，门格尔把含有技术意义的“商品”(commodiny)从简单的“财货”(good)中区分出来，并通过对其不同程度的可售性的说明，引导出对货币及其起源的讨论，这已无需多言。这一章里所出现的概念以及前两部分对资本零星的评论，成了他第一本大作中仅有的在其以后的著作里进一步发展的部分。虽然它们也影响深远，成就不小，但主要是在门格尔后期文著中才得以更系统表述，从而为世人所知的。

在此花了大量篇幅来讨论《原理》内容，自有其道理。因为在门格尔的著作中，以及事实上所有奠定现代经济学基础的著作中，《原理》一书的特征与众不同，威克塞尔(Knut Wicksell)是第一位也是迄今为止最为成功的集百家之长的经济学家。因此，他最有资格来评论现代经济学各个不同学派的相对成就。这儿引用他的话也许再合适不过了。他说：“他将因这本著作而流芳百世，因为人们可以很有把握地说自从李嘉图的《政治经济学及赋税原理》出版以来，还没有其他书像门格尔的《原理》那样对经济学的发展产生过如此重大的影响，甚至连杰文斯的那本出众的(更确切地说是语句如格言般隽永的)以及瓦尔拉斯命运不佳、令人费解的著作也不例外。”[1]

但是，这本书并未令人鼓舞地立即为世人接受。德国杂志上的书评没有一篇意识到其主要成就的性质。[2]在国内，门格尔试图凭借这本书谋得维也纳大学教职(编外讲师)，但也经历不少周折方才成功。他大概不知道就在他开始授课之前不久，两位刚刚离开这所大学的年轻人立

---

[1] *Ekonomisk Tidskrift*, 1921, p.118.

[2] 也许一个例外是哈克(Hack)在 1872 年写的《普通社会科学杂志》中的书评，他不仅强调该书卓越之处及方法新奇，而且反对门格尔，指出商品与需要之间的经济关系不是因果关系而是手段与目的关系。

即就意识到他的著作提供了一个“阿基米德支点”(维塞尔语)，用它可以搬开当时的经济理论体系的障碍。庞巴维克和维塞尔虽然不是他的直接门生，却是他最早的也是最热情的信徒。他们试图在老历史学派领袖尼斯、罗雪尔和希尔德布兰德的讨论会上宣扬门格尔的学说，却毫无成效。[1]但门格尔在国内渐渐成功地获得相当大的影响力。他在1873年提升为“杰出教授”后不久便辞去了首相办公室的职位。这使得他的顶头上司王子奥斯泼格震惊不已，他大惑不解于有人居然会放弃一个能实现更大抱负的前程似锦的职务而投入学术界。[2]但这并非意味从此脱离世事。1876年，门格尔担任了命运多舛的王储鲁道夫的导师，伴随着年方18岁的王储在随后两三年里周游了欧洲的大部分，从英伦三岛到法国、德国。回国后，他于1879年被任命为维也纳大学政治经济学讲座教授。从此以后，他安心于过着平静的学者生活，不多过问窗外之事。这成了门格尔漫长人生中第二阶段的特点。

直到这时，门格尔第一本著作的学说——在这期间，他除了一些书评之外未发表过任何文章、著作——才开始引起广泛的注意。人们似乎认为杰文斯和瓦尔拉斯主要的创新是数学形式而不是传授的内容，而且正是由于数学形式才不利于他们思想的传播，但在门格尔表述的新价值理论中却不存在这种障碍。该书在出版20年后，其影响急剧扩大。与此同时，门格尔作为一名教师也获得极大的声望，他的讲课和讨论会吸引了越来越多的年轻人，其中不乏后来成名的经济学家，除了上述已提到的，在奥地利学派早期成员中，值得一提的还有与他同时代的萨克斯(Emil Sax)、科莫齐恩斯基(Johann Van Komorzynski)；他的学生迈耶(Robery Mayer)、楚克坎德尔(Robert Zuckerkandl)、格罗斯(Gustav Gross)

[1] 这里应该纠正一下由马歇尔造出来的错误印象，即他断言1870—1874年间，当他发展他的理论细节时，“庞巴维克和维塞尔都在学校或学院中”(《马歇尔回忆录》，第477页)。其实，两人都于1872年离开学校进入政府机关工作，而据报道，他们于1876年在海德堡克尼斯讨论会上阐释了那些日后成就的主要观点。

[2] 那时，门格尔正遭受一些挫折：1872年和1873年卡尔斯鲁厄、巴塞尔大学先后拒绝给他教职，而他同时能在苏黎世理工学院谋到教席的希望也破灭了。

以及稍晚一点的舒勒—施拉腾霍芬(H.vonSchullen-Schratten hofen)、赖施(Richard Reisch)和许特尔(Richard Schüller)。但是，当国内正在形成一个旗帜鲜明的学派时，德国的经济学家比之任何其他国家都对此抱有敌意。正是在这个时候，在施莫勒的领导下，年轻历史学派在这个国家日益占主导地位。他们以成立的“社会福利政策大会”取代了保留古典传统的“国民经济大会”。事实上，德国大学中越来越排斥教授经济理论。因此，门格尔的著作被人忽略不是因为德国经济学家认为他错了，而是因为他们认为他所尝试的分析毫无用处。

在这种情况下，门格尔理所当然地认为当务之急是捍卫他所采用的方法，反对历史学派所谓他们拥有唯一合理的研究工具的宣称，而不是继续开展《原理》的写作。这样，他的第二本巨著《关于社会科学尤其是政治经济学方法的探讨》(以下简称《探讨》)一书便应运而生了。我们应当记住当1875年门格尔开始写这本著作，甚至1883年该书出版时，其门徒为确立该学派地位而做的辛勤工作尚未有结果。因此他也许认为在主要问题尚未决定时继续写作是浪费精力。

《探讨》一书的成就在很多方面不亚于《原理》，而作为一篇针对历史学派在研究经济问题方面有独断权的檄文，这本书可以说无出其右了。有关它正面地表述理论分析性质的优点是否能得到高度评价，还不得而知。但果真如此的话，门格尔的崇拜者中却不时地发出另一种声音。虽然这本著作写得很好，但很不幸的是它使得门格尔的研究偏离了具体的经济问题。这并不是说他所阐述的理论性或抽象方法的特征不很重要或者未产生过重大影响。相反，它也许比其他任何一本单本著作更清楚地表明了社会科学中科学方法的独特性，也对德国哲学家中的专业方法论专家产生过相当影响。但无论如何，我认为我们时代的经济学家对该书的主要兴趣在于他对社会现象的非凡洞见(这些洞见都是他讨论不同类型研究方法时附带流露出来的)，以及在探讨社会科学研究必须借助的那些概念的发展时流露出的观点。对那些多少有些陈旧的观点，如用有机体或者也许更好一点的心理因素来解释社会现象的学说，门格尔所进行的讨论使他有机会阐明社会制度的起源和特征，这些都值得当今的经济学家和社会学家拜读一下。

我们也许只能拣选全书中的一个核心论点——即他强调严格的个人主义式或他一般所说原子式分析方法的必要性——作进一步的评述。他的一位杰出的追随者曾说过："他本人总是古典经济学家意义上的个人主义者，但他的后继者却不复如此。"这种说法是否适合于一两个事例尚有疑问。但不管怎样，他们明显没有完全领会门格尔实际使用的方法。古典经济学家的思想是混合物，既有伦理假设，也有方法论的工具，而门格尔只是系统地发展了后者。如果说奥地利学派成员的文章、著作较之于其他任何一个现代经济学流派作品在强调主观因素方面更完整和更令人信服的话，这很大程度上要归功于门格尔在这本书中所作出的杰出的辩护。

门格尔的第一本书没有激起德国经济学家的反应，可他不会再抱怨第二本书亦遭冷遇了。历史学派的头领古斯塔夫·施莫勒直接攻击该书，这证明了这个为人称道的学说已很快引起注意，并招致其他人的敌对评论。施莫勒的态度专横，语气也远远超过了通常的冒犯。[1]门格尔立即还以颜色，以小册子《德国政治经济学原理中的历史主义谬误》应答。该书文字激扬，采用书信体形式。在书中，门格尔无情地剥夺了施莫勒的地位。大体而言，相对于《探讨》，该书并没多大新意，但它却绝好地证明了门格尔致力于推动国内进行坦率的辩论而不是进行复杂的学术观点争论时，他所具有的非凡能力和出众的表达水平。

两位主帅的论辩很快由各自的门生所效仿，从而产生出科学论辩中不同寻常的敌意。在奥地利人看来，不可容忍的冒犯举动是，施莫勒在收到门格尔的小册子时，竟然采取了一个史无前例的行动：他在一份杂志上宣称他虽然由于书评之故收到这本书，但他一字未读，因为他当

[1] 参见1883年的《德意志帝国立法、管理和国民经济年鉴》中《关于政治、社会科学方法论》一文。该文在1888年重印，收于施莫勒的《政治、社会科学文献史》一书，不过措辞缓和了许多。

即退还给作者本人，还连带地捎去了一份侮辱性信件。

如果我们要理解为何门格尔日后仍然主要关注于方法的完善问题，那么就有必要充分意识到论战所激起的情感，以及与在德国占统治地位的学派决裂对门格尔及其同仁的影响。事实上，施莫勒居然公开宣称“抽象”学派的成员将不适于在德国大学任教，而他果然也能一手遮天，把所有拥护门格尔学说的人一干二净地从德国学术圈驱赶出去。甚至在这场论战烟消云散30年后，德国仍比世界上其他大国更少地受到已在其他地区节节获胜的新观念的影响。

尽管屡受攻击，从1884年到1889年仍有一系列著作雨后春笋般地很快出版，最终确定了奥地利学派在世界的声誉。事实上，早在1881年，庞巴维克就发表了篇幅短小却颇为重要的研究成果《经济财货学角度的法律与关系》。但是，直到1884年，门格尔关于资本问题研究的第一部分内容《资本利息理论的历史与批判》以及维塞尔的《经济价值的起源及其主要规律》的同时出版，才表明支持门格尔学说的力量是何等巨大。其中，维塞尔的书无疑对于进一步发展门格尔的基本观念作用更大，因为它实质上把门格尔原理应用到成本现象，得出了前面已经提到的维塞尔成本法则。但两年之后，庞巴维克又出版了《一个经济财货价值理论的基本特征》。[1]该书显然没有什么新的内容，只不过诡辩式地阐释了门格尔和维塞尔的著作，但却由于其清晰的表述和极大的论辩力而比其他任何一本单个著作更普及边际效用学说。在1884年，门格尔的两个授业门生，马塔贾(V.Mataja)和戈劳斯(G.Gross)出版了令人感兴趣的有关利润的著作，萨克斯的贡献则是有关方法问题的一部篇幅较小却颇敏锐的研究著作，他基本上支持门格尔，只不过在某些细节和观点上批评了门格尔。[2]1882年，萨克斯出版《奠定理论国民经济学形

---

[1] 最早一系列文章发表在康拉德的《年鉴》之中。最近又重印，收于1932年伦敦经济学院出版的《经济学和政治科学珍稀著作重印系列》的第十一卷。

[2] 参见马塔贾的《雇主利润》(维也纳，1884)，G.戈劳斯的《雇主利润原理》(雷普茨格，1884年)，萨克斯的《政治经济学的本质与任务》(维也纳，1884)。

成的基础》，该书首次最为详细地试图把边际效用原理应用到公共财政问题上，萨克斯因此作出了其对发展奥地利学派最主要的贡献。 同一年，门格尔早期的另一个学生，迈耶，则步入了多少与收入性质问题同源的研究领域。[1]

但是，真正丰收之年是1889年。 这一年出版的书有：庞巴维克的《资本利息的实证理论》、维塞尔的《自然价值》、楚克坎德尔的《关于价格的理论》、科莫齐恩斯基的《孤立经济中的价值》、萨克斯的《政治经济学理论新进展》以及舒勒-施拉腾霍芬的《地租概念及其本质的探讨》。[2]

在外语著作中，最成功地表述奥地利学派学说的早期著作要算是帕塔里奥尼(M.Pantaleoni)的《纯粹经济学》，该书也于1889年首次出版。[3] 在其他的意大利经济学家中，科萨(L.Cossa)、格拉兹亚尼(A.Graziani)和马佐拉(G.Mazzola)则几乎全盘接受门格尔学说。 在荷兰，这些学说也获得相同成功。 伟大的荷兰经济学家皮尔逊(N.G.Pierson)在他那本教科书(这本书后来译成英文，名为《经济学原理》)中接受了边际效用学说，因此而产生的影响不可估量。 在法国，到处传播新学说的则有基德(Ch.Gide)、维拉(E.Villeg)、圣克雷丹(Ch.Secretan)和布洛赫(M.Block)。在美国则引起了帕滕(S.N.Patten)和理查德·艾里(Richard Ely)教授的共鸣。 甚至1890年刊行的马歇尔的《经济学原理》第一版也显示出门格尔及其学术团体所产生的超乎这本著作以后几版读者想象的影响力。 在以后几年里，很早就拥护奥地利学派的斯马特(Smart)和鲍纳(Bonar)博士广泛

[1] 参见罗伯特·迈耶的《收入的本质》(柏林，1887)。

[2] 同一年，另两位经济学家奥斯皮茨和利本(他们都是维也纳人)发表了《价格理论探讨》一书，该书至今仍是一本重要的数理经济学著作，虽然，他们深受门格尔及其学术团体的影响，可他们的著作并不是以其同胞的著作而是以古诺、屠能、戈森、杰文斯和瓦尔拉斯等人的著作为基础。

[3] 马费奥·帕塔里奥尼：《纯粹经济学》(费拉伦兹1889年初版，1894年再版)。1894年伦敦出版其英译本。 在意大利语版中，帕塔里奥尼曾不公平地指责门格尔剽窃古诺、戈森、杰宁斯(Jennings)和杰文斯的成果，但英译本中则删去有关言论，而且在1909年伊墨拉出版的意大利译本的《国民经济学原理》中帕氏亲自作序并修正上述说法。 1925年巴厘出版的第二版《原理》意大利语译本也保留了这篇序言。

地在英语世界中传播这个学派的著作。[1]但是，门格尔的著作却没有像他学生的著作那样在大众中持久地享有盛名，这也促使我们回过头检视《原理》的特殊地位。主要原因倒十分简单，即门格尔的《原理》长期脱版，且很难找到。此外，门格尔也拒绝将它重印或翻译。他希望能尽快用一个远为精细的经济学体系取而代之，因此，无论如何他是不愿意不作大幅度改动就重版该书的。然而，其他的任务又优先占据了他的注意，以致之后几年他一再推迟这个计划。

门格尔与施莫勒的正面论战到1884年突然偃旗息鼓。但是，其他人则继续方法论大战，其中涉及的问题又不断吸引他的主要注意力。1885年和1886年，舒伯格(Schönberg)编辑了新版《政治经济学手册》。在这本文集中，一些德国经济学家(其中大部分并不是死心塌地的历史学派拥护者)联合起来系统地论述整个政治经济学领域。这给了门格尔又一次机会来公开表示他对方法论问题的看法。应维也纳一法学杂志之邀，他为该文集写了篇书评。这篇书评在1887年以《政治经济学批判》为题作为小册子单独发行。[2]其中的第二部分主要讨论了通常以政治经济学之名而堆放在一起的不同学科的分类问题。两年后，他在另一篇题为《经济学分类的基本特征》的文章中更为详尽地探讨了这一主题。[3]在这期间，他还发表了《关于资本理论》一文，这是继《原理》之后他对经济学理论(不是方法论)的又一个贡献。[4]

可以相当肯定地说，这篇文章的问世归因于门格尔并不完全赞同庞巴维克在《资本与利息》一书中历史部分首次给资本这一术语下的定义。文章中的讨论并非充满论辩味道。庞巴维克的书只是在赞扬时才被提及。但文章主要目的显然就是重新定义抽象的资本概念，视资本

---

[1] 尤其参阅波纳(J. Bonar)的《奥地利经济学家及其价值观点》以及《资本实证理论》。两文分别于1888年、1889年发表于《经济学季刊》上。

[2] 最早的评论文章发表于格吕洪特的《现代私法和公法杂志》第十四卷，该卷以单独小册子的形式于1887年在维也纳出版。

[3] 参见康拉德的《政治经济学和统计学年鉴》第十四卷(基纳，1889)。

[4] 上述杂志第十七卷(基纳，1888)。圣 · 克拉旦曾将其节译成法文，以《资本理论的贡献》为题同年发表于《政治经济学评论》杂志。

为要想达到某些目标而花费的财产(property)的货币价值，以此反对斯密所下的“生产产生的手段(produced means of production)”的定义。他的主要论点是指出商品历史起源的独特性与理论观点无甚关系，并强调必须清楚地区分从已有的生产工具中获得的租金和恰当的利息。对于这些观点，甚至直到今天也还没得到应得的注意。

1889年，差不多与此同时，他的友人几乎说服了他不再进一步推延新版《原理》的出版。虽然他确实为新版写了篇新的序言(其中的只言片语登在了30多年后由其子编辑的第二版的导言之中)，但最终还是没能如愿。在此后两年，他全神贯注于发表一些新的著作、文章。

在19世纪80年代末，长期受通货问题困扰的奥地利建立了一个专门小组，以筹划必要的彻底激进的改革。1878年、1879年间银价下跌，第一次导致了用纸币贬值以支撑银币的平价，不久，连自由铸造银币也被禁止了。自此以后，奥地利的纸币逐渐地根据银价上涨，而随金价波动。这个时期的形势——在许多方面称得上是货币史上最有趣的阶段——越来越令人不满。当奥地利金融地位似乎第一次长时间地足够强大以至于可以允诺一个稳定阶段时，人们都普遍希望政府插手干预。进而言之，与匈牙利在1887年达成的条约事实上规定应该立即任命一个委员会讨论必要的预备度量以便于双方重新支付硬币。由于帝国两个部分经常的政治矛盾，所以颇费一段周折后，委员会或者说两个委员会才于1892年3月成立。奥地利的在维也纳，匈牙利的则在布达佩斯。

在奥地利“货币调查委员会”中，门格尔独领风骚。他们的讨论除去必须交代的特殊的历史境遇外，相当有意思。作为他们交流的基础，奥地利财政部以异乎寻常的细致准备了三大卷备忘录。[1]这些备忘录包括了所有已出版的与先前货币历史有关的文件资料，其收集之完

[1] 《从1867年以来的货币问题发展情况研究报告》《奥匈帝国纸币业的研究院报告》《奥匈帝国的货币问题统计表》，这些均由奥地利财政部1892年在维也纳出版。

备，也许是无出其右的。委员会的成员，除门格尔之外，尚有其他一些知名经济学家，如萨克斯、利本、马塔贾(Mataja)等，还有一些新闻记者、银行家和工业家，比如本尼迪克特(Benedikt)、赫兹卡(Hertzka)和陶西格(Taussig)等。所有这些人都对货币问题的知识极为熟悉。而庞巴维克则作为政府代表担任副主席。委员会的任务不是递交一份报告，而是听取和讨论会议成员对政府所交与的一系列问题的看法。[1]这些问题涉及：未来通货的基础；在采用金本位制度的情况下，现行的银币和纸币流通的保留；现有纸币弗罗林与黄金的兑换率以及即将采用的新单位的性质。

门格尔驾驭问题的才能决不逊于其善于清晰表达的天赋。这使他很快在委员会中一枝独秀，一举一动莫不引起广泛的关注。门格尔作为一名经济学家，其语言威力甚至达到这样一个独一无二的地步：它竟能导致股票交易短暂下跌。他的贡献与其说是讨论了选择本位制度所遇到的一般问题——他实际上与委员会所有其他成员意见一致，认为采取金本位制是唯一可行的步骤——不如说是详细讨论一些实际问题如精确平价的选择，以及转型时机的选择等。大体上讲，正是他对各种新通货标准转型中实际困难的评估，和他对必须被加以考虑的各种因素的综览，才使他的论证不偏不倚。就是今天，这也具有特殊的典型意义，因为几乎所有国家都遇到类似的问题。[2]

这个论证是他对货币问题一系列贡献中的头一个成就，也是他数年来对这些问题潜心研究的最后的成熟产物。这一年是门格尔一生中最多产的一年，所有这方面的成果都在这期间发表并立即获得成功。他

---

[1] 参见1892年3月8日至17日维也纳的货币调查委员会所召集举行的会议的速记记录第8页到17页，1892年由维也纳的宫廷国家印刷所出版。会议之前不久，门格尔便已在《我们货币的兑换值》一文中概述了主要问题。此文发表于1892年第十二到十三卷的《公法学报》。

[2] 非常遗憾的是，限于篇幅，我们不可能在导言中详细讨论货币史上的这段插曲。然而它十分重要，不仅是因为其与门格尔和奥地利学派的紧密关系，而且也出于其间所讨论的问题具有普遍意义。虽然它尤其值得研究，可遗憾的是没有有关这阶段讨论及措施的历史研究。除却上述官方出版刊物，门格尔的文章、著作为这项研究提供了最重要的材料。

对奥地利的特殊问题的研究成果以两本单独的小册子形式刊行。第一本名为《奥匈帝国货币问题》，探讨了奥地利通货问题的历史及其特殊性，以及采纳标准的一般问题。这本书实际上不过是把一系列早些年在《康拉德年鉴》杂志上的不同名字的文章修订一番，整理重印罢了。[1]第二本著作名为《向金本位制度过渡：关于奥匈帝国外汇改革价值问题的探讨》，于1892年在维也纳出版，实质上论述了一些与采纳金本位制度有关的技术问题，尤其是选择合适的平价以及一旦开始转型可能影响通货价值的因素等问题。

但同一年里，我们也可以看到他发表了与当时特殊问题没有直接关系的更为一般的讨论货币问题的文章。这必须被视为门格尔对经济学理论第三项也是最后一项贡献。这篇文章收于当时正在出版过程中的第一版《社会科学手册》第三卷中。正是由于他对一般货币理论的系统表述进行了广泛的专心研究，此后两三年才硕果累累，以至于从讨论特殊奥地利货币的一开始，他就能对这些问题驾轻就熟。当然，他以前就对货币问题抱有浓厚的兴趣。《原理》的最后一章和《探讨》就包含了非常重要的理论成就，尤其是货币起源问题上的成就。应该指出，在他为日报写的无数的书评(尤其是早年写的书评)中，1873年的两篇文章竭尽其详地探讨了卡尼斯(Cairnes)有关黄金发现后果的文集，门格尔后期的观点与卡尼斯的观点大有关系。[2]虽然门格尔早年的成就，尤其是引入商品具有不同程度“可售性”这一观念来作为理解货币功能的基础，足以使他在货币学说史上占有一席地位，但使他对货币价值这一核心问题作出重要贡献的却是这一篇文章。在20年后米塞斯(L.von Mises)教授直接承袭门格尔思想发表其著作之前，这篇文章一直是奥地利学派对货币理论的主要贡献。我们应该细细咀嚼一下这一成就的性

[1] 该文名为《奥匈帝国的外汇调整》，载于1892年出版的康拉德所编《政治经济学和统计学年鉴》第三卷。

[2] 这些文章发表于1873年4月30日和6月19日的《维也纳晚报》(《维也纳报》副刊)上。就像门格尔早期新闻文章一样，都是匿名发表的。

质，因为至今对此仍有大量误解。人们通常以为奥地利学派的贡献只不过是把边际效用原理机械地套用到货币价值问题上，但事实并非如此。奥地利学派在这一领域的主要成就在于把潜藏于边际效用分析之中的极具广泛和普遍意义的纯粹主观或个人主义方法应用到货币理论中去。这样的成就直接源于门格尔。他说明了货币价值不同概念的意义、这种价值衡量尺度的可能性及变化原因，还讨论了决定货币需求的因素，对我来说，所有这些都大大超越了以“总量”和“平均”概念来对待数量理论的传统。然而，即便是门格尔本人的论述，人们也常有误解。比如，他所使用的两个术语：货币的“内在价值”与“外在价值”的区别并不如字面所表现的是指两种不同的价值概念，而是指影响货币价格的不同的力量——这个隐含在问题之中的概念是极为超前的。

1892 年[1]算得上是门格尔一生中最多产的一年，但自此以后便戛然而止了。你若去查门格尔最新一版文集最后一卷末尾完整的生平著作表，就会发现自此以后 30 余年，他只是偶尔为之，写些短文，曾有几年所写文章仍然集中于货币问题。这些文章中特别值得一提的是 1893 年发表的《金币升值以及现今外汇改革情况》演讲；1897 年为《奥地利国家词典》所写的有关 1857 年以来奥地利货币及其制度的文章；尤其重要的是 1900 年的第二版《社会科学小词典》第四卷中所收入的经他彻底改动的有关货币的论文。[2]这些文章大多是书评、自传笔记或者给门生著作写的导言。他发表的最后一篇文章是为 1914 年死去的庞巴维克写的讣告。

这种消极隐退的缘由一望即知。门格尔现在希望能集中精力完成他早已开始的主要工作——更加系统地撰写一部长久以来屡次耽搁的经

[1] 除已提到的，同年还发表了一篇法文论文《价值的货币衡量》(刊于《政治经济学评论》第六卷)以及一篇英语论文《货币的起源》(刊于《经济期刊》第二卷)。

[2] 这篇文章重印于 1909 年第三版的《小词典》中第四卷，与第二版相比较，仅在文体上略有修改。

济学著作。不仅如此，他还要全面地探讨社会科学的一般特征和方法。为此，他呕心沥血、耗费大量精力。到 19 世纪 90 年代后期，相当多篇章已经定型，准备出版，而他本人也期待该书能很快杀青。但他的兴趣、论述的范围越来越广，他认为有必要进行跨学科研究。哲学、心理学和人类学占据了他越来越多的时间，书的出版之事也一推再推。1903 年，为了能倾其全力于该书，他索性在 63 岁时就早早地辞去大学教职。[1]从此以后，虽然他年龄渐大，日益孤独，却仍笔耕不辍，直到 1921 年他以 81 岁高龄溘然长逝。但他似乎从未对自己的手稿感到满意。如果我们检查一下他的手稿，就会发现曾经有一段时间所写就的篇章中大部分待以付梓，但门格尔甚至在精力开始衰竭时，仍不断修改和重新安排手稿，以至于后人要重新编辑，即便不是不可能，也是一项困难重重的工作。一些处理《原理》中主旨题材以及部分为新版所写的材料已收入在 1923 年他儿子整理出版的第二版《原理》中。[2]然而，更多的手稿则编成几卷，支离破碎、杂乱无章，只有那些技艺老到并有足够耐心的编辑才会对其略知一二。就今天而言，无论如何，历史已经遗忘了门格尔晚年的成果。

对于一个几乎从未与卡尔·门格尔谋面的人来说，要补叙一段他的科学经历，品味他的个性、人品，未免有些强人所难。但是，当代经济学家对他几乎一无所知，而且尚未有综合性的文献描述可以利用[3]，故此，收集一下他的旧友新知、门生弟子关于他的只言片语以及维也纳街

[1] 结果，几乎所有现在尚在人世的奥地利学派的代表人物，如迈耶教授、米塞斯教授和熊彼特教授都非门格尔直接授业弟子而是庞巴维克或维塞尔的学生。

[2] 卡尔·门格尔所著的《国民经济学原理》第二版于 1923 年刊印。里查德·舒勒作了前言。较之于第一版，这一版作了些改动并且增加了一部分内容。有关讨论参见威尔斯写的《有感于卡尔·门格尔的〈原理〉第二版》，该文发表于 1924 年的《政治经济学和社会福利政策杂志》。

[3] 维塞尔在 1923 年出版的《新奥地利人物传记》和楚克坎德尔早在 1916 年出版的《政治经济学和社会福利管理杂志》第十五卷上发表的文章都对门格尔作了概述，这些尤值注意。

头巷尾的口头传说也未尝不可。门格尔一生分为两个阶段，即教学阶段和研究阶段，世人对他的印象自然都来自后一阶段。其时，他已不问世事，早已离开学校，采菊东篱下，过着平淡祥和的生活。

当这位极富传奇色彩的人物越来越平易近人时，年轻人得以有机会拜访他，舒莫茨(F.Schmutzer)的著名版画惟妙惟肖地刻画了在这些难得的场合下，门格尔留给世人的印象。事实上，人们想象中的门格尔很大程度上来自这幅版画以及人们的记忆。在人们的脑海中，门格尔是一位外表给人印象极深的人物，身材高大魁梧，有着宽大、漂亮的额头，须发浓密，线条清晰硬朗而令人难忘。

在他隐居的岁月中，每一位即将步入学术生涯的年轻经济学家都要去拜见他，久而久之，形成传统。门格尔在汗牛充栋的书斋中接待这些年轻人，话题总是引向他十分熟悉的学术生涯。门格尔从这种生活中得到了他想要的一切后，便离开教坛。直到最后，他都超尘脱俗般地以极大的热情关注于经济学和大学生活，甚至当他晚年，由于视力衰退而无法像以前那样进行广泛阅读时，他仍期待着访问者能告诉他他们所写的著作。他在生命暮年给别人的印象是，经过漫长的积极活动之后，他在学术上仍孜孜以求，但这不是在执行某项任务或强加于自己某项义务，这纯粹是为了思考他思想中已有的要素以获得智识上的愉悦。后来，他多少与那些脱离实际生活的学者的大众化观念趋于一致，但这并非由于他眼界有限所致，而是在饱经风霜之后所做出的深思熟虑决定的结果。

对门格尔来说，即便他喜欢，也由于既缺乏机会也没有独特的外在形象而无法成为公众生活中举足轻重的人物。在1900年，他就成为奥地利议会上院终身议员，但他并不热衷于参与议会商讨。就他而言，世界只是一个研究课题，而非行动目标，出于此理，门格尔喜欢近距离观察世界。读者们如果要在他的著作中寻找其政治观点，那只将是徒劳之举。事实上，他倾向于保守主义或古典自由主义。他并非不赞同社会改革运动，但社会热情却从不妨碍他冷静思考。在这方面，一如在其他方面，门格尔与他那更加热情奔放的弟弟安东·门格尔[1]形成了有趣的对比。正因为门格尔是维也纳最成功的教师之一，几代学生都深深缅怀他，所以，他对奥地利人公共生活所具有的间接影响是巨大的。[2]所有的报道都交口称赞门格尔表述思想时清晰明了，一点就透。这儿不妨重复一下一位在1892年至1893年间的冬天聆听门格尔讲课的年轻经济学家的描述，如下这段颇有代表性："卡尔·门格尔教授虽然年已五十，却精力充沛，思路敏捷。讲课时极少使用讲课笔记，除非确证一个引语或时间。他表达观点的语言简洁明了，宛若从口中自然而然地流出，而强调时所作的姿势也恰到好处，以至于听他的课不啻一种享受。学生们感到自己是被引导着而非被驱赶着，他们一旦有思想的火花并经过思考得出结论，也不是无中生有而显然是自己智力活动的产物。据说，那些一直听门格尔讲课的学生不必为政治经济学的期末考试另作准备，这一点我非常乐意相信。我至今很少听说过还另有哪一位教授能有如此宽广的哲学思维，杰出的才能，能既清晰又简单地表述思想。即便最笨拙的学生也能听得懂他的讲课，而聪明的则又总能受到启发。"[3]所有的学生都记忆犹新于他对经济学说史透彻

---

[1] 兄弟二人都是一个团体的固定成员。这个团体人数在八九十人，每天都聚会于维也纳大学对面的咖啡馆，最初由新闻记者和生意人组成，后来加入其中的卡尔·门格尔以前的学生日益增多。至少在卡尔·门格尔退休之后，他是通过这个学术圈子接触并影响时事的。他的最出众的门生之一，西格哈特(R.Sieghart)在1932年出版的《一个强国的最后十年》中曾较好地描述："这两个门格尔真是一对奇特的门格尔兄弟。政治经济学奥地利学派的创始人，边际效用经济心理学派经济学规律的发现者，王储鲁道夫的老师，其生活历程之初是一位记者，既认识了这个大千世界又同时逃离了这个世界，他革命了他的科学，可作为一个政治家却又倾向保守；安东则是另一番模样，不通世故，由于出色地掌握资料，他越来越偏离自己本来的民法和民事诉讼法专业，而更多地转向从事社会问题，通过国家来找到解决途径并且以极大的热情投身于社会主义问题。卡尔为人一清二楚，每个人都可以理解；安东则令人捉摸不透，不过他对社会问题的所有表现形式——无论是在民法、在经济，还是在国家中——都极感兴趣。我师从于卡尔·门格尔，学习政治经济学方法，可却是安东·门格尔给我提出了问题。"

[2] 那些一度属于与门格尔较为接近的学生圈并且日后在奥地利公共生活中具有极大影响的人非常之多。这儿仅仅列举一些对经济学技术文献作过某种形式贡献的人名：阿德勒(K.Adler)、鲍威尔(St.Bauer)、杜伯(M.Dub)、艾丁格(M.Ettinger)、加尔(M.Garr)、格雷茨(V.Graetz)、格鲁伯尔-门宁格尔(I.Von Gruber-Menninger)、克拉斯尼(A.Krasny)、孔瓦尔德(G.Kunwald)、罗森贝格(W.Rosenberg)、兰德斯贝格(F.Landesberg)、施瓦茨瓦尔德(H.Schwartzwald)、施维德兰德(E.Schwiedland)、西格哈特(R.Sieghart)、塞德勒(E.Seidler)和图恩瓦尔德(R.Thurnwald)。

[3] 参见西格尔(H.R.Seager)1893年3月发表在《政治经济学杂志》第一卷上的文章《柏林与维也纳的经济学》，该文后收于《劳动及其他文论》(纽约，1931)。

的和能引起共鸣的论述。在他退休20年之后，在校生仍寻找他有关公共财政学的油印讲义以作为对付考试的最好办法。

但是，最能显露他做教师天赋的场合是在讨论会上，讨论会是一个经过拣选组成的学术圈。那儿云集着高年级学生以及众多早已获得博士学位的学者。有时讨论实际问题时，讨论会便模仿议会论辩，分两条路线，专门任命发言人从正反两方反复权衡。但更常见的是以一位成员精心准备的一篇论文为基础开展深入讨论。门格尔让学生畅所欲言，自己则在幕后煞费苦心地帮助准备论文。他不仅向学生敞开自己的图书馆，甚至也送给他们一些急需的书籍。他还反复推敲全部手稿，不仅与作者讨论主要问题以及文章结构问题，甚至还传授他们“演讲和呼吸的技巧”。[1]

一个初来乍到的人会很难接近门格尔。但一旦门格尔发现他的特殊才能，并将这个学生吸收入讨论会圈子，那么他就会不遗余力地帮助他的写作。门格尔与讨论会成员的关系并不局限于学术讨论，他经常邀请他们去郊外作周日旅行或者让学生单独陪他垂钓河畔。钓鱼实际上是他唯一的嗜好，但甚至在这时，他也以无穷的科学探索精神沉浸在课题的思考之中，试图掌握其中每一个技术细节、熟悉相关文献。

说来令人难以置信，门格尔还对与经济学研究——他生活的主要目的——无甚关系的学科有着真正的强烈爱好。事实上，门格尔用于图书收集、保存方面的精力并不小于直接的课题研究。就他那个图书馆中的经济类图书而言，它也许能在所有曾建造的私人图书馆中排上第三或第四把交椅。但其图书馆不止于此，有关人类学和哲学类藏书也同样丰富。在他去世后，馆中大部分书籍，包括全部经济学和人类学书籍都运往日本；直到今天，东京商业学院仍将这些书单独加以保存。这个学院所公布的清单表明，仅经济学图书一项就多达20 000多本。[2]

---

[1] 参见格雷茨(V.Graetz)1921年2月27日发表在《新维也纳日报》上的文章《卡尔·门格尔》。

[2] 参见《东京商业学院卡尔·门格尔图书馆目录》，1926年版，第731页。

导　言

尽管门格尔未能实现晚年的志愿，完成巨著以达到他所希望的事业顶峰，但他很满意地看到他早期的著作结出了丰硕的成果，而且直到最后他仍然兴趣盎然地关注于他所选择的研究对象。有人记载，门格尔曾说过如果他有七个儿子，那他将都送他们去学经济学。一个敢说此话的人必定在他的工作中寻找到了极大的幸福。一大批经济学家目睹了他激发学生相同热情的才能，这些经济学家无不以把他称作自己的导师而感到自豪。

蒋狄青　黄冰源　译

序　言

在我们今日的时代，对于自然科学领域上的进步，大家都予以一致的、欣然的承认。但对于我们的科学，则连应以它作为实际活动基础的人们，也不予以应有的重视，并对其价值产生疑问。其理由在何处呢？我想，在一个无偏见的人看来，这一定是不可思议的。一般人重视经济的利益，从来没有像今日这样厉害；一般人想为经济行为求得科学的基础，也从来没有像今日这样深切；在人类一切创造领域内想利用科学成就的实践家的能力，也从来没有像今日这样巨大。因此，实践家之所以不注意我们科学直到现在的发展，在其进行经济活动时之所以只依靠其自己的体验，实不是由于他们的轻率或没有能力，也不是由于他们在决定其活动成果的事实与关系上，傲慢地拒绝了真实科学为他们所提供的深刻见解。他们所以这样不关心的原因，除我们科学本身的落后现状及想为我们科学获得经验基础的努力每次都归于失败以外，实不能在其他地方去找寻。

所以，在这个方向(为我们科学获得经验基础的方向——译者)上的任何新的尝试，不管以怎样微弱的力量进行，其本身总是值得赞许的。对于我们科学的基础，努力加以研究，实意味着我们奉献一己的力量，以求解决与人类福利密切相关的一个问题，以服务于极重要的公共利益。因此，这种努力纵使走错了方向，也不是完全没有价值的。

但是，为着使这种尝试不引起识者们的不信任，一方面，对于在我们科学领域内所开拓的一切方向，须勿忘加以细密的注意；另一方面，对于前人的见解，甚至对于作为我们科学的牢固成就所流行的各种学说，须根据独立的判断，不惮加以批判。通过前者(第一方面)，我们才不至于任意抛弃各国各时代许多卓越学者在向着同一目标的进程上所积累的全部经验。通过后者(第二方面)，我们才不至于从最初就放弃深入改革我们科学基础的一切希望。我们须一面将前人的见解作为自己的精神财产，但我们同时亦须不惮加以检验，不惮从学说证之于经验，不惮从人类思想证之于事物的本质。必须这样，我们才能避免上面的危险。

这就是我们所站的立场。在这个立场上，我们曾经努力使人类经济的复杂现象还原成为可以进行单纯而确实的观察的各种要素，并对这些要素加以适合于其性质的衡量，然后再根据这个衡量标准，从这些要素中探出复杂的经济现象是如何合乎规律地产生的。

这个研究方法，一般用于自然科学，并取得了巨大的成果，所以人们就错误地称它为自然科学的方法。实则这个方法可通用于一切经验科学，因而应该较正确地称之为经验的方法。这个区别是很重要的，因为任何方法都由其所适用的知识领域的不同而取得特殊的性质，所以在我们科学之中，称什么自然科学的方向是不适当的。

将自然科学研究方法的特点无批判地移用于经济学的尝试，从来都陷于严重的方法论的错误，并徒然在那里玩弄经济现象与自然现象之外的类似性。培根对于这种学者曾这样说过："他们谈说事物虚空的类似性和关联性，并有时也从事于这些类似性与关联性的研究，实则这是非常荒诞而愚昧的。"[1]这句话也适合于今天；并且最奇异的是，还适合于那些误解培根方法的精神而却自称为培根弟子的经济学者。

为了替这种努力辩护，假如说确立一切科学的关联和统一一切科学的最高原理是我们今日的任务，则我也想来谈谈我们今日解决这个问题的职责。我相信，研究者在各种科学领域内，若迷失其所努力的共同目标，是一定会蒙受损害的。但要成功地完成这个任务，则只有在各知识领域已被细密钻研和各知识领域所固有的规律已被发现以后才可能。

我们用上面的研究方法，究竟已收到怎样的成果？我们在说明经济

---

[1] 培根：《新工具》(Novum Organ), Ⅱ.27。

生活现象亦如自然现象那样严格受制于其规律这一方面，是否业已成功？这一些都让读者自己去判断。只是对于那种根据人类的自由意志，来否认经济现象具有规律性的意见，我们是要加以反对的。因为，这样一来，经济学作为精确的科学，根本就被否定了。

某物是否对我**有用**？要在怎样的条件下才对我有用？这物是否为**财货**？是否为**经济财货**？并在怎样的条件下才是**财货**？才是**经济财货**？这物对我是否具有**价值**？要在怎样的条件下才对我具有**价值**？并对我具有多大的价值？在两个经济主体间是否能进行财货的经济交换？并在怎样的条件下才能进行经济交换？以及在经济交换的时候，财货的**价格**将在怎样的界限内形成等等。这一切，恰如化学规律独立于应用化学家的意志之外一样，也是独立于我们的意志之外的。所以，上面的意见实基因于我们科学固有领域内的明显的谬见。理论经济学是不应研究经济**行为**的实际建议的；理论经济学所应研究的，只是人类为满足其欲望而展开预筹活动的**条件**。

所以，理论经济学与经济人实际活动的关系，化学与应用化学家的关系，是没有什么两样的。因此，我们虽可以提出人类意志的自由性，以反对经济行为具有完全的规律性；但我们却不可以根据这点，来反对全然独立于人类意志(此人类意志决定着人类经济活动的结果)之外的现象所具有的规律性。而正是后者，才是我们科学的对象。

我们所特别注意的，是关于生产物与其生产要素的经济现象间的因果关系的研究。我们之所以如此，为的不只是要在统一的观点之下，确定一个可以统括一切价格现象(从而利息、工资、地租等)的价格理论；而且还为的是要对于那些从未被人充分理解的其他许多经济现象，加以扼要的阐明。我们科学的领域，就是经济生活现象的规律性最鲜明显现的领域。

我们感到特别欣喜的是，我们在本书中所论述的，且为经济学一般理论所包括的领域，有不少部分都是德国经济学最近发展所得的财产。所以，本书所尝试的一些经济学最高原理的改革，几乎都是以德国学者凭勤劳所创造出的成绩作为基础的。

因此，我愿我这本书被视为一个奥地利的同道者所发出的友谊的敬礼。 在德国，曾有许多卓越的学者，以其优秀的著作，对我们奥地利人给予很多科学的鼓励，我希望这本书可以被视为是一个微弱的回声。

第一章

财货的一般理论

第一节 财货的本质

一切事物都受因果规律的支配。这个大道理是没有例外的；并且，我们若要在经验的范围内，去找寻这个原理的相反例子，也将是徒劳无益的。不断进步着的人类发展，不但没有动摇这个原理的正确性，而且还使人们对于这个原理的适用范围的认识，比从前更为扩大。所以，对这个原理不可动摇的和不断增长的承认，是与人类的进步相结合的。

我们自身的性格及其每一状态，也是这个巨大世界关联的一环。所以，我们人类从这一状态到与此相异的另一状态的过渡，除依从因果规律而外，其他都是不可想象的。因此，假如我们人类要从抱有欲望的状态进到欲望满足的状态，那就一定要先具备足够的因素。即或者在我们的器官中发挥着作用的力量，须把我们被扰乱的状态恢复正常；或者其性能足以获致我们叫作欲望满足状态的外物，须对我们发生作用。

与人类欲望满足有因果关系的物，我们叫作**有用物**，我们认识了这个因果关系，并在事实上具有获得此物以满足我们欲望的力量时，我们就称此物为**财货**。[1]

---

[1] 亚里士多德称实现人类的生命和福利的手段为财货(《政治学》，Polit.I.3)。古代人主要从伦理的立场来考察生活关系，这个立场表现于大部分古代人关于效用物或财货本质的见解中，恰如宗教的立场表现于中古著作家的见解中一样。安布罗修斯说："对于永远生命若无用处，则任何物也无效用。"还有托马辛，他的经济观虽属于中古，(转下页注)

所以，一物要成为财货，换句话说，一物要获得财货的性质，必须具备下列四个前提：

(1) 人类对此物的欲望；

(2) 使此物能与人类欲望的满足保持着因果关系的物的本身属性；

(3) 人类对此因果关系的认识；

(4) 人类对于此物的支配，即人类事实上能够获得此物以满足其欲望。

这四个前提必须完全具备，一物才能成为财货。假如缺少任何一个前提，一物就不可能获得财货的性质。一物在既已具有财货的性质以后，假如它又失去这四个前提中的任何一个，则此物又会立即丧失财货的性质。[1]

所以，一物丧失其财货性质的情况，不外：

第一，在人类欲望的领域发生了变化，以致此物所能满足的欲望已不复存在时，此物即丧失其财货的性质。

第二，物的属性发生变化，以致丧失其与人类欲望满足保持因果关系的能力时，也常常出现同样的结果。

第三，人们对于物与人类欲望满足间的因果关系之认识消灭时，一

(接上页注)但他在他的《商业论》(Traité de negoce1697,S.22)中写道："效用为永远生命的考虑所测计。"在近代人中，福尔波内将财货定义为："如贵重的家具和消费用的果物那样不是每年产生生产物的财产"，而将其与财富(产生收益的财货)相对立[《经济学原理》(Principes économiques)，1767, Ch. I, S.174, ff.ed.Daire]。在另一种意义上，杜邦也是这样做的(《重农主义者》，Physiokratie.S.CXVⅢ)。首先将财货这个词用于今日科学所特有的意义上的特罗纳，他将欲望与其满足手段相对置，而将后者称为财货(《社会利息论》，de l' intérêt social, 1777, Ch. Ⅰ. §. Ⅰ.)。此外也可参阅奈克的《关于谷物的立法与商业》(Legislation et commerce des grains, 1775, Part. Ⅰ., Ch.4)。萨伊把"我们所有的满足欲望的手段"称为财货(《政治经济学讲义》，Cours d' écon.polit., 1828, Ⅰ., S.132.)。财货理论在德国的发展，可由下述情况表明：索登认为财货是享乐手段。雅各布称"有用于满足人类欲望的一切"为财货(《国民经济学原理》，Grundsätze der Nationalökonomie, 1806. §.23)。霍夫兰说：财货是"实现人类目的的一切手段"(《国家学新原理》，Neue Grundlegung der Staatswissenschaft ,1807, Ⅰ., §. Ⅰ)。斯托奇说："我们对于一物的效用所下的判断，就形成了财货。"富尔达在他的基础之上，将财货定义为："人类承认其为满足欲望的手段的任何事物"(《官房科学》，Kammeralwissenschaften, 1816, S.2, ed.1820)(参看霍夫兰，同上书Ⅰ., §.5)罗雪尔则把"被认为可用以满足真正的人类欲望的一切事物"称为财货(《国民经济学体系》，Ⅰ., §. Ⅰ.)。

[1] 由上述可知，财货性质绝非财货的附着物，它并非财货的属性，而不过是某一定物与人的一种关系。这种关系一旦消失，则这个物自然就不再为财货。

物也丧失其财货的性质。

第四，当人们丧失其对于一物的支配时，即当人们为满足其欲望，既不能直接获得此物，也不具有再将此物置于自己权力之下的手段时，此物也失去其财货的性质。

我们常常可以看见一种特殊情况，就是一些物对于人类欲望的满足并无任何因果关系，但它们却被人们当作财货来处理。之所以发生这种结果，或者是由于事实上不属于这些物的属性与作用，被人错误地认为是属于这些物所固有的；或者是由于事实上并不存在的人类欲望，被人错误地认为存在。在这两个情形之下，都使那些事实上不是真实而只是在人们的心目中将其当成具有上述因果关系的物，被认成了具有财货的性质。属于第一类的物，有大多数的化妆品、护身符，在文化落后地区或野蛮人中间今日还给予病人的多数药剂、魔杖、壮阳药等。所有这些物，在实际上都是不能满足应由它们去满足的人类欲望的。属于第二类的物，有医治实际上并不存在的疾病的药剂及被异教徒用于偶像崇拜的道具、雕像、建筑物等，所有的刑具也属于这一类。这些物都只有来自虚拟的属性或来自虚拟的人类欲望的财货性质。对于这些物，我们可以适当地称它们为**虚拟**财货。[1]

一个民族的文化愈高，人们对于物的真实本质和固有性质的研究愈深，则真实财货的数目就愈大，而虚拟财货的数目就愈小。在经验上，凡真实财货最贫乏的民族，其虚拟财货的数目通常就愈大；这就是在"真认识"即知识与人类的福利间存在着密切关系的有力证明。

从科学的意义上看，值得注意的还有这样一类财货，这就是为一些经济学者在"**关系财货**"的名称之下，把它们总括为一种特殊财货范畴的财货。属于这种财货的，如商号、顾客、独占权、版权、特许权、营业权、著作权等。一些著作家还把家族关系、友谊、爱情、教会的和

[1] 亚里士多德已经按照欲望是否为理性考虑所引导这一点，将财货区分为真实财货与虚拟财货两类。（《论精神》，de anima，Ⅲ.10)。

科学的团体等，也算作这一类财货。这些关系财货中的一部分，在财货性质上虽然经不起严格的审查，但其他一部分如商号、独占权、版权、顾客范围等为财货，则是可用我们在买卖交易上所屡次遇见的事实来说明的。虽然如此，为这个问题进行最深入研究的理论家们[1]，对于关系财货的存在，还具有几分奇异之感。在他们自信为无偏见的眼光里，好像这只是一种例外。其理由，我想实在是由于现代实在论所发生的影响。现代实在论的特征，是认为只有物质和力(物财和劳务)才是物，因而也只有物质和力才能被视作财货。

有人从法学方面曾屡次指出，说我们的语言只有表现“劳务”的词，而无表现一般“有用行为”的词。有一系列的行为，甚至还有一系列的“消极行为”，虽然不能称为劳务，但对于一定的人，却是决定性地有用，甚至还有很重要的经济价值。例如，某人从我这里买进他所需要的商品，或某人要求我为他充任辩护人，这自然不能称为这人的劳务，但对我却是有用的行为。又如，一个富裕的医师，住在一个农村小镇上，在这镇上另外还住有一个医师。这时，假定前者停止诊疗，对于后者自然不能称为一种劳务，但却由此而使后者成为当地独一无二的医师，故对后者实是一个极有用的“消极行为”。或多或少的人数(例如顾客人数)对于某一人(例如小商贩)惯常地进行着有用行为的情形，并不变更这个有用行为的性质。同样，一国的少数或全体居民，自愿地或强制地对于某一人进行着有用的消极行为(如自然的或法

---

[1] 参阅谢弗勒：《垄断关系的理论》(Theorie der ausschliessenden Verhältnisse, 1867, S.2)与斯图尔特：《政治经济学原理》(Principles of political economy.Basil 1796, Ⅱ., p.123, ff.)。在这里，财货已经被分为物财、人类劳务和权利三类，在后类中还算入销售特权(同上书，S.141页)。萨伊把辩护士会、商人的顾客范围、新闻业和军事领袖的名声等也算作财货(《完全讲义》，Cours Complet Ⅲ.S.219, 1828)。赫尔曼把多数生活关系(社交、爱情、家庭、营利等关系)总括在“外界财货”概念之下，而将其作为财货的特别范畴，以与物财及人类劳务相对置(《国家学的研究》，Staatswirthschaftliche Untersuchungen, 1832, S.2, 3, 7, 287)。罗雪尔把国家也算作关系财货(《国民经济学体系》，System Ⅰ., §.3)。谢弗勒则把关系财货的概念限制于“可以转让的，通过掌握销路、排除竞争而垄断化的利息”。在此处，利息的概念，应按照谢氏特有的意义解释(《人类经济的社会体系》，Das gesellschaftliche System der menschlihen Wirtschaft, 1867, S.192 ff.)。此外参阅索登：《国民经济学》(Nationalökonomie Ⅰ., §.26 ff.)和霍夫兰：《新原理》(Neue Grundlegung, Ⅰ., S.30.d.ed.1815)。

律的独占，版权、商标的保护等)，也不变更这个有用的消极行为的性质。所以，一般人叫作顾客范围、读者层、独占等的事物，从经济的立场看来，都或者是他人的有用行为或消极行为，或者如**商号**那样，是物财、劳务及其他有用行为或消极行为的**总体**。就是友谊、恋爱关系、宗教团体等，也明显地由他人对于我们的有用行为或消极行为所形成。这些有用行为或消极行为如顾客范围、商号、独占权等，既然是我们能够支配的事物，那我们就没有理由不承认这些行为的确具有财货性质；并且，我们也没有理由一定要设一个“关系财货”的暧昧概念，而将其作为一个特殊范畴，以与其余的财货相对立。我认为我们不如把财货的总体分为这两个范畴较为合理，即**物财**(包括一切自然力，只要它是财货)和**有用的人类行为**(或消极行为)——其中最重要的是劳务。

第二节　财货的因果关系

我觉得现在最重要的是，在我们的科学内，应对财货的因果关系形成一明确的概念。因为我们的经济学，亦如其他一切科学一样，其真正而持续的进步，有赖于我们不只把科学的观察对象当成个别的现象来考察，而且要致力于研究现象的**因果关系**，并探索那些支配着现象的规律。我们所食用的面包，制造面包的面粉，磨成面粉的谷物，生长谷物的耕地等，这一切都是财货。但是仅仅这一点认识，对于我们的科学是不够的，相反，应该像其他一切经验科学所作的那样，要致力于按照内在的原理来整理财货，要认识每一财货在其因果关系中所占的位置，最后并要探索那些支配着财货的各种规律。

我们的福利既然依存于我们欲望的满足，则当我们支配着直接满足我们欲望所必需的财货时，我们的福利自然就得到了保证。例如，我们若有必要分量的面包，则满足食物欲望之事，就直接在我们的权力以内。所以，面包和我们的欲望满足间的因果关系是直接的；我们若依据前节所述的原理来检查面包的财货性质，也不会发生任何困难。同样的论断，也适用于我们可直接用以满足我们欲望的其余一切财货，如饮料、衣服、装饰品等。

但是，我们承认其具有财货性质的物，其范围并不止于这点。为简明起见，在以下的叙述里，我们将称这些财货为第一级财货，在这些第一级财货之外，在人类经济中，我们还会遇着那些与我们欲望的满足并无直接的因果关系，但却具有不亚于第一级财货的财货性质的许多物。在市场内，我们看见除去面包以外，混杂在其他能直接满足人类欲望的财货之中的还有各种财货，如面粉、燃料与盐等。我们也看见制造面包的设备、工具和制造面包时所必需的熟练劳动力等在那里买卖着。这一切物或其中的大多数，都不能直接地满足人类的欲望。因为，世界上有什么欲望可以为焙烤面包的特殊劳动力、焙烤面包的设备和一定分量的面粉所能直接满足的呢？然而在人类经济中，这些物也如第一级财货一样，被作为财货来处理。其理由就在于这些物对于制造面包及其他第一级财货都是有用的；因而这些物虽然通常都不能直接满足人类的欲望，但间接地都是可以用来满足人类欲望的。其他虽无直接满足人类欲望的能力，但却有用于制造第一级财货，因而对人类的欲望满足有间接因果关系的无数物，也是同样的情形。在这里，我们还须同时明确的，就是我们可称为**第二级**财货的这些物及其类似物，它们取得财货性质的情形，在本质上与第一级财货的情形完全相同。因为第一级财货和第二级财货，对于我们欲望的满足都有一定的因果关系；不过第一级财货是直接的因果关系，而第二级财货是间接的因果关系而已。但这种直接和间接的区别，对于取得财货性质这一点，在本质上是不会产生什么差异的。因为财货性质的前提，是物与人类欲望满足之间的因果关系，但却不一定要直接的因果关系。

不难指明，被我们认为具有财货性质的物的范围，不限于以上这些财货。就上面选用的实例来说，磨坊、小麦、黑麦及制作面粉所用的劳动力等，可称为**第三级**财货；耕地、耕种耕地所需的工具与设备及农民的特殊劳动力等，可称为**第四级**财货。在这里，我所要表达的思想，想来已经十分明白了。

在前节里，我们已认清了物与人类欲望满足之间的因果关系是财货性质的前提之一。在本节里，我们所要说明的思想，总括起来就是这样一句话：对人类的欲望满足有**直接的**因果关系这一点，绝不是物的财货性质的前提。同时我们又加以指明的是，在对人类欲望的满足保持着间接因果关系的各种财货之间，由于其对我们欲望的满足保持着“较近的”或“较远的”因果关系的不同而有差异，不过这种差异是丝毫不致影响财货性质的本质的。为顾及这一点，所以我们把财货分成第一级、第二级、第三级、第四级等。

但在此也须防止对于上述理论的一个错误解释。我们在讨论一般财货的时候，曾指出财货性质绝非附属于财货的属性。这里须同样注意的是，财货在各种财货的因果关系中所占的次序，亦不过表示一个财货在一定的用途上，对于人类欲望的满足，有时居于较近的因果关系，有时则居于较远的因果关系而已。所以，它不是附着于财货之物，自然更不是财货的属性了。

因此，在这里和以后叙述支配着财货的规律时，我们作为重点的并不是这个次序数。虽然在正确理解的范围内，这个次序数对解释一个困难而重要的问题，的确是有帮助的。我们所特别作为重点的，是我们须明了财货与人类欲望满足之间的因果关系，并须明了由财货用途的不同而形成的财货与人类欲望满足之间或远或近的间接因果关系。

第三节　在财货性质上支配着财货的规律

高级财货的财货性质，为我们是否亦支配着相应的补足财货所制约

我们若支配着第一级财货，我们就可以直接用它来满足我们的欲望。我们若支配着相应的第二级财货，我们就可以把它变形为第一级财货，而使它间接地满足我们的欲望。我们若支配着第三级财货，我

们也可以先把它变为相应的第二级财货，然后再把它变形为相应的第一级财货。这样，虽然是更加间接的方法，但我们也可以把第三级财货用来满足我们的欲望。其他的一切高级财货也是同样的。这些财货在事实上既然能用以满足我们的欲望，则对于它们的财货性质，自然是毋庸置疑的。

但在最后这点上，关于高级财货，还存在着一点颇为重要的限制：就是我们若没有同时支配着其余(补足)的高级财货，则我们要用一个单一的高级财货来满足我们的欲望，是完全不可能的。

例如，假定有一个经济人，虽未直接支配着面包，但却支配着制造面包所必需的一切第二级财货，则毫无疑问，这个人仍然是能够满足他对于面包食物的欲望的。但假定这个人虽然支配着面粉、盐、必要的发酵素以及制造面包所必要的劳动力和一切其他必需的设备与工具等，而未支配着燃料与水，那很明显，在这种情形下，这个人就不可能用上面这些第二级财货来满足他对于面包食物的欲望。因为，要是缺少燃料与水，我们纵然支配着其余一切必要的财货，也是不可能制出一块面包的。因此，在这种情形下，这些第二级财货在对于面包食物的欲望上，便立即丧失其财货的性质，因为它们在这时已缺少了财货性质的四个前提之一了(此处是第四前提)。

但我们也不能完全否定：即使在上面这种情形下，其财货性质成为问题的物，若能被支配着它的这个人用以满足其面包食物以外的其他欲望，则也能维持其财货的性质。或者，虽然缺少某一个或其他的补足财货，而这物与其余的财货相结合，能直接或间接满足人类的欲望时，则这物也能维持其财货的性质。但若这些第二级财货，由于缺少一个或多数补足财货，既不能单独地满足人类欲望，又不能与其他能支配的财货相结合以满足人类的欲望时，那么，这些第二级财货，就因为缺少补足财货的缘故，自然完全丧失其财货性质。因为在这时，经济人已不复具有转变这些物来满足其欲望的力量，从而这些物就失去财货性质的本质条件之一了。

因此，迄今为止，作为我们研究的结果，在此我们首先获得了这样的命题：即第二级财货的财货性质，为我们必须同时支配着为生产至少一个第一级财货所必需的同级补足财货一事所制约。

第二级以上的高级财货，其财货性质是在怎样的程度上被我们是否支配着补足财货所制约这一问题，要加以判断是有更多困难的。但这个困难倒绝不在于高级财货与相应的次一级低级财货的关系上，例如第三级财货与相应的第二级财货的关系上，或第五级财货与相应的第四级财货的关系上等。因为我们只要看一看这些财货间的因果关系，就可知它和上述的第二级财货与相应的次一级低级财货即第一级财货的关系是完全类似的。这样，上述的基本命题，自然就可扩大为这样的命题：即高级财货的财货性质，首先为我们必须同时支配着为生产至少一个次一级低级财货所必需的同级补足财货一事所制约。

我们所谓的关于第二级以上的高级财货的困难，却在于这样一点，就是我们纵然支配着为生产一个次一级低级财货所必需的一切财货，但若我们同时没有更支配着与这个次一级低级财货同级的一切补足财货及一切较低级的补足财货，则这些财货的财货性质，仍然不一定能得到保证。例如，假定某人支配着为生产一个第二级财货所必需的一切第三级财货，但他却未同时支配着其余补足的第二级财货，则他仍然未具有使这些第三级财货在事实上能转用于满足人类欲望的力量。因为他这时虽具有使这些第三级财货变形为第二级财货的力量，但他却未具有使第二级财货变形为第一级财货的力量。因而他在这里也就不能用这些第三级财货来满足他的欲望。在这种情形下，这些第三级财货就立即丧失其财货的性质。

这样，我们就可以明了，上述的基本命题，即“高级财货的财货性质，首先为我们必须同时支配着为生产至少一个次一级低级财货所必需的同级补足财货所制约”，并没有包括关于物的财货性质的全部前提，这些前提是从我们只有支配着补足的高级财货，我们才具有可以转变这些财货来满足我们欲望的权力这一条件之首先满足所产生的。假如我们支配着第三级财货，其财货性质自然首先为我们能否将其变形为第二级财货一事所制约。但它的财货性质的更进一步的条件，则为我们是否更具有把第二级财货变形为第一级财货的力量；这个力量之是否具有，又以我们是否支配着某些补足的第二级财货为前提。

关于第四级、第五级以及以上的高级财货，情形也完全类似。对人类欲望满足居于最远关系的物，其财货性质仍然首先为我们是否支配着同级的各种补足财货所制约。但是更进一步，它的财货性质还为我们是否支配着次一级低级财货的各种补足财货以及以下诸级的各种补足财货所制约。这样，我们就可以说，一个高级财货的财货性质，实为我们在事实上是否能将其用于生产一个第一级财货，以至最后将其用于人类欲望的满足所制约。现在，假如我们把这些使某一个高级财货能够用以产出一个第一级财货所必需的财货总体，称为该高级财货的广义的补足财货，则我们就得出这个一般的基本命题：即**高级财货的财货性质，为我们是否支配着这些广义的补足财货一事所制约**。

正是这个“财货相互制约性的规律”，极为生动地表现出各种财货间的重大的因果关系。

当1862年，美国发生了内战，以致欧洲的棉花重要来源被阻塞时，以棉花为补足财货的其他多数财货，遂失去其财货性质。例如在棉纱工业里活动着的英国和欧洲大陆上的工人劳动力就是这样，这些工人中的大部分，在这时都处于休业的状态，并且还不得不仰求于公共慈善事业的救济。这些劳动力(那些熟练工人所能支配的)依然是同样的劳动力，其所以大量地失去财货的性质，就因为缺少棉花这种补足财货的缘故；同时，也因为这种特殊的纺纱劳动力本身，几乎是不能直接用以满足人类的任何欲望的缘故。但一旦它的补足财货即其所必要的棉花，一部分由其他购入地增加了输入，一部分在美国内战结束后又从原购入地再度输入以后，这些劳动力又立即成为财货了。

而当人类对于具有补足财货关系的劳动力失去支配时，一些财货也往往丧失其财货的性质。在人口稀薄的农村，特别在主要只生产一种农作物(例如小麦)的农村，在特别丰收之后，就常常发生劳动力大量缺乏的情况。因为本来为数不多的农村劳动者，在丰年时他们中的多数又不觉得有多作劳动的必要，然而由于单种小麦，所有收割的工作都集中在一个短短的时间内，所以这时就发生劳动力缺乏的情况。在这种情况下(例如在匈牙利肥沃的平原上那样)，对于劳动力的需求，在短期内是非常之大，而所能支配的劳动力数量则又不够，这样，就使大量的谷物在田地上枯死。造成此事的原因，就是由于缺乏劳动力这种补足财货，因而使这些农作物失去其财货性质。

一个民族的经济关系发展到较高程度的时候，各种不同的补足高级财货，通常都操于各种不同的人们手中。各种物品的生产者，通常都是机械地进行着自己的业务。各种补足财货的生产者，通常都没有意识到他们所生产或加工的物品的财货性质是受着其他财货的制约，而他们自己并不掌握着其他这些财货。甚至有一种认为高级财货可完全不顾其补足财货的存在而单独具有财货性质的错误观念，还极容易地存在于下面这样的国家里：在这个国家里，由于频繁的交易与高度发达的国民经济，差不多一切产品都在通常为生产者所完全意识不到的前提之下被生产出来。这个前提就是通过交换而与其相联系的人，在那里适时地供应着他所需要的补足财货。一直到这个被认为理所当然的前提因情势的变化而发生了动摇，以及支配着财货的规律的作用扩展到现象的表面时，一般人的注意力才转向这样的现象及其深处所存在的原因。

高级财货的财货性质，为相应的低级财货的财货性质所制约

由于前二节所述的对于财货的本质及其因果关系的考察，使我们认识了另一个规律，这个规律支配着财货的本身，但却与其经济性质无关。

我们已经指明，人类欲望的存在是构成财货性质的本质前提之一，并且，在一个财货所能满足的人类欲望(这个财货与人类欲望满足有因果关系)已经消失，而对于这个财货的新欲望又还未发生的时候，这个财货就会立即丧失它的财货性质。

所以，假如第一级财货向来所满足的欲望业已全体消失，而对于这个财货的新欲望又还未发生，则此第一级财货的财货性质，自然会立即丧失。这点我们只要根据上面关于财货本质的叙述，就可以直接明白。但若我们着眼于与某一项人类欲望的满足保持着因果关系的财货总体，来问一问这一项欲望的消失究竟对于与它的满足保持着因果关系的高级财货的财货性质将产生怎样一种影响时，则这个问题又将变得更为复杂。

现在我们假设这种情况：人们的嗜好发生了变化，吸烟的欲望已经完全消除；同时，为人们的享受而已制成的烟草，其尚可用以满足的其余欲望也完全消失。在这种情况下，人们所保有的，并以人们所喜爱的形态存在着的一切烟草，自然将立即丧失其财货性质。这时，与此相应的高级财货又将如何呢？烟叶、生产各种烟草所用的工具和设备，所用的熟练劳动力，简言之，生产人们享用的烟草所使用的一切第二级财货又将如何呢？烟草的种子、烟草栽培地、生产烟叶所用的劳动力和工具设备以及在人们吸烟欲望上可称为第三级财货的其余一切财货又将如何呢？最后，与此相应的第四级、第五级等财货又将如何呢？不待说，这些财货自然都将随之而丧失其财货的性质。

如我们所知，一物的财货性质，为它是否与人类的欲望满足保持着因果关系所制约。但我们也知道，财货与欲望满足间的**直接的**因果关系，绝不是一物的财货性质之必需的前提。相反，大多数物的财货性质，都只从它与人类欲望满足保持着或远或近的**间接的**因果关系得来。

应予满足的人类欲望的存在，既确为一切财货性质的前提，则这样一个基本命题，就可同时得到证明：即财货不管其是否与人类欲望的满足有**直接的**因果关系，亦不管其财货性质是否从它与人类欲望的满足保持着或远或近的**间接**因果关系得来，一旦它原来所能满足的各种欲望全部归于消灭，则它的财货性质必将随之而立即丧失。这就是说，相应的欲望既已消灭，则如上面所述，为一物的财货性质所根据的全部基础，自然也就不得不归于消灭了。

奎宁所能治愈的病若全部消灭，则它自然就不成其为一种财货了，因它所能满足的唯一欲望，在这时已不复存在了。不只如此，奎宁的使用目的的消失，其结果还会使相应的大部分高级财货亦丧失其财货性质。现在从事奎宁树的探索和剥皮，以维持生计的奎宁产地的居民，到那时将会突然发现：不只是他们的奎宁储存，而且必然地连他们的奎宁树、只用于奎宁生产的工具和设备，以及迄今为他们维持生计手段的熟练劳动力等，都将突然丧失其财货的性质。因为，在这样变化的情况下，这些物与人类欲望的满足，已不再有任何因果的关系了。由于嗜好的变化而使吸烟的欲望完全消灭的时候，其结果不只使人们通常以其所喜爱的形态保有的一切烟草储存，立即丧失其财货性质；而且还使烟叶，只用于烟叶加工的机器、工具、设备，用于烟草制造的熟练劳动力以及烟草的种子储存等，都将随之而丧失其财货性质。在马尼拉、波多黎各、哈瓦那等地，在烟草品质的检查和烟草的买卖等方面具有特殊技能的人，其所具有的优良的劳动力，也将停止其为财货。或在欧洲，从事于烟草制造的多数特殊劳动力，也将同样地不再为一种财货。甚至于现在对于实践家们极有用处的关于烟草培植和烟草工业的多数书籍，在这时也将停止其为财货而积压于出版社的仓库里，卖不出去。不仅如此，就连烟盒、烟斗以及各种的板烟和板烟管等，也将要全部丧失其财货的性质。

这种在表面上看起来极为复杂的现象，可由下面的概括得到它的说明：即上述的一切财货，都是从它们对于人们吸烟欲望的满足所保有的因果关系上取得其财货性质的。所以随着这个欲望的消灭，为这些财货的财货性质所根据的基础之一，自然也就归于消失了。

但是，财货，尤其是高级财货，通常都不只是从它对于人类欲望满足的个别因果关系，而是或多或少地从多数的因果关系，以取得其财货性质的。在后面这种情形下，如果只是一个欲望或一部分欲望消灭，那么其财货性质还不致因而丧失。非常明显，一定要等到用这个财货去满足的**全体**欲望都消灭以后，才会发生其财货性质丧失的结果。否则，这些财货在满足其余还存在的欲望上，还是可以**完全合乎规律地**维持其财货性质的。这时，财货性质之得以维持，只是因为它与人类欲望的满足还保持着一定的因果关系，假如连这个欲望也归于消失，则其财货性质自然就不能不立即消失了。

现在，我们仍就上面所举的例子来说明，假如人们吸烟的欲望完全消失，则已制成的可供人类享用的烟草、烟叶和烟草种子的储存，以及与满足吸烟欲望有因果关系的其他多数财货的财货性质，亦将完全失去。但同样结果却不一定产生于与此有关的其他一切高级财货。例如适宜于栽培烟草的土地，在此土地上使用的农业用具，以及烟草工业所使用的许多工具、机器等，在对于其他人类欲望的满足上，仍然是可以维持其财货性质的。

高级财货的财货性质为其所能生产的低级财货的财货性质所制约的规律，不可以看成是上述基本命题之本质的修正，而只应看成是该命题的一个比较具体的形态。

到现在为止，我们是把那些与人类的欲望满足保持着因果关系的一切财货，加以总括来考察的；从而我们是以财货的最后作用即直到满足人类欲望为止的全部因果链，作为我们研究的对象的。现在，由于上面的基本命题业已建立，我们打算只考察因果链的一些环节。例如，我们将把第三级财货与人类欲望满足的因果关系暂时搁置，而只考察第三级财货与相应的任何一种高级财货间的因果关系。

第四节　时间——谬误

如我们在前数节里所知，高级财货一阶段一阶段地变形为低级财货，以至低级财货最后用于满足人类欲望的过程，绝不是无规则地进行着，而是与其余一切变形过程同样，受着因果规律的支配的。但因果的观念却不能与时间的观念分离。一切变形过程都意味着一个发生和一个成长，而这样意义的变形过程只能发生在时间的过程中。所以，我们若要完全把握这个过程中的各个现象间的因果关系和这个过程本身，那我们就须在时间中来考察这个过程，并用时间来测算这个过程。因此，在高级财货一阶段一阶段地转化为低级财货，以至最后达到人类欲望之满足状态的变形过程里，时间就成为我们进行考察的一个本质要素。

我们若是支配着一些高级的补足财货，我们首先须将其变形为次一级的低级财货，然后再一阶段一阶段地继续加以变形，以至最后变形为第一级财货。这个第一级财货才可以直接用于我们欲望的满足。这个过程各阶段所需的时间，在许多情况下可能是很短的——技术与交通的进步，有使此时间愈趋缩短的倾向，但若要这个时间完全消灭，则就难以想象了。一些高级财货，要在瞬间将其转化为相应的低级财货是全然不可能的。相反，支配着高级财货的人，必须经过一定的时间——由于情况的不同，这时间有时较短有时较长——才能够支配相应的低级财货。这还只是就因果链的个别环节来说的，若就因果链的全过程来讲，这个道理就更加妥当。

上面这个过程在各种情况下所需要的时间，由于情况性质的不同而有很大的差异。支配着培植橡树林所必要的一切土地、劳动力、工具、种子等的人，如要能支配一个可以砍伐的橡树大森林，恐怕他必须等待一百年。在大多数的情况下，这样一个橡树大森林的利用，通常要到他的继承人或其他法定继承人的手上才能实现。相反，支配着食物或饮料的原料和制造食物或饮料所必需的工具和劳动力等的人，有时在瞬刻之间，就能支配食物和饮料了。这个差异不管是大是小，总之，在高级财货的支配与其相应的低级财货的支配间所存在的时间，绝不能完全加以排除，这是可以确信无疑的。因此，我们就可以说，高级财货不是在现在直接满足的欲望上获得并保有其财货性质的，而是在上述生产过程完成后始能满足的欲望上，才获得并保有其财货性质的。

由上述可知，若我们着眼于一定的使用目的，则我们首先就可看见，在高级财货的支配和相应的低级财货的支配之间，存在着如此的差别：即后者立即可用于有关的用途，而前者还在财货形成过程的早期阶段，一定要经过一定的时间(由情况的不同，这时间有时长有时短)以后，才能供人类直接使用。因此，在这里就要求我们进一步去考察在财货的直接支配和间接支配之间所存在着的另一个极为重要的差别。

凡是直接地支配着某种财货的人，自然可以确定地知道该种财货的数量和品质。但只间接地、即通过拥有相应的高级财货以支配该种财货的人，则不到财货生产过程结束，就不可能以同样的确定程度，来判定其所能支配的低级财货的数量和品质。

保有 100 麦程(德国古容量名，1 麦程等于 3.44 升——译者)谷物的人，可以由其对财货的直接所有而得到的确定程度，来判定这种财货的数量和品质。相反，支配着生产 100 麦程谷物所必需的一定数量的土地、种子、肥料、劳动力和农具的人，却有时收获较 100 麦程为多的谷物量，有时又收获较 100 麦程为少的谷物量，有时甚至完全没有收获也说不定。这样，关于这个作物的数量和品质，他就不可能有什么把握了。

通过相应的高级财货以支配的产品，其数量和品质的不确定性，在一些生产部门较大，在另一些生产部门则较小。支配着生产鞋子所必需的原料、工具、劳动力的人，从他所支配的这些高级财货的数量和品质，可以极大的确定性来推断生产过程结束后所能支配的鞋子的数量和品质。相反，支配着适宜于栽培油菜的土地和相应的农业用具及必要的劳动力、种子、肥料等的人，对于生产过程结束后所能收获的菜籽的数量和品质，就不能下一个完全确实的判断。不过，上面这两点不确定性，要是比之于蛇麻栽培者、猎人和珍珠采取者等所遭遇的不确定性，则又是较小的了。但是，不管在各种生产部门间的这种差别是怎样的大，也不管文化的进步将有不断减少这种差别的趋势，总之，这样一点总是可以肯定的：即由于情况的不同，最后获得的产品的数量和品质，是具有时大时小的一定程度的不确定性的；而这个一定程度的不确定性，还是一切生产部门所共通的。

这种现象的终极原因，在于人们对财货生产这个因果过程的固有态度。依据因果规律，高级财货先变成次一级低级财货，再继续进行，以至变成第一级财货，最后才产生人类欲望满足的状态。高级财货是这个因果过程的最重要的要素，但绝不是这个过程的全部。在属于财货界的这些要素之外，对于财货生产这个因果过程所产出的产品的品质和数量给以影响的，还有另外一些要素：这些要素与人类幸福的因果关系，或者是到现在我们还没有意识到；或者是它对于产品的影响，我们虽已有了认识，但由于某些原因，我们对它还不能加以支配。

例如，各种地质、地盐、肥料等对于各种植物生长的影响，从而这些要素对于产品的数量和品质给以有利的或不利的影响等，一直到最近为止，人们都是不知道的。但今日由于农业化学方面的研究，这种不确定的某些部分，已经被我们除去了。并且在这种研究所达到的范围内，做到了一方面获取有利的影响，一方面排除不利的影响。

关于第二种情况，气象变化可提供我们一个适当的例子。在多数情形之下，农民是知道怎样的气象才最有利于植物的生长的。虽然如此，但他们却无力招致这种有利的气象，或防止那些将使所播种子死亡的气象。这样，他们的收获物的品质和数量，就在很大的程度上依存于气象的影响。这种影响与其他影响一样，虽是在不可避免的因果规律的基础上发生的，但由于它在经济人的权力范围以外，所以它对于经济人就似乎是一种偶然事件了。

对于通过拥有高级财货而支配的产品品质和数量的预见，其确定性程度的大小，依存于我们是否完全知道生产这个产品的各有关要素；同时也依存于我们是否完全支配着这些有关要素。我们不知的或虽然知道而不能支配的各种要素在财货生产的因果过程中愈是重要，即在各种要素中不具财货性质的数目愈大，则我们对于全部因果过程的产品即相应的低级财货所具有的品质和数量就愈难于掌握。

这种不确定性是人类经济不确定性之最重要因素之一，如后所述，它对于人类经济具有最大的实际意义。

第五节　人类福利增进的原因

亚当·斯密说："劳动生产力的巨大增长，以及指导并进行劳动时的熟练、技巧和判断力的增进，都似乎是分工的结果。"[1]又说："由分工造成的各种工艺产品的大量增加，使得在治理完善的社会内，产生了普遍富裕的情况，以至普及于最下层的人民。"[2]

亚当·斯密就是这样将分工的进步看作是人类经济进步的枢纽。并且这是和他认定劳动要素在人类经济中具有重要意义的说法相一致的。但是，依据我的信念，这位卓越的学者在关于分工这一章内所明确说明的，不过是人类福利增进的原因之一而已。另外的并且具有不亚于分工效果的原因，他却未加以考察。

我们试想一想，如澳大利亚族人，他们基本上已经从事最单纯的采集劳动了，而在各成员之间，他们也已把这个单纯的采集劳动加以合理的分工了。其中一些人作为猎者，一些人作为渔夫，还有一些人则专门从事野生蔬菜的采集，妇女们则一部分专任饮食的备办，一部分专任衣服的缝纫等。我们假定这个民族的分工，又向前进了一步，即每一种特殊的设备，都由特殊的执掌人管理。这时，我们试问，这样彻底进行的分工，对于各成员所能支配的享乐资料，是否会发生像亚当·斯密所说的由于分工进步而导致了增产呢？很明显，这个民族也将与其他任何民族无异，在采取上述方法以后，能以较少的劳力取得与从前相同的劳动成果，或者能以与从前相同的劳力取得较多的劳动成果。他们的采集劳动既然能如此合理地、并且有效地进行，则他们的生活状态就应该有所改善了。但是，他们的改善，与我们在经济进步的各民族中

[1] 亚当·斯密：《国富论》(Wealth of Nat.B.I.Ch.I.Basil 1801, T.1, S.6)。
[2] 同上书，S.11, ff.。

所实际看见的改善，却有非常显著的差别。与此相反，假如另外一个民族，他们不只从事采集活动，即他们不止于搜集自然存在的低级财货(在人类的最野蛮状态中，多数财货是第一级财货，偶尔是第二级财货)，而是不断地向第三级、第四级以及以上的高级财货进展着。他们为获得财货以满足欲望而这样一直向高级财货进展，假如再加上合理的分工，那么，我们就可看见，亚当·斯密所专门归功于分工结果的那些福利增进，就可以真正得到实现了。

我们看见以棍棒追赶野兽的猎人，进展到使用弓矢罗网来狩猎，又进展到畜牧经营，最后更进展到畜牧经营的更加集约的形态。我们也看见依靠野生果实生活的人，进展到农业经营，更进展到农业经营的更加集约的形态。我们看见工业发生，又看见通过工具和机器的发明而使工业趋于完善。这一切进展与各民族福利的增进，才真正有着极密切的关系。

人类愈向这个方向进步，财货的种类就愈多，从而社会上的职务也就愈繁，分工的进步也就愈为必要和愈为经济。但于此已很明白的是，人类所能支配的享乐资料的不断增加，并不只是分工的结果。分工绝不能被认为是人类经济进步的最重要的原因。正确地说来，它不过是引导人类从野蛮和贫困到文明和福利的许多作用中的一个要素而已。

人类愈能不断地增加对高级财货的利用，人类对于支配享乐资料的能力就会变得愈大。要寻求对于这种作用的解释，现在已经不困难了。

采集经济的最原始形态，是止于搜集为自然所提供的最低级财货。经济人对于这些最低级财货的产生，并未给以任何影响，这些最低级财货的产生，并不系于人类的愿望和欲望，而完全是出于偶然。但人类一旦脱离了这种最原始形态的经济，开始去探求那些按照因果过程将其结合即可产生享乐资料的各种物，并将这些物置于自己权力支配之下(即使其成为高级财货)，那么，享乐资料的产生，在以因果规律为基础这一点上，还是与以前相同的，但对于人类的愿望和欲望来说，则它已不复是偶然之事，而是在人类权力支配之下，并且在自然规律的范围内，为人类的目的所规绳着的一个过程了。原先仅仅由于各生产条件偶然的遇合而产生的享乐资料，一旦到了人类已能认识这个生产条件并将其置于自己权力之下时，这些享乐资料就是在自然规律领域内的人类意志的一个产物了。至于人类所能支配的享乐资料的数量，这时虽然还受着人类对于物的因果关系的理解能力的限制，以及也受到人类对于这些物所能支配的权力范围的限制，但除此以外，就不受其他的限制了。由此可知，人类对于物与人类福利的因果关系之认识的进步，和对于这些有关福利的较为间接的条件之掌握的进步，已经把人类从野蛮与极度贫困的状态，提高到今日这样文明与富裕的阶段，并已把那些住有悲惨和极端穷苦的少数居民的广大土地，变为人口稠密的文明国家。所以，假如我们说，将来人类经济的进步，可以从上述进步中求得其表现的尺度，那恐怕是再确切没有的了。

第六节　财货所有

人类的欲望是多种多样的。假如我们只支配着满足一个欲望的资料，那么，纵使我们所支配的资料是如何的丰富，仍将不能保持我们的生命和福利。人类满足欲望的方式，从大体上来说，若使其毫无遗漏的话，可以说呈现着几乎无限差异的状态。可是各种欲望满足之一定的协调，对于保持人类的生命和福利，在某种程度上是绝对必要的。有的人或许住在琼楼玉宇，食用珍馐美味，穿着华贵衣服；而其他的人则或许住在暗屋陋室，食用残渣剩饭，穿着褴巾缕片。但他们都既必须为满足其住宅与衣服的欲望而努力，也必须为满足其食物的欲望而努力，这一点，两种人都是相同的。因为，非常明显，我们纵使怎样完全地满足了一个欲望，要是其他的欲望得不到满足的话，仍是不能保持我们的生命和福利的。

在这种意义上，假如我们说，一个经济主体所能支配的一切财货，在其财货性质上是相互制约着的，也就没有什么不正确了。因为，一切财货所共同服务的总目的——人类生命和福利的保持，不是一种财货所能单纯实现的，而是只有与其他财货相结合才能实现的。

在孤立的经济或在人类交换仅仅小规模进行的一切地方，保持人类生命和福利所必需的财货与财货间的这种相关性，通常明白地表现于每个经济人所支配的财货总体之中。同时他们在满足他们的欲望时所力求实现的协调，也反映在他们的财货所有之中。[1]在较高的文明社会内，特别在我们今日这样只要充分保有任何一种经济财货，就能支配其他一切财货相应量的交换发达的社会内，上面这种现象，就个人经济来说，好像是已经消失了，但在国民经济之中，则还是很明白地显现着。

我们到处都可以看见，不是个别的财货而是多种财货的总体，才有用于经济人的目的。这样的财货总体，或直接为各个经济人所支配，如在孤立经济下的情况一样；或一部分直接地，一部分间接地为各个经济人所支配，如在今日这样交换发达的社会内一样。只有在这个财货的总体性上，才能获得我们叫作欲望满足的结果；更进一步，也才能获得我们叫作人类生命和幸福之保证的结果。

一个经济人为满足他的欲望所支配的财货总体，叫作**财货所有**。这个财货所有并不表现为各种财货任意结合的数量，而表现为经济人全体欲望的反映，表现为一个有机构成的总体。这个总体的任何一个重要部分都是不能增减的，否则它所服务的总目的的实现，就要因增减而受到影响。

[1] 参阅斯坦因：《教科书》(Lehrbuch, S.36.ff.)。

第二章

经济与经济财货

欲望生于我们的冲动，冲动则基于我们的体质。欲望没有得到满足，将伤害我们的体质；欲望仅得到不充分的满足，将萎缩我们的体质。欲望若得到满足，就意味着我们是在生活着并繁荣昌盛着。所以我们对于自己欲望满足的筹划，同我们对于自己生命与福利的筹划实具有同等的意义。这个筹划在我们的一切努力中，要算是最重要的了，因为它是其余一切努力的前提和基础。

在实际生活中，我们对于凡可以满足自己欲望的东西，都想将其置于自己的权力之下，这一行为就表现为筹划。我们若是支配着满足我们的欲望所必要的财货，则我们欲望的满足，就可以完全依照我们的意志去实行；而我们的实际目的，也就可得到完全的实现。因为在这时，我们的生命与福利可谓已完全掌握在我们的手中了。一个人为满足其欲望所必需的财货数量，我们叫作这个人的**需求**。因此，人们对于保持生命与福利的筹划，就变成为人们对于自身需求满足的筹划了。

由此可见，假如人们不预先做好筹划，而是临时才去考虑对于财货的需求，则其欲望的满足势必很难得到保证，从而他的生命与福利的保持，也同样将很难得到保证了。

例如，假定一国的居民，在严冬到来的时候，对于过冬的食粮和衣物都还未做应有的准备，那么，毫无疑问，这些居民大部分都将难逃灭亡，而纵使尽其一切力量想加以补救，一定也无济于事了。人类文化愈进步，获得为满足欲望所必需的财货的生产过程愈延长(参阅第 14 页以下)，则人类为了满足其在将来时期的需求，愈要及时地做好筹划。

所以，就是澳大利亚的野蛮人，也不是在已经感觉饥饿的时候才去打猎；同样，他们也不是到了冬季已经遭受气候的侵害以后才去建筑房舍。[1]文明人优越于其他一切经济人的地方，就在于他们不只为短期间的欲望满足从事活动，并且还为遥远期间的欲望满足预先进行筹划。他们常为保证几年甚至一生的欲望满足而努力，甚至为了使他们的子孙后代不致缺乏满足欲望所必需的资料而不惜苦心孤诣地进行筹划。

在我们所见到的一切地方，都可以发现文明人为其欲望的满足而有组织地进行着大规模的预筹。

正当我们为御寒而穿着冬衣的时候，制成的春装已经在向零售商店运送了，次夏用的绸衣已经在工厂里织造了，次冬用的毛料也已在工厂里纺制了。在我们生病的时候，我们需要医生替我们治疗；在我们发生法律纠纷的时候，我们需要律师为我们策划。倘使有人临到这些需要发生的时候，才去学习医学上或法律上的知识与技术，或才派其他的人为自己去受医学与法学的教育，即使他的力量做得到的话，那也未免太迟了。相反，在文明国家里，为满足社会对于诸如此类的劳务的需要，人们已老早在事前筹划准备好了。也就是说，社会上总是有着这样一些人，他们在若干年前就已经受过专门教育，嗣后又经过实际的活动，积累了丰富的经验，而现在正在为社会提供着他们的劳务。不但如此，而且当我们享受着过去所准备的这些成果的时候，我们的专门学校，又已在教育着多数的人，预备用作满足社会未来对于同类劳务的需要了。

这样，人们对于满足自己欲望的筹划，现在就变成为人们对于满足

[1] 就是许多动物，也要准备一定的储存，并预筹着在冬天不致缺乏食物和温暖的栖身处。

将来财货需求的**预筹**。一个人为满足其预筹期间的欲望所必需的财货数量，我们叫作这人的需求。[1]

为使人们为满足其自己的欲望所进行的预筹能得到一定的效果，必须有两点认识作为它(预筹)的前提，即：

(1) 必须确知我们的需求量，即必须确知我们预筹期间满足欲望所必需的财货数量；

(2) 必须确知我们为上面这种目的所能支配的财货数量。

为着满足欲望的目的而进行着的预筹活动，乃是以这两个数量的认识为基础的。要是没有第一个认识，则这个活动就是盲目的；因为这说明人们对于自己的目标还是茫然。要是没有第二个认识，则这个活动就是无计划的；因为这说明人们对于自己所能支配的资料根本心中无数。

在下面一节，我们将先说明人们是怎样才知悉其未来期间的需求量的。在这个基础上，我们将说明人们是怎样计算其在这个期间内所能支配的财货数量的。最后，我们将说明人们是怎样将其所能支配的财货数量(享乐资料与生产资料)最合理地用于其欲望的满足的。

第一节　人类的需求

对于第一级财货(享乐资料)的需求

人们首先直接感觉需要的只是第一级财货，即可以直接满足欲望的

[1] “需求”这个词在我们的语言中有两重意义。一个是完全满足一个人的欲望所必需的财货数量；一个是一个人预想将要消费的财货数量。在后面这个意义上，例如，有20 000塞勒租金收入可以供自己消费的人，他的需求就会很大。仅有100塞勒收入的内地工人，他的需求就会很小。一个沉沦于贫穷的乞丐，就完全没有需求等。相反，在前面这个意义上，假如我们说，人们的需求，由于其教养与习惯的不同，而有着很大的差别，这固然是正确的，但一无所有的人，却并非就没有需求了，而其需求的程度，则是以其满足欲望所必需的财货数量来计算的。商人与工业家，通常是在狭义的意义上使用需求这个词。并且他们常常把这个词理解为对于财货的预期需要。如说某商品在某种价格上有需求，在其他价格上就没有需求等，就是用的这个意义。

财货(第 6 页)。 要是对于这种财货没有什么需求，则对于高级财货的需求，也就不致发生了。 所以，对于高级财货的需求，是为我们对于第一级财货的需求所制约着的。 因此，对于第一级财货需求的研究，实是我们对于人类一般需求进行研究的基础。 所以在下面，我们就先研究人类对于第一级财货的需求，然后在这个研究的基础上，再说明规绳着人类对于高级财货需求的基本原理。

满足某具体欲望所必需的第一级财货的数量，是通过该欲望本身直接表示出来的，并且，我们可以在该欲望上直接求得测计这种数量的尺度。 同样，满足在一定期间内对某种第一级财货所产生的一切欲望所必需的数量，也通过这些欲望本身表示出来，并亦可在这些欲望上求得测计这些数量的尺度。 这样，假如人们已经精确而完全地知悉其所预筹的期间内将有什么具体欲望及其要求实现的强度如何，那么，根据一向的经验，对于他满足欲望所必需的财货的数量，即他对于第一级财货的需求量，就不致再有什么疑问了。

但是，经验告诉我们，在未来的一定期间内，究竟某种欲望是否一定会发生，往往是难以确定的。 在未来的一定期间内，我们将需要食物、饮料、衣服、住宅等物，那是本来就知道的，但对于其他许多财货，例如医生的诊疗与药剂等等，则情形就完全两样。 因为我们对于这些财货的欲望，常常依存于事前无法确知的那些影响我们身体的各种因素。

在这里，还有这样一种情形，就是纵然我们已经预先知道在预筹期间将要发生什么欲望，但对于所需的财货数量还是存在着不确定性。因为我们虽然知道这些欲望将要发生，但这些欲望的强度如何，即为满足这些欲望将需要多少财货数量，则是不能同样于事前精确知道的。然而，正是这个数量是我们所要讨论的问题。

现在，先讲预筹期间欲望发生的不确定性问题。 经验告诉我们，在这种情况下，由于我们知识的不足，为着要满足这种可能发生的欲望，我们就不可不预先筹谋。 在乡村居住的人，纵使是身体健康，但为着预防意外，在其资产许可的范围内，一定要备办一个家用药盒或其他一些药品。一个有远虑的家庭主人，为着在发生火灾时保护他的财产，一定要置备灭火器。为着在必要的情况下保护他的财产，一定要拥有武器。此外，他一定还要拥有防止火灾盗窃的保险箱，以及其他类似的财物等。不但如此，我相信，即使是很穷困的人，在其所有的各种物品中，也一定有专门用于预防意外的物品。

由此可见，我们在预筹期间，虽然并不确知对某种财货的需求欲望是否将要发生，但绝不会因为这种不确定性的存在，就使我们放弃在欲望万一发生时加以满足的预筹。从而也绝不会因为这种不确定性之故，就使我们对于在那时将对某种财货有需求的事情产生疑问。相反，为满足这种可能发生的欲望，在其资产许可的范围以内，人们都一直预先筹划着。在决定他们的全部需求时，他们就常常把这些为着这个目的所必要的财货，通通计入他们的全部需求之中。[1]

上面关于那些不能确知其是否将要发生的欲望所讲的理论，也同样适用于那些存在虽无疑问而实现的强度则成问题的欲望。因为在这样的情况下，人们也认为，只有在他们支配着充足的财货数量以供一切可能的需要时，他们的需求才算完全得到满足。

另有一种情况，在此也应加以考虑。这种情况就是人类欲望的**发展性**。人类的欲望是具有发展性的，而且如我们常常看见的那样，是具有无限的发展性的。因此，为满足人类欲望所必需的财货数量的界限，就好像将要不断地扩大。而无限扩大的结果，就是使人类对于自己的需求，变得似乎完全不可能加以预计。

关于人类欲望的**无限**发展性，还须加以说明。此处所谓的“无限”的概念，只适用于人类欲望发展上的无限的进步，而不适用于满足一定期间内的欲望所必需的财货数量。即欲望的系列是无限的，但系列的每一项则是有限的。人类的欲望，在极长远的期间内，虽然可以

---

[1] 参阅康迪拉克：《商业与政府》(Le commerce et le gouvernement, I.Chap. I.p.248.ed. Daire)。

说是无限发展的，但在一定的期间内，特别是在人类进行经济活动所考虑的期间内，则其数量是有一定限度的。 所以，我们虽然假定人类欲望具有无限的发展性，但当我们只着眼于一定期间的时候，我们所处理的仍是有限的数量，绝不是无限的、从而是完全不能确定的数量。

人们都针对着将来一定期间的欲望满足而进行着预筹活动。 当我们就这种预筹活动来观察人类时，就很容易看出，人们对于自身的欲望发展性，不但没有加以忽视，而且还热心地加以考虑。 凡是期待着家族繁荣或取得较高社会地位的人，在他们建筑住宅、设备用具以及购置车马等具有较大耐久性的财物时，他们都适当地注意到他们未来需要的增大。 并且，在他们能力所许可的范围内，他们通常还力求他们所有的财物，都能适应于他们未来更高的欲求。 同样的现象，在公共生活中也可以看得见。 我们常见人们在建设都市时，对于自来水、公共建筑物(学校、医院等)、公园、街道等设施，不只考虑现在的需要，而且还顾到将来的需要。 这一种倾向，在满足国家需要的人类活动中，表现得更为明显。

上面所述的理论，总括如下：人们在未来一定期间对于享乐资料的需求，是一个不伴随任何原则上的困难就可以在数量上加以确定的量。人们通常是在现实许可的范围内，并在实际的必要情况下，来进行其欲望满足的活动的。 也就是说，人们进行活动，一方面不会超出其预筹期间，一方面也不求其活动结果的十分精确。 人们就是这样努力来确定其对于享乐资料的需求量的。

对于高级财货(生产资料)的需求

在未来一定期间内，我们对于第一级财货的需求，若已直接为第一级财货本身所满足，则再求高级财货来满足这个需求的情况，自然就不会发生。 但若这个需求不能直接为第一级财货所满足，或虽满足而未达到充分的程度，则为满足我们在这一期间的欲望，自然就要发生对于高级财货的需求。 这个需求的多少，就决定于在当时该生产部门的技术状态下，为生产可以完全满足我们对于第一级财货的需求所必要的高级财货的数量。

但上面我们关于高级财货的需求所叙述的简单情况，如后所述，实际上只存在于我们所观察的少数场合。由财货的因果关系所产生的一种情形，使情况变得复杂了。我们接下来就来讨论这一问题。

在第一章第三节第一部分(第 7 页)里，我们业已说过，要是我们不同时支配着各种补足财货，则我们想用一个高级财货来生产相应的低级财货是不可能的。我们在前边关于财货问题所作的讨论，只是一般的性质，现在有必要再来考察一下关于财货可能提供支配的数量问题，这样就会使得原来所讲的更加精确起来。我们之所以能够将高级财货转变为低级财货，并将低级财货用以满足我们的欲望，是只有在我们同时支配着各种补足财货的时候才有可能，这是我们在上面已经知道的。根据这个观点，我们可以把这个基本命题表示为：**我们之所以能得一定量的高级财货，用以生产一定量的低级财货，并最后将低级财货用以满足我们的欲望，是只有在我们同时支配着其余补足高级财货的一定量的时候才可能。**所以，假如我们不同时支配着生产谷物所必要的种子、劳动力及其他补足财货的一定量，那么无论我们使用如何广大的土地，也是不能生产出极少量的谷物的。

由此可见，对高级财货的需求，绝不是个别出现的，而是在对一种低级财货的需求没有能够被满足或满足而不充分的时候，随着对各种补足高级财货相应量的需求同时发生的。

例如，在一定期间所需要的 1 万双鞋子的需求尚未得到满足的时候，假如我们已支配着生产这 1 万双鞋子所必要的足够的工具、劳动力及其他生产财货，而所支配着的皮革的数量，则只够生产 5 000 双鞋子。或者相反，我们已支配着生产 1 万双鞋子所必要的其余一切高级财货，而所支配着的劳动力则只够生产 5 000 双鞋子。那么，我们对于生产鞋子所必需的各种高级财货的**总需求量**，在上述期间，无疑仍是生产 1 万双鞋子所必需的那个数量。不过，对于其他补足财货，则我们的**有效需求**，仍不过是生产5 000双鞋子所必需的数量。其余的需求只是**潜在**的需求，只有在得到上述原先不足的补足财货的全部数量时，才成为**有效**需求。

从上面所说的理论，我们可以得出这样的规律：**在未来一定时间内我们对于一种高级财货的有效需求，为我们是否能支配着相应的各种补足高级财货的一定量所制约**。

作为美国内战的结果，输入欧洲的棉花已显著地减少，但对棉布的需求则仍然未变。这是因为美国内战不能使棉布需求在本质上发生变化的缘故。这时，在一定期间内的棉布需求，假如不能为已制成的棉布产品所满足，则我们对于生产棉布所必需的各种**高级**财货，自然就要发生一定量的需求。这时发生的这个需求，大体上也不会因美国内战之故而有所变化。但这时由于所必需的高级财货之一的棉花，在数量上业已显著地减少，所以我们对生产棉布向来所必需的其他补足财货如劳动力与机器等的需求，其一部分自然就要变成**潜在**的。因而对于这些补足财货的**有效**需求，自然也就要缩减为对所得到的棉花量进行加工所必需的数量。但等到棉花的输入量再行增多以后，对于这些补足财货的需求，就将立即上升。同时，其**潜在**的需求也将同比例地减少。

从一个高度发达的国家移住到新殖民地的人们，有不少要犯这样的错误，即他们都是不顾一切地首先努力于土地占有的扩大，而不问他们是否能支配其余各种补足财货的相应量。但他们若要依靠其所占有的土地，来增进其欲望的满足，那只有在他们适应着他们的土地占有量，获得相应数量的补足财货如种子、家畜、耕作用具、农业劳动力等的时候才可能，这是毫无疑问的。因此，他们上面这种行为，显然违反了上述的规律。这个规律是不可违抗的，在这个规律的适用范围内，人们或者是绝对服从它，或者就只有承担自己破灭的后果!

人类的文化愈进步，则在高度分工存在的地方，人们就愈在一个被认为理所当然的前提下，进行着一定数量的各种高级财货的生产，这个前提就是自己在生产，而同时主观假设他人正在生产相应量的各种补足财货。制造观剧镜的人，是很少自己生产构成观剧镜的各种配件如镜片、象牙盖、龟甲盖与青铜等的。相反，如众所周知的，这些观剧镜制造者通常都不过是从特别的厂家或手工业者那里，买到这些配件的一定量而加以综合而已。至于制作镜片的玻璃磨制人、制作象牙盖与龟甲盖的装饰品制造人和从事青铜细工的青铜工人等，也都在一种被理所当然地认为必然有人需要这些产品的前提下进行着工作。所以，他们所制作的产品的有效需求，是完全依存于各种补足财货之一定量的生产的。假如镜片的制造忽然中断，则生产望远镜、观剧镜及其他财货所必需的其余高级财货的需求，就自然要变成潜在的了，结果就要出现经济的扰乱。这种扰乱就日常生活而言，可以说是不正常的，但实则是完全合乎规律的。

人类欲望实现的时间界限

现在还剩下时间这一因素需要加以研究，就是说，还需要考察我们对于财货的需求实际上是在怎样一种时间范围内发生的。

在这里，我们首先须明白的是，我们在未来一定时间内对于第一级财货的需求，其所以能够得到满足，只能是由于我们能够不超出这个时间范围**直接**支配着必要的一定量的第一级财货的缘故。但若我们必须间接地即必须通过相应的高级财货来满足我们对于第一级财货的需求，情形就完全两样了。因为，如前所述，任何生产过程都是不能离开时间耗费的。我们若把我们所能支配的第二级财货制成为第一级财货所经过的紧接着现在的时间，称为第一期间；把我们所支配的第三级财货制成为第一级财货所经过的紧接着第一期间的期间，称为第二期间；同样，再把继续下去的期间称为第三期间、第四期间等，则对于每种财货，就产生一个期间系列。在这个期间系列中，我们首先并直接具有的是对于第一级财货的需求。而这个需求的满足，只能由于我们不超出相应的时间范围就直接支配着相应量的第一级财货而成为可能。

假定我们在第二期间内对于第一级财货的需求，用第四级财货来满足，则很显然，这在物理上是完全不可能的。因为在第二期间内对于第一级财货的需求，只有用第一级财货或第二级财货来满足。

上面的说明，不只适用于我们对于第一级财货的需求，同时也适用于我们对于比我们所支配的高级财货为低的各种低级财货的需求。例如我们为满足我们在第四期间内对于第三级财货的需求，我们纵然在这个期间内支配着第六级财货的相应量也是无用的。很显然，为着这个目的，我们在第二期间内就必须支配着第六级财货了。

例如一国谷物的产量很少，仅仅到了晚秋，以谷物的现存量来直接满足该国人民的粮食需求，就渐渐趋于不可能了。这时，为弥补这个缺额，纵然支配着土地、农具与劳动力等，也已经来不及了。但若把这些高级财货，用于满足第二年度的谷物需求，则正是最适当的时期。同样，为满足下一代对于优秀教师的劳务需求，在现在就应该及早培养合格的教育人才了。

这样，我们就可知，人们对于高级财货的需求，也与对于第一级财货的需求一样，其数量是严格受规律支配的；而且在有实际必要的时候，也是可以事先预算的。同时，由于人们对于高级财货的需求，是显现于一定的时间界限以内的，所以人们基于其对于欲望与财货生产过程的经验，就能够对满足其欲望所必需的财货数量及其相应的时间范围，以充分的而且愈来愈高的精确度来预先加以计算。

第二节　能支配的财货数量

人们无论从事何种活动，都必须明确其努力的目标；这是人类活动成功的一个重要因素。假如这句话没有错误，则我们说，人类对于未来期间的财货需求的认识，是以满足欲望为目的的人类一切预筹活动的第一前提，自然也是正确的。所以，不管影响人类活动的外在情况是怎样，其活动之能否成功，本质上实决定于人类对于未来期间所必需的财货数量即其需求之正确预见。这个预见若是完全没有，则人类以满足欲望为目的的预筹活动，就显然是完全不可能的。

决定人类活动能否成功的第二因素，是从事活动的人必须了解他所能支配的手段，这些手段是用来达到其所追求的目的的。所以，凡是在人类活动存在的地方，我们就可以看见人们在那里认真地思考着，想尽可能地确知其为满足欲望所能支配的财货数量。他们进行活动的种类和样式，就是本节所研究的对象。

一民族各成员所能支配的财货数量的多少，无论何时都依存于当时的情况本身。因此，在确定这个财货数量的时候，各成员须编制其所支配的财货目录，并将其计算清楚。这种活动的理想目标，是要登录某一特定时期他们所能支配的各种财货，并将这些财货加以分类，然后再精确地算出各类财货数量的多少。但在实际生活中，人们或者不追求这个理想的目标，或者也不求在编目技术与计算技术所许可范围内的完全精确，而只以合乎实际目的的精确度为满足。但这种精确的知识，一般商人和实业家等都是具有的，这就证明这些知识对于他们是如何具有实际的重要性。不过，关于所能支配的财货数量之某种程度的知识，即使在文化幼稚的民族里，我们都可以看得出来。因为，这种知识要是完全不具有，则以满足欲望为目的的任何预筹活动，都显然是完全不可能的。

根据经济发展的不同情况，人们为满足其欲望而进行预筹活动，既然要努力知悉其所能支配的财货数量，则在交换发达的地方，人们对于通过交换而与其相联结的其余国民成员所支配的财货数量，就还需同时加以判断。

人们相互之间，在没有进行值得称道的交换以前，他人手中究竟有多少财货数量，自然没有多少人想去知道。但到分工盛行，交换发达，以致人类用来满足自己需要之物，大部分均须仰赖于交换的时候，人们就不单要完全知悉自己所有的财货数量，而且对于与他保持交换关系的一切人所有的财货数量，也有想充分知悉的浓厚兴趣了。因为这些人所有的财货数量的不少部分，通过直接的或间接的交换，都是可以为他所支配的。

但当一国文化发展到一定的程度以后，随着分工的扩大，在社会上就会产生一种专门从事媒介活动的特殊职业阶级。这个阶级不但使社会的其余成员免去亲自经营流通业务(财货的运输、分类、保管等)的烦琐，而且还使他们免去必须精通所支配的财货数量的忧烦。这个阶级对于通过它来进行交换的人们所支配的财货数量，即对于所谓最广义的**存货**状态，特别富于了解的兴趣，而且还是与其职业相结合的兴趣。属于这方面的活动，随着这种媒介人物在经济流通领域中所占地位的不同，有时仅限于较小的流通领域，有时则扩展于广大的流通领域；即有时仅限于一地一省，有时则扩展到全国和世界。

但是，这种精通若涉及较大的集团，甚至是全国或其各阶层所支配的财货数量，则会伴随着不少的困难。因为，这种存货的精密确定，虽只通过调查的方法就能办到，但作为调查的前提，必须有一个涉及整个流通领域的复杂机关。而这个机关又须为一国政府所设立，并须享有调查所必要的全权。这就是一个困难之处。此外，这个机关对于那些在数量上不受公共统制的财货，是很难进行调查活动的。

加之，这种调查还只能定时举行。在多数情况下，若并非隔相当长的时间才举行一次，就要产生种种困难。因为这样所得的报告纵然十分可靠，但对于那些数量变化较大的财货说来，则在报告公布的时候，其实际价值早已丧失了。

所以，从事确定一国全体或一部分人民所支配的财货数量的国家活动，自然就只好局限于这样一些财货：(1)如土地、建筑物、家畜、交通工具等，其数量并无显著的变化，因而在一定时间所进行的调查在以后还能保持其调查价值的财货；(2)其支配量完全受着公共的统制，因而调查所得的数字，可保有某种程度正确性的财货。

在上面这种情况下，实业界对于流通领域内所存在的财货数量，自然有想得到精确知识的极大兴趣。为着这点，他们对于政府所作的不了解商业情况的、而且是粗陋不堪的调查结果，自然就不会感到满意，因而他们就想尽量努力，不惜牺牲，以求得到财货数量的全面而精确的知识。在他们这个愿望的驱使之下，就产生一种符合他们特别兴趣的许多机关，专以当时各流通领域内的存货情况，报告给从事各种行业活动的成员。[1]

这些报告主要依靠各种公共报告(此种报告若有可资信赖的资料，实业界都立即加以利用)，依靠专门通讯员在各地采访的情报，此外，还依靠年高而富有经验的实业家的推测。这些报告不只报告当时实有的存货，还报告未来可能支配的预期财货数量。[2]

这些报告必须十分及时，以便使实业界知悉当时在流通领域内所存在的财货数量；以便使实业界推测可能发生的存货变动，注意商情变化发生的原因；以及在某种交易之成否关系于一种财货数量的多寡时，以便使实业界留意其交易的冒险性质。

第三节　人类经济的起源与经济财货

经济财货

在前二节里，我们已经看到，各个人以及全国或数国通过交换相结

---

[1] 属于这些机关的，首先是通讯员，他们为大商店派驻于其所营商品的主要交易地，其义务则在使其委托者知悉当时存货的状态。除通讯员以外，对于比较重要的商品，常有按期发行专门报告商情的刊物，这也为同一目的服务。如对谷物来说，有伦敦的贝尔报告和柏林的迈耶报告；对食糖来说，则有马格德堡的利希特报告；对棉花来说，则有利物浦的埃利森报告和海伍德报告等。凡是注意过这些报告的人，就可以知道，在这些报告中，或是根据一切种类的调查，或是根据敏锐的计算，对于当时存货的状态，均有绵密的报道。这些报道对于国民经济的现象，特别对于价格形成，是有决定性影响的。例如上述埃利森与海伍德关于棉花的报告，就登载了当时利物浦及英国全国各类棉花存货状况的陆续报道，并也摘登了欧洲大陆、美国、印度、埃及及其他棉花产地的同样报道。这个报道还告诉我们已在海运中的棉花数量(流动商品)及其将被运往的港口。至于贮存在英国国内的棉花数量，这个报告也将业已纳入纺织业者及其他消费者仓库的数量和还在最初所有者手中的数量以及预定输出的数量告诉我们。

[2] 例如，在上述利希特报告中，便不只有与德国有关系的一切交易地的食糖存货状况的报道，而且，关于原料与生产方面一切有影响的事件，也都有详细的汇报。其中关于当时甘蔗和甜菜栽培地的地区大小及栽培状况，关于气候对于收获的质与量的影响的报告，关于收获结果，关于经营的及停工的制糖工场的数目，关于经营工场的生产效率，关于输入德国市场的国外产品的数量，关于国外产品预期输入的时间，关于制糖技术的进步情况，以及关于交易紊乱的状况等，均有绵密的报道。至于其他商品，在上述的其他商业报告中，也有同样的报道。

合的一切居民，一方面是如何努力于判断他们在未来期间的需求，另一方面又是如何努力于估计他们为满足其需求所可能支配的财货数量，以作为他们的欲望满足活动之不可缺的基础。接下去我们的任务，是根据以上的认识，来叙述人们是如何利用其所能支配的财货数量(享乐资料与生产资料)，以尽可能地完全满足自己的欲望。

根据上面研究的结果，需求量与所能支配的财货数量的关系，表现为以下三种：

(1) 需求量比所能支配的财货数量为大；

(2) 需求量比所能支配的财货数量为小；

(3) 需求量与所能支配的财货数量相等。

上面第一种关系是大多数财货经常所有的现象。在这种关系下，对于该财货的欲望，自必有一部分得不到满足。不过，此处所谓的第一种关系，并不只指奢侈品而言。奢侈品自然属于这种关系；但就是最粗劣的衣服、最卑陋的住宅和设备，以及最粗糙的食物等，也是属于这种关系的财货。甚至于土壤、山石以及最不惹人注意的废料等，通常也不是我们所可以大量支配的。

当这种关系显现的时候，即一个财货的需求量比所能支配的数量为大的关系，被我们认识的时候，人们通常又产生如下的认识：即人们的某一具体欲望，本来是一向得到满足的，但现在却不能得到满足了，或不能如从前那样得到完全满足了。为使这种不满足或不完全满足的情况不致发生，则对于人们所支配的数量中的实际重要部分，就不可让它丧失有用性，或让它从人们的支配中失去。

这个认识体现于人们力求完全满足其欲望的活动上，具体表现为以下几点：

(1) 将具有上述数量关系财货的任何部分量保持于自己支配之下；

(2) 维持这一部分量的有用性。

从上述需求量与所能支配数量间关系的认识，又可产生另一结论：即人们一方面将意识到他们对于某些财货之欲望的一部分，在任何情形之下，都是不会被满足的。在另一方面，人们也将意识到，假如他们合理地使用所能支配的财货量，其欲望就可能得到满足；假如他们不合理地使用，其欲望的一部分，就将要得到不能满足的必然结果。

因此，人们在进行以满足欲望为目的的预筹活动时，对于具有上述数量关系的财货，就要作如下的努力：

(3) 对于那些必须以其所支配的财货量来满足的比较重要的欲望，与那些可以听任其不满足的欲望，须加以区别和选择。

(4) 合理地使用那些具有上述数量关系的财货的一定量，以收最大可能的效果；或用最小可能的数量，以收一定的效果。换句话说，就是要用最合理的方法，将所能支配的享乐资料的一定量，尤其是所能支配的生产资料的一定量，用于自己欲望的满足。

这种为了上述目的的人类活动总体，我们叫作人类的**经济**。为上述活动的独一对象，且具有上述数量关系的财货，我们叫作**经济财货**。与经济财货相对立的，就是人类对它没有进行经济活动来获得其必要的一般财货。至于何以人类对另外这种财货没有进行经济活动的必要，其原因——如下所述——也是同样可以追踪到不难加以精确计算的数量关系上去的，犹如我们先前关于经济财货所作的解释那样。[1]

---

[1] 关于经济财货之本质的研究，开始于想在个人经济意义下确立财产概念的尝试。亚当·斯密对于这个问题，接触得并不多，但他所作的启发，对于这个理论却有很大的影响。他说："在分工一度发生后，各人就随着他所支配的或能购入的劳动量的多少，而成为富翁或穷人。"(《国富论》，Wealth of Nations, Chap.V,Basil, 1801, S.43 ff.)由于财货可以支配劳动，或按斯密的精神来说就是财货具有交换价值的这一情况——仍从斯密学说出发一贯地加以发挥——恰恰就表现出财货作为"财产对象"所具有的特征。萨伊追随着斯密，把具有交换价值的财货与不具有交换价值的财货加以区别，而从财产对象的范围内将后者排除。他说："不具有任何价值的物，不可能为财富，也不属于经济学的领域。"(《政治经济学论》，*Traité d' économie politique*, 1803, S.2)李嘉图亦将价值物与无价值物的财货加以明白的区别(《原理》，*Principles*, XX.S.165, der ed.1846)，只在财富的意义上与萨伊有本质的不同。马尔萨斯最初只在有形性上去求财货之财产性质的标准，但在后期的著作里，则把财产对象的概念限制于物质的财货。采取后面这种见解的人，在德国有斯托奇(《讲义》，Cours, I.,S.108, ff.1815)、富尔达(《官房科学》，Cameralwissenschaft, 1816, S.2 der ed.1820)、奥本多弗(《国民经济学》，Nationalökonomie, 1822, §.23)、劳(《国民经济学》，Volkswirthschaftslehre , §. I, 1826)、洛茨(《国家经济学》，Staatswirthschaftslehre, I., S.19, der ed.1837)、伯恩哈第(《理由等的试评》，*Kritik der Gründe etc*.,1849, S.134 ff.,insb.143 ff.)等。反对将非物质财货排除于财产范围之外的，有萨伊(《讲义》，Cours I., S.161, 1828)；麦卡洛克(《政治经济学原理》，*Principles of Political Economy*,ed.1864,S.4)；赫尔曼(《国家经济的研究》，Staatswirthschaftliche Untersuchungen,S.8,1832)；罗雪(转下页注)

在我们进一步来说明上述这种数量关系和依据这种数量关系所发生的生活现象以前，我们想先来考察社会生活中的一个现象。这个现象对于人类的福利是无比的重要，而且它也是从上面这种数量关系中产生的。

到现在为止，我们没有特别顾虑到人类的社会构成，而只是完全一般地叙述了一种生活现象，这种现象是从人类对于一些财货的需求大于其所能支配的数量产生的。因此，我们以上的叙述，无论对于孤立的个人，或对于社会整体(不论其组织形态如何)，都具有同样的适用性。但是过着共同生活的人们，虽然作为一个社会成员，却还追求个人的利益，这样就使具有上述数量关系的一切财货，又出现了另一种特殊现象。在此，我们就来论述这种特殊现象。

上面这种数量关系在全社会内发生的时候，换言之，即一种财货的较小支配量与这个财货的较大社会需求量相对立的时候，则如上所述，构成社会的各个人对于这个财货的欲望，是不可能完全得到满足的。这时这个社会一部分成员的欲望，或者是完全得不到满足，或者是只得到不完全的满足。于是人类的利己心就要发动，对于那些支配量不足以供应全社会需要的财货，各人就要努力排除他人，而力求完全满足自己的需求。

(接上页注)尔(《国民经济学体系》，System Ⅰ., §.3)等。将财产概念限于物质财货，其不能正确规定财产对象的概念，已为马尔萨斯所认识(《政治经济学原理》，Principles, 2.Aufl. 1836, S.34)。最近英国经济学的代表们，又无例外地将财产对象的概念再与交换价值相结合，如麦卡洛克(《政治经济学原理》，Principles, S.4, der ed.1864)；米尔(《政治经济学原理》，Principles 6 Aufl.Prelim.Rem)；西尼尔(《政治经济学》，Polit.Econom.S.6, 1863)等皆是。在近代法国学者中，特别是克莱门与瓦尔拉斯都依从了这种见解。正当英法两国的经济学者们，不过对于为财产对象的财货与非财产对象的财货加以区别的时候，赫尔曼则深入地进了一步，而将经济财货(经济行为的对象)与自由财货相对立。嗣后，德国的经济学就几乎是没有例外地继承着这种区别。但赫尔曼则把经济财货的概念定得过于狭隘，他说："经济财货是只有付出一定的牺牲，即只有通过劳动或报酬才能产出之物"(同上书，S.3)，他这样，就使财货的经济性质依存于劳动(但同书第4页，又说还依存于交换)。但是，某一孤立的人，不费任何辛苦就获得的果实，若其数量比其需求为少时，难道此果实不能算是经济财货吗(泉水与果实同样，也是不费什么辛苦就可获得，但其数量超过其需求，所以不是经济财货)？至于罗雪尔，则在其经济学原理之中(《原理》，Grundriss, 1843, S.3)，将经济财货定义为"进入交换"的财货，在其经济学体系的旧版中，又将经济财货定义为"有交换能力或至少能促进交换"的财货(《体系》，System Ⅰ.1857, S.3)，而在其主要著作的新版中，则又说"经济财货等于经济的目的与手段"。这个定义不过是应予定义的概念之改写。这表明：以他这样卓越的学者，对于经济财货与非经济财货的区别标准问题，竟未能加以解决。此外，可参阅谢弗勒：《杜平根大学论文集》(Tübingen Univ.Schrift.1862, Abth.5, S.22)与《人类经济的社会体系》(Das Gesellschaftliche System der Menschlichen Wirthschaft.1867, S.2)。

在这种努力下，各人所得到的成果是不同的。由于具有这种数量关系的财货，无论怎样分配，都要使一部分社会成员的需求，经常得不到满足，或虽得到满足而不完全，这样就使这部分人对于这类财货的利害关系与那些占有这类财货的人的利害关系发生矛盾。因而就使占有这类财货的人，对于可能发生的他人暴力行为，感觉有通过社会法制保护其所占有财货的必要。在这里，我们就发现了现代法律秩序的经济起源，尤其是发现了为所有权之基础的**财产保护**的经济起源。

所以，人类的经济与所有权，是有其共同的经济起源的。我们之所以如此说，是因为二者的最终根据都在于财货的支配量比人类的需求量为小。因此，所有权与人类经济相同，它绝不是人类任意的发明，而是由于需求量与财货支配量的不平衡，在一切经济财货上不可避免会发生的问题之唯一可能的实际解决办法。

因此，假如我们不消灭造成所有权制度的原因，而想废除所有权制度，那是完全不可能的。具体地说，就是我们或者增加一切经济财货的支配量，以使社会所有成员的需求，都完全得到满足；或者减少人类的欲望，以使现有的财货支配量，能够完全满足全社会成员的需求。不如此是不能废除所有权制度的。所以，在需求量与财货支配量还不能达到平衡时，我们纵然建立一个新的社会制度，而由另外一批人代替现在这批人来享受现有的全部经济财货，仍不能避免这样的事实：即尽管一部分人的欲望已被满足，而其他一部分人的需求尚未得到满足，或虽满足而不完全的时候，就自然要发生必须对于可能发生的暴力行为而保护经济财货所有者的事实。这样，我们就可知，上述意义的所有权，是和处于社会组织形态中的人类经济不可分的。因而一切社会改革方案，都只应朝着经济财货的合理分配的方向去努力，而不应企图废除所有制本身。

非经济财货

我们在前节，叙述了由于财货的需求量大于其支配量而产生的生活现象。现在我们将说明另一种正相反的现象，即由于财货的需求量小于其支配量所造成的现象。

从这个现象可立即得出的结论，是人们对于该种财货的欲望，不但可以完全得到满足，而且人们对于具有这种数量关系的全部财货，还不可能全数用以满足自己的欲望。例如，经过某村的溪流，通常每日可供给 20 万桶水，但在降雨期或山雪融化的早春期，则每日可供给 30 万桶水，而在干涸期则每日只能供给 10 万桶水。我们再假定对于该村的居民，作为饮料及其他的用途，通常每日有 200 桶或 300 桶水，就能完全满足他们的欲望。这样，该村居民的最高需水量不过 300 桶，而这条溪流的最低供水量就有 10 万桶。在这种情况以及在具有这种数量关系的其他情况之下，很显然，对于该种财货的一切欲望，不但可以完全得到满足；而且，为满足其全部欲望，经济主体所使用的还不过是其全部财货量的**一部分**。同时，这也是很显然的，即使该财货的一部分失去，或这部分丧失其有用性，只要在上述的数量关系没有转化成相反数量关系(即没有转化成需求量大于其支配量的数量关系)的范围内，这些经济主体欲望的满足，仍然是不会受到任何损害的。所以，对于这些财货，经济主体既不必保持一部分于自己支配之下，也没有必要为了保存其有用性而去对任何部分采取措施。

对于这种支配量大于其需求量的财货，前述人类经济活动的第三、第四两个现象形态也不存在。即在这种情况下，人们在完全满足自己的欲望以后，还不能将其全部支配量用完，则这时再对必须满足的欲望与可听任其不满足的欲望进行区别选择，还有什么意义？并且在这时还有什么理由可使人们用一定的财货数量以获得最大可能的效果，或用最小可能的数量以获得一定的效果呢?

这样，我们就可以明白，对于其支配量大于其需求量的财货，上述人类经济活动的一切现象形态，都必然不会存在，这正如在相反的数量关系下，这种现象形态之必然显现一样。因此，这样的财货就绝不是人类经济的对象，所以我们叫它**非经济财货**。

以上我们一般地考察了构成财货之非经济性质基础的数量关系，而对于今日人类的社会状态，则还未加以特别的考虑。因此，我们现在还需加以考察的，就是由于上面这种数量关系所显现的特殊社会现象。

如前所述，一社会的各成员，力求排除其他一切成员以支配足够财货数量的努力，是有其一定的根源的。即某种财货的社会支配量比其需求量小。在这种情况下，由于各人的全部需求不能得到完全满足，所以各人便发生一种冲动，想竭力排除他人，以使自己的需求得到满足。但当社会各成员为获得一定的财货数量，以完全满足自身欲望而互相竞争的时候，解决这种利害冲突的实际可行的方案就只有一个。这就是：将社会所支配的财货总量的各个部分量，作为各经济主体的所有，同时为了排除其余一切经济人的侵犯，由社会保护其所有的权利。

但对于不具有任何经济性质的财货，情形就完全两样。这时社会所支配的财货数量，比需求量为大，因而各人在完全满足其欲望以后，还剩余了一部分财货量。这部分财货量对于人类的欲望满足，就不发挥丝毫的作用。在这种情况下，无论何人为满足自己的需求，都没有获得充分部分量的必要。因各人已认识了构成该财货非经济性质基础的上述这种数量关系，并相信在全部社会成员完全满足需求以后，还能获得足够的数量，以满足自己的欲望。

正如经验告诉我们的，社会上的每一个人，绝不为满足其欲望而保有非经济财货，并排除他人的使用。这些财货一般都不是经济的对象，尤其不是人类“所有”欲望的对象。我们在这些非经济财货上面，事实上就可看到共产主义的一个形象。因为，在自然条件优越的地方，即在地大物博而人口稀少的地方，人人都是共产主义者。在江边村落居住的居民，每一人都可自由到江边去汲取其所需要的水。在原始森林内，任何人都可毫不妨害他人地伐取其所需要的木材。人人对于空气与日光，想吸取多少就可吸取多少。由此可知，构成这个共产主义的当然基础，就是上述支配量大于需求量的数量关系，恰如所有权制度的当然基础，就是支配量小于需求量的数量关系一样。

经济财货与非经济财货的关系

在前二节我们考察了人类经济的本质和起源，并说明了经济财货与非经济财货的区别归根结底是基于这些财货在需求量与支配量关系上的差异。

我们把这点肯定以后，其次一点自然就很容易明白了。即财货之经济的或非经济的性质，绝不是附着于财货本身的，绝不是财货本身的属性。无论怎样一种财货，不管它的内在属性和外在因素[1]如何，只要它具有支配量小于需求量的数量关系，它就获得了经济的性质；等到它这种数量关系转化为支配量大于需求量的时候，就立即丧失其经济的性质。

但正如经验告诉我们的，同是一种财货很可能在一定的场所不具有经济的性质，而在其他的场所则具有经济的性质。不但如此，就是在同一场所，由于情况的变化，同一种财货也可以时而获得经济的性质，时而又丧失其经济的性质。

在泉水充沛的地方，饮水不具有经济的性质。在原始森林内，哪怕是极粗大的木材，也不具有经济的性质。在许多国家内，甚至于土地也不具有经济的性质。但同样这些财货，同时在其他的场所，则具有很明显的经济性质。此外，在一定时间、一定场所不具有经济性质的财货，到了另一时间，就在原来的场所内获得了经济的性质，这种实例也不少。所以，财货的这种差别和变化，并不基于财货本身的属

[1] 财货的经济性质并不与人类经济的前提条件相结合。一个孤立的经济主体对于某种财货的需求，若较其所支配的数量为大，则他对于这个财货的任何部分量，必将加以细心贮藏，并最合理地用于其欲望的满足。而且在必须以其支配量来满足的欲望与可以听任其不满足的欲望之间，还加以审慎的选择。但对于那些支配量超过需求量的一切财货，就不存在有促使这个经济主体采取这些行为的任何理由。所以，对孤立的经济主体来说，也是有经济财货与非经济财货的区别的。因此，财货是不是“交换对象”或“所有对象”都不是财货之经济性质的原因。同样，有的财货是劳动生产物，有的则不需要任何劳动而完全为自然所提供一事，也不足为判定财货之经济性质或非经济性质的标准。正如经验告诉我们，完全不要劳动的许多财货如冲积土、水力等，在它们的支配量不够满足我们的需求时，它们就呈现着经济的性质。相反，有些物虽是劳动生产物，但只凭这一点却不能得出该物具有财货性质的结论，当然更得不出该物具有经济性质的结论。所以投入于财货的劳动，绝不是财货之经济性质的基准；这个基准只应在财货的需求量与支配量的关系中去寻求。

性。假如我们对这种情况加以精确而绵密的探讨，就可以得到这样一个信念：同样一种财货，同时在两个不同场所具有不同性质的时候，那一定是由于该财货在这两个场所的支配量与需求量的关系彼此不同。另外，在同一场所本来呈现着非经济性质的财货，忽然又变成经济财货的时候(或相反的情况)，那一定是由于上述的数量关系发生了变化。

由此可知，非经济财货成为经济财货的原因只有两个：即人类欲望的增加，或其支配量的减少。

使需求量增加的最重要的原因有三：

(1) 人口的增多，特别是某地方人口的增多；

(2) 人类欲望的发展及由此而造成的需求量的增加；

(3) 人们对于物与人类福利间的因果关系之认识的进步及由此而使财货产生了新的用途。

我们不需特别强调，以上都是伴随着人类从低度文化阶段到高度文化阶段的进展而发生的现象。从这里，我们就可得出一个当然的结论，那就是：随着人类文化的发展，非经济财货都有获得经济性质的倾向。而这个倾向之所以存在，主要是由于影响此事的一个要素即人类的需求，是随着文化的发展而不断增大的。在此处，我们还看见另一种现象，即向来表现着非经济性质的财货，由于其支配量的逐渐减少(例如木材在一定的文化阶段上，由于荒林的砍伐或开垦所造成的那样)，现在已经成为经济财货。这种现象就是由于在从前的文化阶段，其支配量大大地超过其需求量，所以财货就表现着非经济的性质；但随着文化发展，其支配量逐渐小于其需求量后，它就成为经济财货了。在许多地方，特别是在新发现的地带，此种从非经济性质到经济性质的转变，我们是可以从许多财货(其中尤其是木材与土地)得到证明的。并且，现在也还不断出现这种现象。虽然是缺少资料，但我相信，曾在富有森林的德国居住过的人，没有经验过这种转变过程(如木材)的是很少的。

根据上面所述，我们就可以明白，经济财货之转变为非经济财货，或非经济财货之转变为经济财货，都只应归因于需求量与支配量的关系之变化。

在科学研究上特别使人感兴趣的，是占有经济财货与非经济财货之中间地位的财货。

可以算作这类财货的，首先是这样一种财货：即在文化高度发达的地方，由于这种财货具有特别的重要性，因而由社会大量生产，并供给人们共同利用，以至社会最贫穷的成员也能尽量使用到它。这种财货对于消费者来说，具有非经济的性质，但在全社会看来，则显然是一种经济财货，所以它是居于中间地位的财货。

例如，在文明的国家，小学教育就是这样一种财货。洁净而卫生的饮水，对于都市的居民来说，当然是一种极重要的经济财货；但当它由自来水管引往公用水泉供应居民，不但可以完全满足居民的需求，而且还有大量剩余的时候，它对居民来说，就是一种非经济财货。在处于低度文化阶段的地方，教师的教导，对于受教导的人来说，自然是一种经济财货；但在文化高度发达的地方，由于社会的文教设施发达，这个财货则已变成为非经济财货了。优质的饮水在许多大城市中同样有此情形，即先前是经济财货，而后来则不是了。

相反，也有的财货，其支配量本来超过人类的需求，但当遇到一个有权力的人，排除其他经济主体而垄断使用的时候，对于消费者来说，该财货就获得了经济性质。在森林富饶的地方，木材的支配量远远超过附近居民的需求量，以至极粗大的木材，也不具有任何经济性质。但若某一有权力的人霸占了森林的全部或大部分，以至附近居民的木材支配量较其需求量为少时，对于这些居民来说，木材就取得了经济的性质。例如，在富有森林的喀尔巴阡山，就颇有这样的村落，在这些村落里，小地主和从前的农奴，都必须从大地主那里购入其必要的木材，而大地主的木材支配量，则远较其需求量为大，以至成千上万的树木，都腐朽于森林中。这就是本来不具有经济性质的财货而人为地变成经济财货(对消费者而言)的一个例子。由这些事实我们可以看到经济财货所固有的一切经济现象。[1]

最后，还需说一说那种在现在说来还呈现着非经济的性质，但顾及将来的发展，则在许多点上已被经济人看作是经济财货的财货。即某种非经济财货，其支配量在不断地减少，而其需求量则在不断地增加，从其数量关系的发展说来，这个财货的非经济性质，最终要转变成经济的性质。在这种情况下，纵然构成财货经济性质基础的数量关系，在事实上还不存在，但经济人为未来打算，则已将该财货的一定量，作为其经济活动的对象，并对这一定量进行占取，以保证其个人的需求了。这样一种财货，就是现在还呈现着非经济的性质，而实际上已被人看作是经济财货的财货。还有一些非经济财货，也是相仿的情况。即其支配量易起剧烈的变动，只有在平时保有一定的超过量，才能保证不足时的需求。又有一种同样的非经济财货，其需求量与支配量的境界，已经很显著地接近(特别是第46页所述的第三种，就属于这种情况)，假如有一经济人滥用这种财货或误认这种情况，就要使其他的经济人蒙受损害。最后，还有些基于特别考虑(例如为着便利和整洁等)而以占有一定量为得策的非经济财货。所以，从这些理由或与此相类似的理由，我们在这些还呈现着非经济性质的几种财货上，就已经可以观察到所有权的现象了。

此外，有一个对于判断财货的经济性质极为重要的情况，还希读者注意，这就是关于财货品质之差异的情况。当一种财货的全部支配量不足以满足其需求量时，这个财货的各个部分量，不管其品质高下如何，都是人类经济的对象，即都是经济财货。相反，当一种财货的支配量比其需求量为大，因而在满足一切欲望后还有剩余量存在时，则依据前述非经济财货本质的理论，只要这种财货的所有部分量，都具有同样的品质，这种财货自然就属于非经济财货。但在一种财货的支配量中，若某一部分量比其他部分量多一些优点，而前者又能更好地或更完全地满足

[1] 我们可以依从我们科学所惯用的类似用语，将后者称为**准经济财货**，以与本来的经济财货相区别；并将前者称为**准非经济财货**。

人类欲望时，则具有较高品质的部分量，自然就取得经济的性质，而具有较低品质的部分量，则仍然呈现着非经济的性质。例如，在土地过剩的国家，其地质或地势较优的土地，已得了经济性质以后，劣等土地却还呈现着非经济的性质。又如，在一个具有劣质饮水的河流旁边的都市里，其井水已是个人经济活动的对象时，而河水则还未取得经济的性质。

因此，在实际生活中，就常常发生一种财货的各个部分量，同时具有各个不同性质的现象。其所以发生这种现象，理由也只在于具有较高品质的财货的支配量，较其需求量为小；而具有较低品质的财货的支配量，则较其需求量为大。所以，这种情况并不能成为本节所述原理的例外，而却正可证明这个原理的正确。

在经济性质上支配着财货的规律

我们在研究规绳着人类需求规律的时候，我们得到了这样一个结论：即人类对于高级财货的需求，首先为人类对于为这个高级财货所产生的低级财货的需求所制约；其次还为人类对于这个低级财货的需求是否已完全得到满足或只一部分得到满足所制约。前面已说过，其支配量不能完全满足需求量的财货，我们叫作经济财货，从这点我们就可得出这样的基本命题：即**我们对于高级财货的需求，为相应的低级财货的经济性质所制约。**

在质佳而卫生的饮水超过居民需求数量因而这水呈现着非经济性质的村落里，对于那些只能用以输送、渗滤并供给饮水的设备和运输工具，自然就不会发生什么需求。又如在柴薪过剩，因而使其具有非经济性质的地方，对于只能用以生产柴薪的高级财货也显然不会有什么需求。相反，在饮水和柴薪呈现着经济性质的地方，则对于上面这些高级财货，自然就毫无疑问地要发生一定量的需求。

假如说人类对于高级财货的需求，为其相应的低级财货的经济性质所能制约，和高级财货若不能用以生产经济财货，其需求就绝不会发生，这二者都是确实的话，则我们在此可得如下的一般基本命题：即**高**

级财货的经济性质为其所产生的低级财货的经济性质所制约。换言之，无论何种高级财货，若它不能用以生产低级的经济财货，则它是不能取得或保持经济性质的。

因此，当我们把呈现着经济性质的低级财货作为我们考察的对象，而来问一问这个经济性质的终极原因是什么的时候，假如有人说，这个低级财货之所以是经济财货，是因为生产它所用的高级财货，在投入生产过程以前，其本身已具有经济性质的话，那真是颠倒事实之论。这样的说法，首先就违反了一切经验。经验昭示我们，从明白具有经济性质的高级财货，却常常产出完全无用的(即既无经济性质，也无财货性质)物来。并且，还有从高级的经济财货，产出只具财货性质而不具经济性质之物的。例如，在原始森林消耗经济财货以生产木材，在饮水过剩地消费经济财货以生产饮水，以及使用高价的材料以生产人工空气等。

所以，一种财货的经济性质，绝不是由于它是高级经济财货所产生的结果。从而这样来说明人类经济生活中的现象，纵使它不包含内在的矛盾，也应该是可非难的。因从高级财货的经济性质来说明低级财货的性质，只不过是形式上的说明，它不仅不正确和违反经验，并且连说明现象的形式逻辑也不具备。例如，我们从第二级财货的经济性质去说明第一级财货的经济性质，又从第三级财货的经济性质去说明第二级财货的经济性质，再从第四级财货的经济性质去说明第三级财货的经济性质等等。像这样的说明，可以说根本没有使问题得到解决。因为财货的经济性质的终极的和固有的原因何在，在这样的说明里是没有得到解答的。

根据我们到现在为止的叙述，我们就可以明白，人类的欲望和自由支配满足欲望的资料，是人类经济的出发点和目标。人类首先对于第一级财货感觉欲望；并以那些支配量比其需求量为小的第一级财货，作为其经济活动的对象，即作为经济财货。至于其余的财货，则人类在最初是没有将其引入人类经济活动范围内的动机的。

但以后由于思索与经验的结果，人类对于事物的因果关系，特别是对于事物与自己福利的关系，已渐有较深的认识；对于第二级、第三级以及以上的高级财货，也逐渐有所了解。并且知道这些高级财货也与第一级财货一样，有的是支配量超过其需求量，有的则是相反的关系。于是对于这些财货，人类也将其区分为两类，一类是可以列入人类经济活动范围内的，一类是没有列入经济活动范围的必要的。在这里，我们才发现了高级财货之经济性质的起源。

第四节　财　　产

我们在前面(第21页)曾把一个人所能支配的财货总体，叫作这个人的“**财货所有**”。现在我将把一个经济主体所能支配[1]的**经济财货**的总体叫作他的**财产**。[2]至于在一个经济主体支配下的非经济财货，则因

---

[1] “能支配”这个词在经济上的意义，是说一个人能用一些财货以满足其自己欲望之意。但的确也有由于物理上或法律上的原因而妨碍着一个人实行这种支配权的情况，例如被保护人的财产就是不能由保护人自己依上述的意义加以支配的。

[2] 赫尔曼：《国家经济的研究》，1832年版，第6页——非德国人的经济学者，因不知“经济财货”的概念，在给“财产”下定义时，就发生许多困难。这事可以从马尔萨斯的著作中，得到最明白的证明。马氏在1820年出版的《政治经济学原理》(Principles of Political Economy)第一版中，将财富定义为：“对于人类必要、有用并舒适的物质对象”。这个定义因为包括了财产概念下的一切财货与非经济财货，所以是失之过广。在七年后出版的《定义》(Definitions)中，他在作了本质上与此相同的定义之后，又加上这样一句话：“为占有和生产它，是需要一些人类勤劳的。”(第二章，“财富”条，Chap. Ⅱ. Art. “Wealth” S.7 der ed.1853)在《原理》(Principles)的第二版(1836年版，第34页)内，他在解释他所以加上这一句的理由时说：“后面这句话是为要将空气、日光和雨等除外面附加的。”但这个定义他自己也认为站不住脚，因为他在同一地方又说：“因为不耗费劳动之物，也可以看作是财富，所以在财富定义中，使用勤劳或劳动二词，可能要遭反对。”所以最后，他又下了这样一个关于财产概念的定义：“我必须把财富定义为对人类必要、有用、舒适并为个人或国家自愿占有的物质对象。”马氏如此将为人类自愿占有的物质财货规定为财产对象，又陷于一个新的错误。因为他把一个财货是否为经济人所有，作为判定这个财货是否具有财产性质(经济性质)的原理的缘故。萨伊对于财产对象概念的确定，也差不多经过同样的变化。他在《政治经济学论》(Traité d'econ. Pol.1803)中，将价值(交换价值)作为判定财货是否具有财产性质的原理。他说：“没有任何价值之物不可能为财富。”(S.2)他这个见解遭到了托伦斯的反驳(《财富生产论》，On Production of Wealth, S. 7, 1821)。于是萨伊在其《政治经济学讲义》(Cours d'econ. Pol.1828, I.S.133 ff.)中，在讨论作为财产对象的财货时又这样说：“我们对于这些财货，必须通过劳动、俭约、节俭，简言之，即必须通过真正的牺牲才能得到它。”这个见解与马尔萨斯在其《定义》(Definitions)一书中的见解相通。但萨伊后又这样说(同上书，p.133 ff.)：“财货的概念是和所有权的概念分不开的。获得财货的人，若其所有权得不到保证，则其财货就不存在了。……(S. 34)同时，所有权是以社会、习惯和法律为前提的。因而这样获得的财富，我们就可以命名为社会的财富”。

为不是他的经济活动的对象，所以我们就不能看作是他的财产的一部。

我们已经知道，经济财货是其支配量小于其需求量的财货。所以我们对于财产，就可将其定义为："一个经济主体所能支配的，但其支配量小于其需求量的经济财货的总体"。这样，我们就可知，在一切财货的支配量超过其需求量的社会中，将无所谓经济财货，也不存在什么财产了。所以财产虽是一人与他人比较时表示自己欲望被满足程度的尺度，但绝不是一个绝对的尺度。[1]因为一切人及全社会的最高福利之能够实现，一定要在社会所能支配的财货数量极大，以至任何人都不再需要财产的时候才会实现。

上面这些话，可以引导我们解决一个问题，这个问题看来好像是自相矛盾，因而极易引起一般人对于经济学基本原理正确性的怀疑。这个问题就是经济主体所能支配的经济财货，若继续不断地增加下去，其结果必使这些经济财货丧失其经济性质，以致其财产构成部分，亦为之大为减少。像这样，财产对象不断增加，到最后反得到财产对象必然减少的结果，表面上看来，自然是一件自相矛盾的事情。[2]

例如，在一国内，某种矿泉水的支配量比其需求量为小，这时在各经济人支配下的矿泉水的部分量及各个矿泉本身，自然都是经济财货，而且是财产的构成部分。现在假定在一些小河里，突然涌流着与矿泉水一样可供治疗用的水，且其量非常丰富，以至这种水完全丧失其从前的经济性质。在这种情况下，从前各经济人所支配的矿泉水以及矿泉本身，到这时都自然不再为财产的构成部分。所以，财产构成部分继续不断地增加，到最后是要得到财产减少的结果的。

---

[1] 财产对于判定一人欲望满足的程度，不过只提供一个相对的尺度，因此，就使一些学者虽把个人经济意义上的财产，定义为经济财货的总体，但却将国民经济意义上的财产，定义为一切财货的总体。他们之所以这样做，是由于他们在对前者下定义时，是着眼于个人的相对福利，而对后者下定义时，则着眼于社会的绝对福利。例如兰德代尔(《关于本质等的考察》，Inquiry into the nature etc.p.39 ff.insb.S.56 ff.1804)就特别是这样。罗雪尔(《国民经济学体系》，System Ⅰ.§.8)最近提出的问题，即"国民财产不是应由使用价值来评价吗"和"私有财产不是应由交换价值来评价吗"这两个问题，也基因于上面这种对立的见解。

[2] 参阅兰德代尔：同上书，p.43。

这个矛盾骤然看来，好像很奇怪，但仔细加以考察，则它不过是一个表面矛盾而已。如我们在上面所述，经济财货是其支配量比其需求量为小的财货，也就是存在着“部分不足”的财货。经济人的财产则是这种财货的总体。但这种财货的支配量继续不断地增加，以至最后失去其经济性质时，这种财货的不足部分就不复存在，从而它就从构成经济人财产的财货群内，也就是有“部分不足”存在的财货群内退出来。所以这种部分不足的财货继续不断地增加，到最后就不复为部分不足财货的情况，在事实上是一点也没有矛盾存在的。

经济财货继续不断地增加，到最后必使一向不足的财货减少，这是任何人都一见就明白的道理。这个道理与其相反的道理正相类似：即一向过剩的财货(非经济财货)继续不断地减少，到最后必将成为部分不足的财货，也就是必将成为财产的构成部分，而致财产构成部分的范围扩大。

上面这个矛盾，不只存在于财产对象范围的问题上，在经济财货的价值和价格的问题上，亦可以同样被提出来。[1]但这个矛盾毕竟不过是一个表面的矛盾，它是基因于对财产及其构成部分之本质的误解而发生的。

我们曾把财产定义为一经济主体所能支配的经济财货的总体。因此，无论哪一种财产，都以一个经济主体为前提，单是供一定目的使用的经济财货的一定量，绝不是真正经济意义上的财产。因为，法人的虚拟，虽适合于实际上司法的目的，甚至适合于法律组织的目的，但对于经济学，则是绝对不可以有虚拟存在的。所以，所谓“目的财产”，虽是供一定目的使用的经济财货的一定量，但却不是真正经济意义上的财产。

上面这个问题，引起我们对于**国民财产**之本质问题的讨论。国家、地方机关、社会团体等，为满足其欲望和为实现其目的，皆支配着

---

[1] 普劳登：《经济矛盾的体系》(Contradictions, Chap. Ⅱ. §.1.)。

一定量的经济财货。在这里，法人的虚拟，对于经济学者是不必要的。对于经济学者说来，就是不作任何虚拟，一个经济主体或一个社团也还是存在的。而且为满足其欲望，它还将其所支配的经济财货，交由其机关管理并处理。所以承认国家财产、地方财产及社团财产的存在，任何人都是不会踌躇的。

但是，对于名为**国民财产**的财产，情形就有些不同。在这里，我们所处理的不是为满足一国国民的欲望所支配的、并交其机关管理和处理的经济财货的总体，而是为国民中各经济人、各社团为其各自目的所支配的经济财货的总体。所以它与我们通常名为财产的概念，在本质上是有差异的。

现在，我们作一个虚拟，把为满足各人的特殊欲望而进行经济活动并常常有着相反利益的国民的全体，看成是一个大经济主体；并假定各经济人所支配的经济财货量，不是为满足各人特殊的欲望，而是为满足构成一个国民的经济人全体的欲望。这时我们就可以到达一个认为国民财产是一个经济主体(即一国国民)为满足其欲望而支配的经济财货总体的正确概念。但在我们今日的社会关系下，一国国民中的经济人，为满足其特殊欲望而支配的经济财货总体，很显然地不能构成这样一种经济意义上的财产，而只能构成一个通过人们的交换，以将这些个别财产结合在一起的财产复合体。[1]

但是，对于上述的总体，给以一个科学的名称，也是无可厚非的。而且，将上面这个概念表现为国民财产，也已非常普及，并已得到习惯的认可，所以我们也没有抛弃这个名称的必要。我们愈是明白国民财产的本来性质，我们愈应如此。

但我们在此处，也有防止因忽视上述差异而产生谬误的必要。在我们只以国民财产的数量为问题的时候，我们不妨以一国国民个人财产

[1] 参阅迪泽尔：《国民经济及其与社会国家的关系》(Die Volkswirthschaft und ihr Verhältniss zu Gesellschaft und Staat, 1864, S.106 ff.)。

的总体作为国民财产。 但当我们以国民财产数额的大小所及于国民福利的作用为问题的时候，或以个别经济相接触所形成的现象为问题的时候，则我们照字面的意义来解释国民财产，就必然要产生很多的错误。在这些情况下，我们就不如把国民财产解释成为一国国民的个人财产的复合体，并把我们的注意转向于个人财产大小不同的数额上面去。

第三章

价值的理论

第一节　财货价值的本质与起源

人们在其所预筹的期间内，对于一种财货的需求量，若比其支配量为大时，则在情况许可之下，人们为完全满足其欲望，便要产生对于该项财货进行经济活动的冲动。对这种关系的认识，又促使着另一现象产生，这就是财货价值的现象。对于这个现象的深入理解，对我们的科学来说，是具有决定性的重要意义的。

人们对于一种财货的需求量，若比其支配量为大，则其欲望的一部分，就不能得到满足。因此，该财货的支配量，若有一部分减少时，则向来为这部分量所满足的欲望，就将得不到满足或仅得到不如从前完全的满足。所以，无论对于哪一种具有上面这种数量关系的财货说来，人们某一欲望的满足，都是依存于人们对于这些财货的一定量的支配的。当经济人意识了这种情形，即意识了他们欲望的满足及其满足程度的大小，是依存于他们对于某财货的一定量的支配时，该财货对于经济人，就获得了我们叫作**价值**的意义。所以，所谓价值，就是一种财货或一种财货的一定量，在我们意识到我们对于它的支配，关系到我们欲望的满足时，为我们所获得的意义。[1]

---

[1] 独立钻研了价值理论的现代德国学者们，曾想对于财货价值的一切现象形态，确定一个共通的要素，即想获得一个价值的一般概念。他们除此以外，还想对财货的使用价值与其效用加以区别。如弗里德兰德就将价值定义为“人类对于一物，判断(转下页注)

这样，我们就可以知道，我们叫作财货价值的生活现象，与财货的

(接上页注)其能否成为实现一个目的的手段时所承认的关系”（《价值的理论》，载《杜帕特大学学报》，“Theorie D.Werthes”,Dorpater Univ.Progr.1852, S.48；此外，参阅斯托奇：《政治经济学讲义》，Cours d' économ.polit.T.I., S.36）。但因这种关系正是一物具有效用的基础，所以上面这个定义，与将价值解释成“物所具有的**被承认**的目的适合性”或“物所具有的被承认的效用”的定义，没有什么区别。然而这个“被承认的效用”，却是财货性质的一般前提，所以弗里德兰德的定义，不只是没有接触到价值的本质，而且还失之过广。实际上，他对于非经济财货，也如对于经济财货一样，是将其同样地作为人类价值评价的对象的（S.50）。尼斯与其他多数前辈学者相同，他认为价值是财货对于人类目的所具有的有用性的**程度**（《价值论》，《杜平根杂志》，“Lehre vom Werth”，Tübing.Zeitschr.1855, S.423；此外参阅罗雪尔：《国民经济学体系》，System Ⅰ., §.4.）。对于这个见解，我却不能承服。因为价值虽然是可以测计的数量，但价值的尺度，不等于是价值的本质，也正如尺度不等于是空间或时间的本质一样。实际上尼斯在发展他这种价值观的时候，是遭遇着困难的。因他同时又将价值当成有用性，当成效用，并当成财货本身来规定它的概念，他说：“事实上，在个别场合，价值论总是被建筑于‘价值’一词的双重意义上的。”这就说明他并没有达到任何统一的原理。谢弗勒（《杜平根大学学报》，Tübinger Universitätsschrift, 1862, Abth.5, S.10）则从这样一个见解出发：“在经济与经济财货的后面，一定存在一种人与外物间的潜在的或实际上的关系。这个关系既可从经济**客体**方面加以把握，也可从经济**主体**方面把握。从客体方面把握，就是财货的**有用性**；从主体方面把握，就是财货的**价值**。有用性（效用）是一物能用于人类一定目的的能力，价值则为一财货由于其有用性之故而对经济人的经济目的所具有的**意义**。”以后，谢氏在其著作《社会体系》（Das gesellschaftliche System, 1867, S.6）里，又将价值定义为：“财货所具有的意义，这个意义的大小，相当于其生产时所付出的牺牲。”这两个概念相比，前一概念显然是失之过广。因为非经济财货也有有用性，并且对于人类的目的，也同样具有上述的关系，然而它却不具有任何价值。谢氏虽亦充分知道非经济财货没有价值（《杜平根大学学报》，Tübinger Universitätsschr.1862, a.a.O.S.11.），但他的前一概念，却没有将价值限定于经济财货。至于他的后一概念则又过于狭隘。因为，有无数的经济财货，无须付出任何牺牲就可得到（如冲积土等），而另外有些财货，则无论付出多少牺牲也不能获得（如天赋的资源）。不过，关于价值的本质，谢氏已有较深的洞察。依照谢氏，价值既不是客观的能力本身（同上学报，S.11），也不是有用性的程度（同上学报，S.31），而是财货对于经济主体所具有的**意义**。对于价值作了有趣贡献的，还有罗斯勒（《价值的理论》，“Theorie des Werthes, Hildeb.Jahrbücher 1868, Ⅸ., S.272 ff.406 ff.），他得出这样的结论：“一向将价值区分为使用价值与交换价值，实则这种区分是很不正确的。价值概念是绝不能与物的效用要素相结合的，价值概念应该是一个统一的概念，应该表现物的财产性质，并通过财产法规的实施而成为具体的价值现象。”由此，我们就可知罗斯勒所特有的立场和他的见解的进步地方，就是他已将价值对象的范围，正确地加以限制，并对于财货的效用与财货的价值，加以严格的区别。但对于他把财货的财产性质作为价值的原理一点，则我很难赞成，因为财产和价值同为我们前面所讲的数量关系的结果，而不是由于别的。对于他从法律学上援用财产性质的概念一点，亦颇有疑问（S.295, 302 ff.），此外参阅施略泽：《导论》（Anfangsg.I.§.15），因为财货的价值与其经济性质相同，它是独立于作为社会现象的人类经济的，也是独立于法律规定和社会存在的。我们在孤立经济之中，也看得见价值现象，所以价值并不产生于法律规定。在较早的学者中，对于价值的一般概念，想加以明白规定的有蒙塔纳里（《货币论》，1687, della Moneta Ⅲ, S.43. p.a.der ed.Custodi）、特戈特（《价值与货币》，Valeurs met onnaies S.79 ff., ed.Daire）、康迪拉克（《商业与政府》，Le commerce et le gouvernement, 1776, S.151, ff.ed. Daire）、加尼尔（亚当·斯密《国富论》德译本序文 S.5）、斯托奇（《政治经济学讲义》，Cours d' économie politique 1815, Ⅰ.S.56 ff.）等。其中特别是康迪拉克的价值概念，与德国现代价值理论的新发展颇有近似之处。

经济性质是发生于同一来源[1]，即发生于上述的财货需求量与支配量的关系。但这两个现象是有差异的，其差异在于这样一点：即对上面这种数量关系的认识，一方面刺激了我们的预筹活动，因而将具有这种数量关系的财货，作为我们经济活动的对象，换言之即作为经济财货；同时对这种数量关系的认识，在另一方面又引导我们意识到对这种财货的一定量的支配[2]，对于我们的生活与福利，具有一定的意义，从而使这种财货对我们而言具有了**价值**。[3]

因此，为什么只有经济财货才对我们有价值，而具有形成财货之非经济性质的数量关系的财货则没有价值，就是非常明显的了。

所谓形成财货之非经济性质的数量关系，就是一财货的需求量比其支配量为小的关系。所以在非经济财货中，就常有一部分是人类对它不发生欲望，因而失去其经济性质的。对于这些不具有经济性质的财货，我们纵然加以支配，也无益于我们欲望的满足，所以这些非经济财货，对我们就没有什么价值。

在原始森林居住的人，支配着数十万株树木；而完全满足其对木材的需要，则每年不过二十株树木就够了。因此，纵然野火烧掉了一千株树木，由于其余的树木还能完全满足其欲望而有余，所以他的欲望满足，就可以说没有受到丝毫的损害。在这种情况下，一株两株树木的

---

[1] 主张经济财货与非经济财货的差别，在于前者是劳动生产物而后者则是自然赐物、前者是交换的对象而后者则不是交换对象的说法，我们在前章已加以讨论，并得到财货的经济性质与这两个要素无关的结论。价值也是同样，它与财货的经济性质相同，也是财货的需求量大于其支配量的结果。将经济财货定义为“劳动生产物”或“交换物”的根据，也同样不能作为判别有价物与无价物的标准。

[2] 从“使用价值”与“效用”的混同，又产生财货的抽象价值理论（关于这点，可参阅劳：《国民经济学》，*Volkswirthschaftslehre*，§.58 ff.1863）。一个财货种类可因其能够满足人类的欲望而具备效用性质，其具体财货量可以用于欲望的满足。但在一定的用途上，则不同种类的财货却具有不同的效用（例如作为烧柴用的山毛榉与柳木）。所以同类财货的效用也罢，或异类异种财货的不同程度的效用也罢，都不能称为“价值”。各个人所支配的不是整个财货种类，而只是具体的财货，因此只有具体的财货才是**财货**，也只有它才构成**我们的经济**和**评价的对象**。

[3] 我们若深入地研究精神现象，就可知对外物的认识不过是我们对于外物所及于我们的作用的意识，即最后不过是我们自身的一个状态的认识。同样，我们所归于外物的意义，最后亦不过是外物在保持我们的生命和福利上对于我们所具有的意义的表现。所以，价值并不是附属于财货之物，也不是财货本身的属性，而不过是一个财货在我们的欲望满足上，在我们的生命与福利的保持上所具有的意义。

有无，对于他的欲望满足，可以说毫无影响。因此，这一两株树木对于他就完全没有价值。反之，假如原始森林内另有十株野生果树，而这种果树的果实，就为这个人日常所食用，且其数量关系还是支配量小于需求量，则这种果树哪怕是仅仅枯死一株，这个人就将要忍受饥饿，至少也不能如从前那样地满足。因此，这种果树中的任何一株，对这个人就都是有价值的。

假定某村的居民，为完全满足其需求，每日需用 1 000 桶水，而他们却支配着每日可以供应 10 万桶水的一条小河。这时，这河水的一部分量譬如一桶水，对于他们就完全没有价值。为什么呢? 因这个部分量纵然不归他们支配，或丧失其财货性质，他们对于水的欲望，还是能如从前一样得到完全的满足。不但如此，他们对于水的欲望，除毫无损失地得到满足以外，每天还有几千桶多余的水流到海里去。所以在构成水的非经济性质的数量关系还维持着的时间内，就不会发生他们欲望的满足依存于一桶水的支配，从而失去这桶水的支配，便不能满足他们欲望的事。这就是这一桶水对他们没有价值的理由。相反，这条小河所流的水量，假如因干旱或其他天灾之故而减到每日 500 桶；并且除这条小河以外，该村居民没有任何其他的水源。这时，由于他们所能支配的总水量，还不足以完全满足他们的欲望，所以他们所支配的水量中的任何一部分（例如一桶）若是失去，都要损害他们欲望的满足。在这种情况下，他们所支配的每一部分量，便都对他们有价值。

因此，非经济财货不但不具有交换价值，而且一般说来，还不具有任何价值，从而也不具有使用价值。对于使用价值与交换价值的关系，等我们具备一些科学的前提以后，再加以深入的说明，此处暂且附言几句：交换价值和使用价值，是从属于价值的一般概念的，也就是说它们彼此是一个同位关系。因而我们在上面关于一般价值所述的理论，无论对于使用价值和交换价值都是适用的。

多数经济学者对于非经济财货，不承认其有交换价值而承认其有使用价值。现在一些英法经济学者，则根本废黜使用价值的概念，而代之以效用的概念。这些人之所以如此，都是由于他们误解了这两个概念及这两个概念所根据的生活现象间的重要差别的缘故。

所谓效用，就是一物用以满足人类欲望的能力。所以它是财货之一般的前提之一。就是非经济财货，因它也与经济财货相同，能用以满足人类的欲望，所以它也有效用。但这种效用也须为人类所**认识**，否则非经济财货就得不到财货性质。但是，一个非经济财货之所以有别于经济财货，在于人类欲望的满足并不依存于非经济财货一定量的支配，而依存于经济财货一定量的支配。从而非经济财货只具有效用，而经济财货则除效用之外，还具有我们叫作价值的意义。

自然，使效用与使用价值混同的谬误，对于人类的实际行为，是没有什么影响的。任何一个经济主体，在通常的情况下，对于一立方尺的空气或泉水丰富地方的一杯水，自然都不会承认其有价值。一个实践家，通常也不会将满足其欲望的某物的能力与该物的价值相混淆。不过上面这种谬误，对于发展我们科学的一般理论说来，则究竟是一种有害的障碍。[1]

如前所述，一种财货对于我们之所以有价值，是因为对这种财货的支配，对于我们欲望的满足，具有一定意义的缘故。我们的欲望，依存于我们的意志和习惯，欲望一旦发生后，财货对我们就有价值，而且这价值还**不是任意**发生的，而是由于我们认识了财货对于我们的生命与福利，具有一定意义的必然结果。所以，在我们意识到我们欲望的满足，依存于一种财货的支配时，我们纵想不承认其具有价值，都必将徒劳无益。同样，对于那些我们已意识其不为我们的欲望所依存的财货，我们纵想算给它一点价值，也将毫无用处。这样，我们就可知，财货价值绝不是任意发生的，而常是人类认识一个事实以后的必然结

---

[1] 普劳登（《经济矛盾的体系》，Système des contradictions économiques, Ch. Ⅱ，§. 1）就曾迷惑于这种谬误，而认为在使用价值与交换价值之间，有难解的矛盾存在。

果。这个事实就是人类生命和福利的保持，或其中一部分的保持，是依存于一种财货的一定量之支配，尽管这一定量可能是很小的。

但人们对于财货价值的**认识**，也与人们对其他一切对象的认识相同，是容易犯错误的。所以，在经济生活中，就是事实上不具有任何价值之物，也常会被人误认为有价值的。即常有人误以为其欲望的满足系依存于某一财货，而事实上则完全不是如此。在这种情形下，就出现**虚拟**价值的现象。

财货价值基因于财货和我们欲望的关系，并不基因于财货本身。这个**关系**若有**变化**，价值即随之而产生或消灭。奥亚瑟（一处沙漠绿洲——译者）的居民，在他们支配着的一个泉水可以完全满足其水的需要时，这泉水的一定水量，对他们自然没有什么价值。但若这泉水因地震之故而突减其量，以至这些居民对水的欲望，不能得到完全满足，因而其中一部分欲望的满足必须依存于一定水量的支配时，这一定水量对于各居民，就会立即获得价值。相反，若从前的情况再度出现，泉水又回复到从前那样充沛时，这价值又会立即消灭。当居民数量增加，以至泉水不足以满足全体居民的欲望时，也会发生同样的情形。像这样由于消费者增加而引起的变化，更可能在一定规则性之下，特别是在众多队商访问奥亚瑟的时候发生。

所以价值既不是附属于财货之物，也不是财货所应有的属性，更不是它自身可以独立存在的。经济人所支配的财货，对其生命与福利，必具有一定的意义。价值就是经济人对于财货具有的意义所下的判断，因而它绝不存在于经济人的意识以外。因此，凡把对一个经济主体具有价值的财货叫作“一个价值”，或认为价值是独立存在的实在物而将其客观化，都完全是错误的。因为客观存在的东西，不过是物与物的数量。物的价值则在本质上与物不同，它只是经济人对于它所具有的上述意义所下的判断。像这样，将性质上全然是**主观的**财货价值加以客观化，是足以使经济学的基础陷于混乱的。

第二节　财货价值之最根本的尺度

在上面，我们已考察了价值的本质，价值最后的原因以及一切价值所共通的要素。但在日常生活中，各种财货都呈现着各种不同的价值量；并且，就是同一财货，其价值量也常起变化。本节就打算来研究财货价值差异的原因及其最根本的尺度是什么。至于我们研究的步骤，则是由下面的考察产生的。

我们所支配的各种财货，不是其自身具有价值。如我们在前所述，乃因这些财货在满足我们的欲望上具有意义，而这种意义则又为我们的生命与福利所依存。我们又曾说明，财货所具有的这种意义，被我们意识后将其移转于我们所支配的财货上，即表现为财货价值。由此可知，一切财货的价值，都不过是这些财货在我们的欲望满足上和我们生命与福利的保持上所具有的意义的显现。假如这句话充分表明了财货价值的本质，换言之，即假如只有我们欲望的满足才真正对于我们有意义，而一切财货的价值，又都不过是这个意义的移转的话，则各种财货价值量的**差异**，也就只由于这些财货在满足我们欲望上对我们所具有的意义，有大小不同的差别。为了探索财货价值不同的最后原因，我们有以下两个任务：

第一，我们必须研究各种欲望的满足，对于人类具有何种不同的意义（主观要素）？

第二，我们必须研究在各种情况下，是哪一种欲望满足依存于我们对一定财货的支配（客观要素）？

在研究中，假如我们弄清了各种欲望的满足对我们具有不同的意义，而具有不同意义的欲望满足，则又依存于我们对于各种经济财货的支配的话，则上述的任务也就自然得到解决了。亦即本节开始所提出的经济生活上的一个现象，也就找到其最后的原因了。我所谓的这个现象，就是财货价值量的差异现象。

财货价值差异原因的问题若得到解答，则各种财货价值本身为何是变动不居的问题，亦可同时得到解决。一切变动都不外是时间中的差异。我们认识了价值量差异的原因后，则对于价值量的变动原因，就不难作比较深入的理解了。

各种欲望满足所具有的大小不同的意义（主观要素）

现在我们来谈各种欲望满足对于我们所具有的大小不同的意义。对于人类来说，通常是那些保持生命所依存的欲望满足，才具有最高的意义。至于其余欲望满足所具有的意义，则可以按照我们福利依存的程度（持久度与强度），而将其分为若干等级。因此，当一个经济人在两种欲望满足之间进行选择，即在一个关系着保持生命的欲望满足和一个仅仅关系着或多或少的福利欲望满足之间进行选择的时候，则毫无疑问，这个经济人自然要让前一种欲望满足居先，而使后一种欲望满足居后。同样，就在后一种欲望满足之中，也要让那些能使其福利达到较高程度（在同一强度时，其持久度较长的为较高程度，在同一持久度时，其强度较大的为较高程度）的欲望满足居先，而使其他的欲望满足居后。

我们生命的保持，依存于食欲的满足。在奥地利这样的气候状态之下，还依存于衣着与住宅问题的解决。反之，车马与象棋盘等的所有，则不过关系于较高的福利而已。在这里，我们就可以知道，人类对于衣食住资料缺乏的恐惧，将远较对车马、象棋盘等缺乏的恐惧为甚；同时，人类对于满足衣食住欲望所赋予的意义，亦远较满足那些享乐或舒适等欲望所赋予的意义为大。但是后一类欲望满足，对于人类也有各种很不同的意义。对舒适的床具与象棋盘的支配，虽无关于我们生命的保持，但这些财货的利用，对于我们福利的增进，却是极有用的。但当我们在舒适的寝具与象棋盘之间进行选择时，毫无疑问，我们总是情愿缺少后者而选择前者的。

由此可见，各种欲望满足，对于人类是具有各种不同的意义的。有一种欲望满足具有保持人类生命的意义；有一种欲望满足具有增进人类高度福利的意义；有一种欲望满足则只具有增进人类低度福利的意义。依此而降，更有一种欲望满足只具有使人类能获得些微而短暂的享乐意义。假如我们注意观察生活现象，我们更可知这些欲望满足所具有的不同意义，不但可见之于**不同**欲望的满足间，而且在同一欲望的**较多较少**的满足上，也可以看得出来。

一般说来，我们的生命是依存于食欲的满足的。但假如说我们所摄取的一切食物，对于我们生命的保持，对于我们健康的维护，或换言之，对于我们持久福利的保持都是必要的话，那显然是非常谬误的。我们都知道，我们纵然少吃一餐饭，也无伤于我们的生命，并也无害于我们的健康。并且，如经验所昭示我们，若只是保持生命所必要的食物数量，实际不过是富裕人家通常食用的很小一部分。我们通常所饮食的数量，也远比充分保持我们健康所必需的要多。我们通常是先为保持生命而摄取食物；其次是为保持健康而摄取更多的食物（因只摄取足以保持生命的食物，从经验上看来，将使我们的器官发生障碍）；最后，在已经摄取了保持生命与健康所必要的食物量以后，我们才为享乐而消费食物。

所以，满足食欲的各个具体行为，对于人类所具有的意义是非常不同的。满足食欲一直到生命得到保障那一点，对于任何人来说，都具有保持生命的充分意义。超过这个量直到某一点的消费，对于人类便只具有保持健康，即保持持久福利的意义。再超过这个量的消费，则如我们观察所知，就只具有愈来愈微弱的享乐意义。最后继续消费到某一界限以后，食欲的满足已算达到饱和的境地。再继续摄取食物，就既无益于生命与健康的保持，也无益于享乐的增进。因而食物的继续摄取，就从毫无意义开始，以至产生苦痛，损伤身体而终至于危害生命。

我们对于人类其他欲望满足程度的大小，也可以作同样的观察。

至少，一个能够防御风雨的睡眠场所，在奥地利的气候状态下，对于保持生命总是必要的。其次，一个较大的住宅，对于保持健康也是必要的。此外，在财力可能的范围内，为着享乐目的而保有更多的房舍（如会客室、礼堂、文娱室、园亭及猎庄等）也是常有的事情。所以就人类居住欲望的满足说来，各种不同的满足行为，对于人类所具有的意义，是有显著的差别的。到某点为止的居住欲望的满足，确攸关于我们的生命；超过这点的较充分的满足，也关系于我们的健康；再过这点的满足，还多少可提供一点享乐；但超过这个界限，再保有更多的房屋时，对于我们就变成无意义，甚至是一种麻烦一种苦痛了。

由此可知，对于同一欲望的不同满足程度和上述不同欲望的满足，我们可以进行同样的观察。即人类各种不同欲望的满足，对于人类具有各种不同的意义。这种意义可以分为许多等级，从保持生命的意义开始，一直到些微享乐的意义为止。一般说来，某种欲望的满足，到一定程度为止，对我们是具有相当高的意义的；但超过这个程度以后的满足，则对我们就只具有愈来愈小的意义；再继续下去，就会达到该欲望是否还需进一步满足对我们说来已成为毫无所谓的阶段；到最后，就达到一种在表面上虽然还呈现着欲望满足的外观，但在实际上则不但对我们已无任何意义，而且还成为我们的一个负担，一个苦痛的境地。

为使下面困难的研究易于理解，兹将上述各种数量用数字加以表现。我们的生命所依存的欲望满足的意义作为10，其余欲望满足次第减少的意义，则作为9，8，7，6，…，这样，我们就得到一个从10到1的不同欲望满足意义表。

每一欲望在得到一定程度的满足之后，再继续下去，其意义必然次第减少。一个欲望如此，其他欲望也莫不皆然。因此，假如我们同样以数字来表现，则我们就可得到各个欲望满足的意义表。有些欲望满足是关系生命的保持的，故其最高意义为10；有些欲望满足则只关系于福利的保持，故欲望满足的最高意义为9，8，7，6，…。而每一欲望满足的意义，都从其最高数字递减到0，则我们就可得到下面十个欲望满足的意义表：

Ⅰ	Ⅱ	Ⅲ	Ⅳ	Ⅴ	Ⅵ	Ⅶ	Ⅷ	Ⅸ	Ⅹ
10	9	8	7	6	5	4	3	2	1
9	8	7	6	5	4	3	2	1	0
8	7	6	5	4	3	2	1	0	
7	6	5	4	3	2	1	0		
6	5	4	3	2	1	0			
5	4	3	2	1	0				
4	3	2	1	0					
3	2	1	0						
2	1	0							
1	0								
0									

假定Ⅰ表示某人食欲满足的意义（其意义按满足的程度而递减），Ⅴ表示这人吸烟欲望满足的意义（其意义亦按满足的程度而递减），则很显然，对这人说来，在欲望满足的某一程度上，食欲的满足较吸烟欲望的满足，自有决定性的较高意义。但食欲的满足达到某种程度以后，例如已达到只具有6的意义，这时，这个人的吸烟欲望，就以与食欲同样的意义开始了。并且，从这时起，此人对于这两个欲望的满足，还将尽力使其保持平衡。由此可知，食欲的满足比之于吸烟欲望的满足，对此人虽具有不能比较的极高意义，但如上表所示，此人若继续进行着食欲的满足，则很快就可达到这样一个阶段：即食欲的继续满足所具有的意义，已比吸烟欲望（其重要性虽远远低于食欲）的最初满足所具有的意义为小的阶段。

这样，我们就可以相信，通过一个日常的生活现象，就可以充分说明上面所揭示的数字的意义。我们之所以利用数字，无非要使一种说明起来比较困难，而又是历来缺乏研究的心理领域中的现象，能更容易地被加以论证罢了。

各个具体的欲望满足，对于人类具有不同的意义一事，虽从来很少被研究者们注意，但却为一切经济人所熟知。人类不管住在何处，也不管他们处于何种文化发展阶段，我们到处都可以观察到的事情就是：经济人一般对其各种欲望满足的意义，特别是对满足这些欲望的各个行为的意义，通常都是相互地加以衡量，最后在经过检查以后，才决定他们应该怎样行为，以求其欲望的尽可能完全的满足。像这样来衡量各种欲望的不同意义，来选择不需满足的欲望与应予满足的欲望，以及来决定应予满足的欲望可以满足到何种程度等，正是人类经济行为中，比其他任何经济行为更富意义、更具影响力量且更为任何经济主体所不断进行着的行为。对于这些各种欲望满足和各种满足行为所具有的不同意义的认识，正是财货价值所以发生差异的首要原因。

各种欲望满足对于各具体财货的依存性（客观要素）

假如对于人类的某一具体欲望，只有支配着某种唯一的财货才可以满足；也就是说，假如我们不支配着某种财货，则该项欲望的满足就不可能。同时，这种财货也只有满足该项欲望的能力，对于其他一切欲望都不具有任何作用，则决定这种财货的价值，便是非常容易的事情了。因为这种财货的价值，就等于该项欲望满足对我们所具有的意义。一个欲望的满足，既然依存于对某一财货的支配，若没有对这种财货的支配，这个欲望就得不到满足，同时除这个欲望的满足以外，这种财货又不能使用于其他任何目的，则很显然，这种财货对于我们，自然就具有这个欲望满足本身所具有的全部意义，除此则不具有其他任何意义了。所以，在这种情况下，这个欲望满足对我们有多大的意义，这种财货也就相应地对我们具有多大的价值。例如，一个近视眼的人漂流到一个孤岛上，在可以解救他的困境的财货中，他发现一副近视眼镜。在这种情况下，毫无疑问，这副近视眼镜对于这个人，就具有赋予他以锐利视力的完全意义。但由于这副近视眼镜不能用于其他欲望的满足，所以它也不具有任何更高的意义。

但是，在通常的生活中，能支配的财货数量与我们的欲望间的关系，一般都是很复杂的。在许多场合，都不是一个具体的欲望与一种财货相对应，而是欲望的**复合体**与财货的一定**数量**相对应。也就是有时较多有时较少的各种欲望满足，都依存于我们所支配的财货的一定数量，而这一定数量财货中的任何一部分，也都具有满足这些欲望的能力，同时这些欲望满足所具有的意义也是各不相同的。

我们假定一个孤立经营的农夫，由于丰收之故，支配了200麦程的谷物。其中第一部分用于下一收成前保持他和他的家族的生命，第二部分用于保持他们的健康，第三部分用作来年播种的种子，第四部分用于酿造啤酒、火酒及其他奢侈目的，第五部分用于饲养家畜等。此外剩余的部分，则由于已经没有重要的用途，就用于饲养玩赏用的小动物。这个农夫就这样使其谷物全部得到利用。

由此可知，在重要性上显然不同的各种欲望满足，皆依存于农夫手中的谷物。农夫首先用谷物来保障他和他的家族的生命，其次用来保障他和他的家族的健康，再其次用来继续他的经营，即用以保持他永久幸福的一个重要基础，最后才用于享乐的目的。各种不同的享乐目的，其重要性又是各不相同的。

这样，在我们的眼前就存在着这样一种情况——这是通常的生活情况——即在意义上显然不同的各种欲望满足，皆依存于对某种财货一定量的支配（为简单起见，假定这种财货的各部分量都完全同质）。在这里就产生一个问题：即在这种情况下，谷物的某一部分量对于农夫具有怎样的价值？保证他和他的家族生命的谷物量，比保证他和他的家族健康的谷物量，是否具有较高的价值？又如，保证他和他的家族健康的谷物量，比用于播种的谷物量，是否具有较高的价值？再如，用于播种的谷物量，比用于奢侈目的的谷物量，是否具有较高的价值，等等。

恐怕任何人都不否认，为谷物的各部分量所保证的各种欲望满足，其意义显然是不相等的。有的可以用10来表示，其他则依次递减，甚至可用1来表示。但同时恐怕任何人都不能这样主张：即某一部分谷物量（例如在下一收成前，农夫用以养活自己及其家族的那部分谷物量）对于农夫有较高的价值；而完全同质的其他部分谷物量（例如农夫用以酿制奢侈饮料的谷物量）则对他仅有较低的价值。

在人们对某一财货一定数量的支配为意义不同的各种欲望满足所依存及其他一切类似的情况下，首先产生的困难问题，就是这种财货的一个具体部分量，究竟为哪一种具体的欲望满足所依存?

这个极重要的价值理论问题的解决，只有从对人类经济的考察及对财货价值本质的考察中才找得出来。

我们已经知道，人类的努力，在于求其欲望的完全满足；假如完全的满足不可能的话，则求其欲望的尽可能完全的满足。现在在某种财货的一定量与各种欲望相对应，而这些欲望的满足又具有各种不同意义的时候，我们自然将把该财货的一定量首先用以满足那些对我们具有最高意义的欲望；这个欲望满足后尚有剩余，才用以满足那些在意义上居于次位的欲望；若还有剩余，最后才用以满足那些在重要程度上更居于次位的其他欲望。[1]

在这时我们试问：在这个财货数量中的任何一部分量，对于保有着它的经济人，具有怎样的价值呢?为考虑价值本质的要求，我们把这问题提得更明确些：即若该经济主体没有支配这个部分量，换句话说，即若该经济主体只支配其总支配量中减去这个部分量的余额，则这时将是哪一种欲望满足得不到实现呢?对于这个问题的答复，可以从关于人类经济本质的上述说明中得出。就是：在这种情况之下，任何经济人都将以余下的财货数量，首先用以满足比较重要的欲望，而将比较不重要的欲望排在后面。从而在从前得到保证的各种欲望满足中，就只有那

[1] 在一种财货能满足各种不同的欲望，且每种欲望满足都具有递减（其递减的比率，因各欲望之满足度而不同）的意义时，经济人对于这些欲望，将不问其种类如何，必先以该财货的支配量，用于具有最高意义的欲望满足。其次才以所余的数量，用于在意义上居于次位的欲望满足。然后再以剩余的数量，用于重要性更差的欲望满足。这样进行的结果，到最后，所有未被满足的各种欲望中的最重要的欲望都将具有相等的重要度。所以，一切欲望总是被满足到具有相等程度的重要度为止的。

种具有最小意义的欲望满足不能实现。

所以，在每一种具体情况下，假如一个经济人所支配的财货数量中的一定部分量，为各种欲望满足中只具有最小意义的一个欲望满足所依存，则此人所支配的财货数量中的这一部分量的价值，对于此人说来，一定等于各种欲望满足中重要性最小的欲望满足对于此人所具有的意义。这些各种欲望满足都是为总体量所保证且可为同一部分量所实现的。[1]

假如我们研究一些具体情况，将使上述原理更为明了。所以，为使问题说得更清楚，我将不避冗长。在此处，我将依从亚当·斯密的方法。假如由此方法而使上述原理得到明确表述，那么就是冗长一点也是值得的。

我们从最简单的情况开始。假设有一个离群索居的经济人，他住在岩石嵯峨的一个孤岛上。在这里只有一个泉水，这人对于淡水的欲望，只有依靠这个泉水来满足。现在，假定这个离群索居的人为了保持他的生命，每天需要 1 单位的水；为饲养提供他以最低限度生活资料——牛奶与肉的动物，每天需要 19 单位的水。假定他另外还需要 40 单位的水，其中一部分用于保持自己的生命与健康，一部分用于洗涤自己的身体、衣服和食器等；这一切对于保持他的健康、保持他持久的幸

---

[1] 假定某一经济人，为完全满足其对于某一财货的全部欲望（这欲望按其重要度分为从 10 到 1 的等级），而需要 10 个具体财货或 10 个具体财货数量（即 10 的数量），但他实际上只支配着 7 个财货或 7 个财货数量（即 7 的数量）。则依据我们关于人类经济的本质所述的道理，毫无疑问，这个经济人必以其全部支配量（即 7 的数量），用于满足其重要度从 10 到 4 的欲望，而听任其余的欲望即其重要度从 3 到 1 的欲望不被满足。这时，一个具体财货即这 7 个财货数量中的 1 个数量，对于这个经济人究竟具有怎样的价值呢？依据我们关于财货价值本质所述的道理，这个问题就与这个经济人不是支配 7 个财货，而是支配 6 个财货或 6 个财货数量（即 6 的数量）时所中止实现的那个欲望满足具有多少意义的问题相同。在这里，这是很明白的，这个经济人假如因为何种事故而失去其所支配的 7 个财货中的 1 个，则他必然以其余的 6 个财货，用以满足重要度较大的欲望，而听任重要度较小的欲望不被满足。这样，我们就可知，由于一个财货或一个部分量失去的结果，就丧失了原来为全部支配量（即 7 的数量）所保证的欲望满足中之具有最小意义的欲望满足，即丧失了原来我们以 4 表现其意义的欲望满足。因而这个经济人的欲望满足，现在就变成从 10 到 5 为止。所以，在这个情况之下，对一个具体财货或一个具体的部分量的支配，就只不过为我们以 4 表现其意义的一个欲望满足所依存，但若这个经济人所支配的财货数量只为 5 个或 5 个部分量，则各个财货或各个部分量对于他就具有以 6 的数值所表现的意义。同样，若所支配的只有 3 个财货，则各个财货就具有以 8 的数值所表现的意义，若所支配的只有 1 个财货，则这个财货就具有以 10 的数值所表现的意义。

福，都是不可缺少的。最后，假定这人每日还需要 40 单位的水，其中一部分用于浇灌他的花园，一部分用以饲养一些动物，以供他的享乐（例如为了可以提供更丰富的食物，或者只为了作他的伴侣）。超过以上数量即超过 100 单位的水，则假定他还不知如何使用。

现在，假定这个泉水极为充沛，除完全满足他对于水的欲望而外，每日还有数千桶的水流入海中。在这样的情况下，即无论他多支配一定量的水或者少支配一定量的水，都无关于他的任何欲望满足的情况下，如我们所知，这个数量的水对于这个人说来，是既不具有经济的性质，也不具有价值的，因而价值的尺度，在这里就不会成为问题。但若发生天灾，泉水突然枯竭，以致此人每日只能支配 90 单位的水。我们知道，为完全满足此人的欲望，本来是需要 100 单位水的，现在支配量既然减为 90 单位，则很明白，这 90 单位水的每一部分量，便都为他的欲望满足所依存，从而这每一部分量对于此人，也就具有了我们叫作价值的意义。

在这时，假如我们问一问，在此人所支配的 90 单位水中的某一部分量例如 10 单位水，究竟为哪一种欲望满足所依存？这个问题也可以这样表示：即此人假如没有能够支配这 10 单位水，换言之，此人不是支配 90 单位水而是支配 80 单位水，这时，究竟哪一种欲望满足将不会发生呢？

毫无疑问，这个人纵然每日只支配着 80 单位的水，他仍然能够按日汲取足以保持其生命所必要的水量，并也仍然能够饲养那些保持其生命所不可缺少的动物。但为这两项用途，每日也不过使用 20 单位的水，还剩余 60 单位的水，他自然将首先用以满足那些使其健康与永久幸福不致受到损害的欲望。但为着这个目的，总共也不过需用 40 单位的水，还剩余 20 单位的水，自然就可用于享乐的目的了。在这时，他或者可用于浇灌他的花园，或者可用于饲养他所爱好的动物。无论如何，在这两种欲望满足中，他必须选择一种，在选择的时候，他自然会选择他认为比较重要的那一种欲望满足，而将他认为次要的欲望满足暂时搁置。

所以，我们的鲁滨孙是否多支配 10 单位水的问题，在这里，就和他的各种欲望中最不重要的欲望（这个欲望一向是用 10 单位水来满足的）是否再继续得到满足的问题，具有同样的意义了。也就是说，在他只支配 90 单位水的时候，所减少的这 10 单位水，对于他说来，只不过具有最不重要的欲望满足所具有的意义。

但是，假如供给这个经济人以水的泉水，比从前更加枯竭，以致此人每日只能支配 40 单位的水，这时自然也与从前相同，对这个水量全部的支配，是为他生命与福利的保持所依存的。但在某一重要点上，情形却有些不同。即从前无甚重大意义的部分量例如 1 单位水，不过只为这个人的某一享乐所依存，而现在是否多支配 1 单位水的问题，则变成他是否能够较完全地保持其健康或福利的问题了。所以若是失去这 1 单位水，这个人的一些有关于其健康或福利保持的欲望，即将得不到满足。对我们的鲁滨逊来说，在他每日支配着数百单位水的时候，1 单位水并无任何价值，以后每日支配着 90 单位水的时候，1 单位水也只不过具有一个享乐所有的些微意义，但现在每日仅仅支配着 40 单位水的时候，这 40 单位水的每一部分量，对于这个人就具有远为重要的意义了。为什么呢？因为这 40 单位水的每一部分量，都为有关他的健康或永久幸福的欲望满足所依存。但我们知道，一定量财货的价值是与所被依存的欲望满足的意义相等的。因此，1 单位水的价值，对于我们的鲁滨逊来说，在最初是 0，在第二种情况下是（例如）1，但在现在的情况下则已经是（例如）6 了。

假如干旱再继续，泉水再枯竭，以致最后这个人每日不过支配着保持其生命所必要的那一点水（即 20 单位水，这是用于他自身及供给他以乳肉的家畜的水量），则情形就非常明显，这时他所支配的任何一部分量的水，对于他都具有保持其生命的完全意义，从而就具有最高的例如 10 的价值。

这样，我们就知道，在第一种情况下，这个人每日支配着几千单位的水，这时，任何一部分量例如1单位的水自然不具有任何价值——因1单位水不为任何欲望所依存。在第二种情况下，他所支配的90单位水中的一个部分量，对于他已具有一点享乐的意义，因而也具有一点价值——因依存于这个部分量的欲望满足只是一点享乐。在每日只支配着40单位水的第三种情况下，这时每一部分量都为比较重要的欲望满足所依存，从而这些部分量的价值就骤然上升。到最后，在第四种情况下，由于各部分量为更重要的欲望满足所依存，所以它的价值就升得更高。

我们再假定一个较复杂的情况，有一只帆船在大海中航行，到达海岸还有20日的行程。突因某种事故，招致丧失其储存食物的大部分，仅余极小部分食物例如饼干，以供旅客们在20日内延续生命之用。在这种情况之下，对于该船船员的欲望，只有这一点财货支配与之相对应，从而这一点财货支配，就为船员的这些欲望所依存。现在，假定船上的旅客，每日必须食用半磅饼干，才能保持其生命，并且各旅客在事实上也支配着10磅饼干，则这10磅饼干对于每个旅客说来，就具有保持其生命的完全意义。在这种情形之下，凡是认为自己的生命还具有一定意义的人，恐怕谁也不愿意把这10磅饼干或其中一部分，与食物以外的其他任何财货甚至极有价值的财货相交换吧？例如，船上一个富翁为缓和其饥饿的痛苦，而愿提供1磅金子，以交换1磅饼干，恐怕这时不可能找出一个愿意交换的旅客吧？

现在，假定在10磅饼干之外，每一旅客又能支配5磅饼干。这时，每一人的生命，自然就不再依存于对1磅饼干的支配。因为纵然有人失去对1磅饼干的支配，或以食物以外的其他财货交换这1磅饼干，其生命亦绝不会受到威胁。但是，这时对1磅饼干的支配，纵然不为他们的生命所依存，而这1磅饼干对于他们，不但仍是他们痛苦的救治剂，而且也是他们健康的维持手段。因为，接连20日的贫乏饮食，无论怎样说，对于他们的福利，总是非常有害的。所以在这样的情况之下，即使只是1磅饼干，虽然不再有保持他们生命的意义，但增进他们健康与福利的意义，则依旧是存在的。

最后，我们再假定，船上储存的食物全部丧失了，旅客所携带的食物亦完全丧失，但在这艘船以外，另外有船载有几千生的勒（重量名，1个生的勒等于100磅——译者）的饼干，船长为救济旅客，准许每人任意食用饼干，这时，旅客为充饥计，自然都争先去攫取饼干。但对于在20日内只是食用枯燥饼干的旅客来说，假如这时有一片美味的肉，恐其价值将是非常之大，而1磅饼干的价值，则又将是非常微小，或甚至完全没有价值了。

上面，在第一种情况下，对1磅饼干的支配，对于各旅客具有保持其生命的完全意义；在第二种情况下，也具有极高的意义；在第三种情况下，则完全没有价值或仅有极微小的价值，这是由于什么缘故呢?

旅客的欲望，在三种情况下都是相同的。因为他们本身和他们的需要都没有丝毫变化，所变化的不过是与其需要相对应的上述食物的数量。而对于旅客的同一需要，在第一种情况下，每人只有10磅饼干与之相对应；在第二种情况下，则有较多的数量与之相对应；在第三种情况下，则有更多的数量与之相对应。由于这个缘故，所以依存于上述食物一定数量的欲望满足意义，便次第减少了。

以上，我们首先观察了一个孤立生活者的情况，其次，我们又观察了与其他人类暂时隔离的一个小社会的情况。我们观察所得，也同样适用于一国国民或一般人类社会的比较复杂的情况。一地方的居民，在荒年以后的状态，在普通收成以后的状态，以及在接连数年大丰收以后的状态，在本质上与上述的情况颇为相类似。因为在这种情况下，对于同一需要，也有三种多少不同的食物量与之相对应，从而一定食物量所被依存的欲望满足的意义，自然就非常不同。一地方在大丰收之后，若有一个容纳10万麦程谷物的仓库被火焚毁，所遭的不幸不过是该地方只能制造较从前少的酒精，或该地方较贫穷的居民，只能摄取较从前少的食物而已。反之，这种不幸若是发生在普通收成以后，恐怕就将有许多人更重要的欲望得不到满足。若是这种不幸发生在饥馑之年，则恐怕许多人将要饥饿而死。由此可知，在上面的三种情况之下，该地方居民所支配的谷物一定量，各为重要度不同的欲望满足所依存，从而这一定量的价值，在这三种情况之下，自然就有很大差异了。

总括上面所述，可得出下面的基本命题，作为我们到现在为止所研究的结果：

(1) 财货对我们所具有的价值的意义，不过是一个移转的意义。即从根本上说来，只有欲望满足才对我们具有意义（因欲望满足为我们的生命与福利所依存）。不过，欲望满足必须依存于对一定财货的支配，所以我们才在逻辑的演绎之下，有意识地将这个意义移转于财货上面的。

(2) 各种具体欲望的满足对我们所具有的意义大小是不同的；这个意义大小的尺度，就存在于各种欲望满足在保持我们生命与福利的重要度上。即此重要度若大，则所具有的意义就大。

(3) 所以，移转于财货上面的我们欲望满足意义的大小即该财货价值的大小，也同样是互不相同的；其尺度也存在于由此财货所产生的欲望满足对我们所具有的意义上。即此意义若大，则其价值亦高。

(4) 在一切具体的情况下，为一经济主体所支配的某种财货总量中的一定部分量，只为总量所保证的各种欲望满足中对该经济主体具有最小意义的欲望满足所依存。

(5) 一个具体财货的价值，或一经济主体所支配的该种财货总量中的一定部分量的价值，等于这个总量所保证的各种欲望满足中之最不重要的欲望满足所具有的意义。[1]

---

[1] 企图找出财货的使用价值尺度，并以此作为财货的交换价值基础的尝试，开始于亚里士多德。他说："必须有一物可以作为万物之尺度。……实际上，这种尺度除统摄万物的欲望而外，别无他物可以胜任。因吾人假如不喜爱任何物品，或对万物都是同样地喜爱，则就不存在有财货的交换了。"（《伦理学》，Ethic.Nic.V.8）加里安尼也在同样的意义上写道："人的心性是各种各样，欲望也是各种各样，所以物的价值也是各种各样。"（《货币论》，Della moneta L.I, Cap.Ⅱ S.27, der ed.1780）特戈特在他遗留下来的片断论文《价值与货币》（Valeurs et Monnaies）中，曾深入地论及此问题，他说："一旦文化发达到某种阶段，人类就进行着欲望的相互比较，以使为获得财货而作的预筹，适合于各种财货的必要性与效用性的程度。但在评定财货价值的时候，人类也常考虑(转下页注)

这样，在以上的研究里，我们就在一方面探得了财货价值所以不同

(接上页注)到获得它的困难大小。”所以特戈特煞尾又说：“对于一个离群索居的人来说，他对于一个财货的评价，恰恰等于这财货所具有的全部能力中相应于他的欲望的部分能力，或等于他满足其欲望所欲使用的部分能力。”（同上书，S.81, Daire）康迪拉克则得出另一结论说：“某物有用于我们的欲望时，我们就说它具有效用。这个效用有多大，我们对它的评价就有多大，我们对它的评价就叫作价值。”（《商业与政府》，Le commerce et le gouvernement, 1717, S.250 ff., Daire）所以特戈特是以人类获得财货所耗费的精力为财货使用价值的尺度，而康迪拉克则以财货效用的大小，作为财货使用价值的尺度。这就是以后在英法经济学者著作中屡次反复的两个基本见解。但对使用价值尺度问题研究更加深入的则是德国的学者。希尔德布兰德在我们屡次所引用的书上，为了反驳普劳登对现行价值学说的抗辩，曾这样说：“由于效用价值常是物与人类的关系，所以任何财类的效用价值尺度，都存在于它所满足的人类欲望的总体与顺位之中。若不存在人类和欲望，就不存在效用价值。因此，任何财货所有的效用价值总额，在人类欲望没有变化的范围内，它总是保持不变的，而且它还**按照财货的数量分配于财类的各单位上**。单位的总数愈大，各单位所分得的效用价值就愈小。反之亦然”（《现代与将来的国民经济学》，Nationalökonomie der Gegenwart und Zukunft, 1848, S.318 ff.）。希氏上面的说明，对于财货价值问题的研究，是一个无可比拟的启发，但亦不免有两个缺点。如后所述，这两个缺点也为后来这个理论的修正者所部分地感觉并亦想将其除去。照希氏的话看来，所谓某一财货的价值，只能解作为该财货的总支配量对人类经济所具有的价值。但是，价值实不具有任何实在的性质，即我们无论在任何地方，也不可能真正看见有价值的存在。因为价值是只显现于个人，只显现于具体的财货数量的（参阅 S.90）。这一点姑且不论，我们纵使将希氏所谓的财类价值，解释成某类具体财货对于支配它的社会各个成员所具有的价值总体，上面希氏的定理，还是不能成立。因为，非常明白，该具体财货的分配或支配量发生变化，这个财货价值就要变动，甚至有时还全无价值。所以，照字面解释的本来意义的财货价值，在我们不把“效用”、“认识的效用”及“效用度”与“价值”相混同的范围内，它既无实在的性质，也非实际存在之物。就是将财货价值解释成某类具体财货对人类社会成员所具有的价值总体，纵使各个成员的欲望没有变化，它也绝不是不变的数量。这样，希氏据以计算的基础，首先就有了争论的余地了。加之，希氏在认为“财货价值”**按照财货个数**分配于财货各单位之上的时候，还没有考虑到各**具体**欲望的满足对人类所具有的不同意义（参阅尼斯《杜平根杂志》，Tüb.Zeitsch.1855, S.463 ff.）。希氏认为财货的支配量愈小，其使用价值则愈大，前者愈大，后者则愈小，这实是非常锐利而且是适用于任何时代的观察。希氏理论所含的真理的要素，就在于这个观察。他不过想在财货量与使用价值之间，确定一个精确的比例关系，但又似乎是要求过高了。

对于这个问题想从另一方向加以解决的，是弗里德兰德，他说：“平均的具体的欲望单位为客观的国民经济的使用价值之一般的表现。一方面表示各个有用物对于欲望单位的贡献比例，一方面又表示这个比例与平均的具体的欲望单位价值关系的分数，即是各个有用物的客观价值尺度。”（《价值的理论》，Die Theorie des Werthes;Dorpater Univ.Schr. 1852,S.60 ff.）但是，我觉得他这种解决法首先就应该反对。构想一个具有“平均需要”的“平均人”，实完全误解了财货价值之主观的性质。因为同一财货对于两个不同的人，由于其需要量与支配量的或多或少，其所具有的使用价值显然总是不同的。因此，“确定平均人的使用价值”的办法，实不能真正解决上面这个问题，因为上面这个问题是我们具体观察的财货使用价值尺度问题，亦即财货对于具体的人所具有的使用价值的尺度问题，而不是抽象的概念的价值问题。事实上，弗氏只规定了各财货的“客观价值”尺度（S.68），但客观价值在实际上是绝不存在的。

尼斯在我们已经提起过的论文《国民经济的价值论》（“Die nationalökonomische Lehre vom Werthe”，Tübing.Ztsch.1855）中，对于这个问题曾作了深入的研究。他说：“评定财货使用价值的条件，不能在使用价值概念之本质要素以外去找寻”（S.429）。尼斯这话说得很正确。但由于他对于使用价值的概念，没有十分精密地加以限定，就使他在关于价值尺度的规定上，得出了颇有争论余地的结论。他说：“财货使用价值的大小，一方面依存于该财货所满足的人类欲望的强度，一方面依存于人类在满足某欲望(转下页注)

的最后原因，而在另一方面，也发现了我们测量一切财货价值的最后的与根本的尺度。

我们若是正确地把握了上面所述的理论，则我们在说明两种或两种

（接上页注）时所得到的满足的强度。……其结果，人类的欲望就分成许多种类并排列成许多顺位。与此相对应，各种财货也分成许多种类并排列成许多顺位。”依照尼斯这种说法，则我们对于水的欲望，就应该是人类欲望中之最强烈的欲望之一（因为它的满足为我们的生命所依存）。而由于新鲜泉水能够最好地满足这个欲望，所以水在各种财货的顺位中，就应该是居于最高地位的一种财货。然而我们知道，水的**具体数量**，通常是没有什么价值的。同时如上所述，一般**财货**也不具有任何价值。尼斯于其论文内，在详细研究“抽象价值”的尺度后，之所以又论及私经济的具体使用价值（S.461），不过与劳氏同样，是想明确“财货价值”（实则为效用）与财货之具体价值的对立，即想明确一物的效用尺度与其价值尺度之本质的不同而已。关于规定具体形态的使用价值量的原理，尼斯虽曾在其内容丰富的论文内加以接触（S.441），但却未得到任何结论。

想从别的立场来解决这个问题的有谢弗勒。这位思想锐利的学者曾这样写道：“人类对于某财货的欲望愈强烈，及人类获得该财货愈困难，则人类进行经济活动的刺激则愈大。这两个要素即欲望的强度与获得的困难度愈相互影响，则财货的意义就愈强烈地显现于指导经济活动的意识中。关于价值尺度与价值运动的一切命题，最后都可还原于这个基本关系”（《杜平根大学学报》，*Tübing.Univ.Schriften*, 1862, 5 Abth., S.12 ff.）。我完全同意谢氏所说的人类的欲望愈强烈，财货的获得愈困难，则人类进行经济活动的刺激愈大的观点。但在另一方面，却亦有同样真切的情形：即人类对于某一财货（如水）的欲望很强，而这一财货却对人类不具有任何价值；相反，也有那些只能满足意义很低的欲望的财货（如狩猎用的别墅，人工的野鸭池等），而对人类却有不平凡的价值。所以，某财货所能满足的欲望的迫切度，绝不是该财货价值的决定性要素。何况大多数的财货，都能满足各种不同的欲望，而这些不同的欲望，又都有各种不同的强度，假如我们采用谢氏的原理，又将何以确定这些财货的价值呢？同样，单是获得财货的困难度，也不可作为财货价值的尺度。仅有些微价值的财货，往往要耗费最大的努力才能获得。所以认为困难愈大，人类的经济活动就愈得到刺激的说法，也是不正确的。恰恰相反，人类对于以同一强度所欲望的各种财货，却常使其经济活动指向于可以最小困难度获得的财货。因此，谢氏所提出的二重原理，无论哪一部分都不能单独提供决定价值的规范原理。自然，谢氏说过：“这两个要素即欲望的强度与获得的困难度愈**相互影响**，则财货的意义就愈强烈地显现于指导经济活动的意识中。”但是，如同谢氏本人也已经阐明过的，尽管我们可以理解经济活动即是人们有意识地去实现正当的生活目的，或者换句话说，即尽管设想财货都是受着按照理性办事的人们的支配，然而这两个要素究竟如何相互影响？相互影响以后，各财货对于经济人，又如何获得一定程度的意义？这些问题，谢氏都未曾加以解决。

在现代经济学者中，将价值尺度的理论，作为其体系之一部，而且以创造性见解著名的是斯坦因，他将价值定义为“一定财货的尺度与财货生命的比例”（《国家学的体系》，System der Staatswissenschaft Ⅰ., S.169 ff., 1852），并得出了下面的规定价值尺度的公式（S.171 ff.）：“一个财货的真正价值尺度，为这个财货量与其余财货量的比例。但为使这事有可能，必须先为一切财货数量求出一个**公分母**。但这个公分母或各种财货的同质性，是只存在于各种财货的共通**本质**中的。一切现实的财货，都为材料、劳动、产物、欲望、利用及现实的消费等六个要素所构成。失去一个要素，一物就停止其为财货。这就是各种财货的同质性。现实财货的这些要素，都以**一定**的比例包含于各财货之中。这些要素的尺度，就决定着**各种**现实财货本身的尺度。由此，我们就可得出结论：一切财货相互间的量的比例或一切财货的一般价值尺度，就是一个财货内所包含的财货要素及其数量与其他财货内所包含的财货要素及其数量的比例。所以，这个比例的确定与计算，就是现实的价值尺度的确定”（参阅前书 S.181 ff.价值方程式的公式）。

以上的财货价值所以不同的原因时，就不会遭遇什么困难了。

例如，在普通情况之下，一磅饮水为什么完全没有价值？反之，若干分之一磅的黄金或钻石，为什么表现着很高的价值？这个问题就应该照下面的思路解答。

钻石与黄金都非常稀少。人类所支配的钻石数量，可全部收藏于一个箱子内，同样，人类所支配的黄金数量，也可全部收储于一个大厅之内，这是我们略加计算就可知道的。相反，饮水的存在量则极为丰富，要想用一个贮水池来全部容纳，实是不能想象。所以人类对于钻石与黄金，就只能用以满足其所能满足的最重要的欲望。而人类对于饮水的欲望，则不但可以完全得到满足，而且还有大量超过需要的水，可任其流入海中。为什么如此呢？因为人类对于水的总支配量，总是不能全部用尽的。所以在普通情况下，人类对于水的欲望，并不是如若不支配水的一个具体量就得不到满足那样依存于水的具体量的。相反，对于钻石与黄金，即使是为其总支配量所保证的各种欲望满足中的最微小欲望满足所依存，对于经济人说来，仍是具有较大的意义的。因此，饮水的一定量，对经济人通常就**没有**什么价值，而钻石与黄金的一定量，则有很**高**的价值。

上面的道理，只适用于饮水大量存在，而钻石与黄金则极稀少的通常生活情况。但在另一种情况之下，即在 1 杯饮水为旅行者的生命所依存的荒地上，则就极可能发生相反的情形。即这时对旅行者来说，1 磅水所得到的欲望满足，将比 1 磅黄金所得到的欲望满足还要重要。从而在这种情况之下，1 磅水对这个人的价值，当然就比 1 磅黄金对这个人的价值为高。经验昭示我们，在实际生活中，像这种情况或与此相类似的情况，无论在什么地方，都是常常可以看见的。

财货质差对于价值的影响

人类的欲望有不少是可以用不同类的财货满足的，有更多是可用同类而不同种的财货满足的。所以，一方是人类欲望的一定复合体，另一方则是为满足欲望而支配的财货数量（第 64 页）。不过与前者相对立的，不一定是完全同质的财货数量；在不少情况下，往往是不同类的财货与之相对立；在更多的情况下，则更是不同种的财货与之相对立。

为简扼说明起见，我们在前面采用抽象的方法，将财货质的差异因素抽去，并只着眼于一定类的欲望与完全同类的财货数量相对立的情况。因此，财货的质差所及于价值的影响，在前面我们就未加以考察。

现在我们要做的工作，就是考察这样一种情况，即人类的一定欲望可以为不同类或不同种的财货所满足，因而在这里相对立着的，一方是人类的一定需要量，一方则是为内在属性不相同的具体部分量所构成的财货支配量。

此处须首先注意的是，财货的差异，不管是类的差异或种的差异，只要这种差异没有影响人类欲望的满足，则该财货的具体部分量的价值是不至有什么变动的。所以，凡是能够完全同样满足人类欲望的财货，哪怕它在外形上是属于不同的类或不同的种，但从经济的观点来看，则是应该将其看成完全同质的财货的。

两个财货在类上或在种上的差异，若要使其能成为价值差异的基础，则这两个财货必须同时在满足人类欲望的能力上也有差异；从经济的立场来说，即这两个财货的**质量**必须有所差异。这种质量差异所及于具体财货价值的影响，就是我们以下研究的对象。

对于质量差异的财货如何满足人类欲望，从经济的观点来说，可有两种办法。即或者以同量异质的财货来异**量**地满足人类的欲望，或者以同量异质的财货来异**质**地满足人类的欲望。例如以一定量的榉木来满足人类求暖的欲望，在**数量**上来说，要比以同量的枞木来满足强得多。又如两种同量的食物，其营养力虽完全相同，但一种可使人们得到享乐，一种则得不到享乐或所得的享乐甚微，这样就是异**质**地满足了食欲。第一个例子可以用量的增大来补偿质的低劣，第二个例子则不可能。为求暖之故，不用榉木，可用枞木，不用赤杨木，可用松木，质虽不同，但可以量补偿。又如火力微弱的石炭、单宁酸含有量微小的鞣皮、怠惰或效率低劣的雇佣工人的劳动力等，经济人对于这些财货，只需支配的数量较多，就可以完全用以代替质量较好的财货。反之，没有滋味的食物与饮料、暗黑而潮湿的房舍、庸医的治疗等，对于这些东西，我们无论支配着多少，也不能如品质较高的财货那样，在**质量**上完全满足我们的欲望。

如前所述，经济人在评定财货价值的时候，通常只着眼于支配该财货所能获得的欲望满足的意义（第 58 页）；至于使一定欲望得到满足的该财货的数量，则不过是次要的因素。现在我们又明白的是，若数量少而质量较高的财货，与数量多而质量较低的财货，能完全同样地（即在数量上质量上都同样）满足人类的某一欲望，则对于经济人来说，前者与后者便均具有相等的价值。因而同量的异质财货，则具有不同的价值。所以，当我们在评定鞣皮的价值时，我们若只着眼于它的鞣皮力，则 7 个生的勒的某种鞣皮与 8 个生的勒的另一种鞣皮，自然能够具有同一的效力，从而对于使用它们的手工业者，便都具有相等的价值。像这样，既然可以将不同质量的鞣皮在数量上加以折合，使均具同一的经济效力，则我们在评定具体数量的财货价值时，这种由财货质量的差异而产生的困难，就可以完全排除。因为，通过这样的折合，我们就可把复杂的情况，化成我们在前面所述的（第 59 页以下）单纯的关系。

但是，若由于财货质量的差异，而使欲望亦得到**质量**不同的满足，此时这种质量差异对于具体财货的价值，究竟有多大的影响？这一问题就比上面的问题更为复杂。不过，就在这种情况下，若我们没有支配着某类或某种质量的一定财货，则因此而未被满足的欲望所具有的意义，仍将是该种财货价值之决定性因素，依据前述的财货价值决定的一般原理（第 58 页），这是不容有所怀疑的。在此我们想指出的困难，倒不在决定这些财货价值的一般原理上，而在这个原理应用在人类经济生活的实践中。对于这个问题，我们将在下面的考察中加以解决。

经济人所支配的某种财货量，其中若有质的差异，他必考虑着这种质的差异而作不同的使用。例如，一个支配着具有不同质量谷物的农夫，他绝不会将最坏的谷物用于播种，将中等的谷物用于饲养家畜，并将最好的谷物用于营养或酿制饮料。即他绝不会将质量不同的谷物，无选择地用于这种或那种目的。相反，他必将按照需要的重要性，而将最好的谷物用于播种，将中等的谷物用于营养或酿制饮料，将最坏的谷物用于饲养家畜。

所以，一种财货若其质量并未呈现任何差异，则该财货的总支配量，必被用来与可以为这种财货所满足的欲望总体相对应。但若一种财货的质量有了差异，则就不是该财货的总支配量与欲望的总体相对应，而是该财货具有特殊质量的各部分量与经济人的各种特殊欲望相对应。

假如具有一定质量的财货，在一定的用途上不能为具有他种质量的财货所代替，则这种财货的具体量的价值，自适用于前面所讲的价值决定的规律（第66页）。即这种财货的具体量的价值，将等于由这种财货的总支配量所预先安排的欲望满足中的最不重要的欲望满足所具有的意义。因为事实上依存于这个具体量的欲望满足，正是这个最不重要的欲望满足。

反之，人类的欲望若可为质量不同的两种财货所满足（纵然是异质地满足），也就是某种质量的财货可为他种质量的财货（虽其效果有所不同）所代替，则这种具有一定质量的财货之部分量的价值，就等于由这种财货所预先安排的欲望满足中最不重要的欲望满足所具有的意义减去一个价值部分以后所剩余的意义。其中，这个价值部分与能够同样满足该欲望的劣质财货的价值成正比，即该劣质财货的价值愈大，这个价值部分就愈大；这个价值部分又与该欲望用良质财货所得到的满足和用劣质财货所得的满足对人类所具意义的差额成反比，即这个意义的差额愈小，则这个价值部分就愈大。

这样，我们就可以得出这样的结论：在具有不同质量的各种财货的一定数量与某一欲望复合体相对应时，这些财货的各具体部分量，都为具有一定强度的欲望满足所依存；从而此处所述的一切情况，都完全适用前面所树立的具体财货的价值决定原理。

价值尺度之主观的性质

我们在前面讨论价值本质时曾经指出过，价值不是附属于财货的东西，也不是财货的一个属性，更不是一个独立存在之物。一种财货可以对于某一经济人有价值，而对于情况不同的其他经济人则没有价值，这是一点也不矛盾的。现在，价值**尺度**亦完全是主观的性质，因而随着需要量与支配量的不同，一种财货对于某一经济人可有较大的价值，而对于第二人则只有较小的价值，对于第三人甚至完全没有一点价值。某人所轻视之物，可以为他人所追求，某人所抛弃之物，亦可以为他人所拾起。某一经济主体对于某种财货的某种量与他种财货较大的量，可评以同等的价值；而另一经济主体，则可作正相反的评价。这些事都是屡见不鲜的。

所以价值，不只是它的**本质**是主观的，就是它的**尺度**也具有主观的性质。任何财货都只对一定的经济主体才有价值，而且只对一定的经济主体才具有**一定**的价值。

某种财货对某经济人所具有的价值，等于该经济人依靠它所得到的欲望满足的意义。我们在论究某种财货的价值时，应该知道，为生产这种财货究竟需要多少劳动量及其他高级财货，与这种财货的价值量都没有必然的和直接的联系。一种非经济财货（如原始森林中的木材），为生产它哪怕使用了大量的劳动或其他经济财货，它仍然对人类不具有任何价值。一颗钻石，无论是偶然发现的，或是耗费几千个劳动日从钻石矿坑里掘出来的，它的价值总是完全一样。在实际生活中，无论何人都不会去问财货是怎样被生产出来的；在评定价值的时候，无论何人都只着眼于该财货对他所提供的和假如不支配它就不得不缺少的效用。所以，在生产上耗费了许多劳动的财货，往往没有什么价值；而没有耗费什么劳动的财货，则往往有很大的价值。此外还有耗费劳动量虽有多少的不同，而其价值却是相等的情形。由此可知，生产一种财货所耗费的劳动量或其他生产资料量，绝不是该财货价值的决定性的要素。我们只要比较一下一个产品的价值和生产它所用的劳动与生产资料的价值，我们就可以明白该项产品的生产是否合理和经济，或在怎样的程度上是合理的和经济的。总之，生产一种财货所耗费的财货量，对于该财货本身的价值，是绝对没有必然的和直接的决定性影响的。

同样，认为财货**再生产**所必要的劳动量或其他生产资料量是财货价值之决定性因素的见解，也是站不住脚的。我们知道，有很多财货是不能再生产的（例如古董、古画等），有许多经济物品虽有价值，但却无再生产的可能。所以有关再生产的因素，绝不是决定价值的重要原理。经验昭示我们，许多财货（如流行过的衣服与旧式的机器等）再生产所必要的生产资料，其价值往往比该财货本身的价值还大；当然，比该财货本身价值为小的也不少。这样，我们就可以知道，生产一种财货所使用的劳动量或其他财货量，对于该财货的再生产虽然必要，但却不是该财货价值的决定性因素。相反，财货价值之决定性的因素，却是我们支配这种财货所能得到的欲望满足的意义。这样一个价值决定原理，才适用于一切价值现象，并在人类经济领域内找不着例外。

一个欲望满足对我们所具有的意义，其大小绝不决定于我们的臆断，而却决定于它对我们的生命与福利所具有的意义。不过，因各种欲望满足行为所具有的意义，是我们经济人的评定对象，所以对这个意义的认识，有时是会陷于谬误的。

在前面我们已经知道，为人类的生命所攸关的欲望满足，对人类具有最高的意义；为人类的福利所依存的欲望满足，则仅具次要的意义。在人类福利所依存的欲望满足中，高度福利（在同一强度下则持久性较长的为高度；在同一持久性下则强度较大的为高度）所依存的欲望满足，则又比低度福利所依存的欲望满足具有更大的意义。

但有一种情形也是屡见不鲜的。愚蠢的人们，由于认识不足之故，有时对于一些欲望满足的意义，很可能给以相反的评价。就是那些从事合理的经济活动，并无论何时都努力于认识欲望满足的真正意义，以求获得其经济活动之正确基础的人，也往往有陷于谬误的危险。特别是在增进快乐的欲望满足中，人们对于那些短暂而强烈的欲望满足，通常都给以较高的评价；而对于那些经久而较弱的欲望满足，则给以较低的评价。即人们对于一时的强烈的享乐所给予的评价，往往比持久的福利甚至比其生命还要高。

人们不但在认识价值决定的主观因素上，常常陷于错误；就在认识价值决定的客观因素上，特别在对财货的支配量与其不同质量的认识上，也到处犯错误。这样，我们就可以明白，在财货价值决定的领域内，为什么常常存在着各种各样的错误。由于人类欲望、财货支配量或财货内在属性的变化而起的价值变动，我们姑且勿论，但除此之外，我们还可发现这样一种价值变动，即其最后原因系由于我们对一财货对我们的生命和福利所具有的意义，发生了认识的**变化**而引起的价值变动。

第三节　规定着高级财货价值的规律

高级财货价值的决定原理

对于现在之前的经济学发展，有一些根本谬误具有重大的影响。其中居于第一位的谬误，是这样一个基本命题：即认为财货之所以对我们具有价值，是由于生产财货时耗费了其他具有价值的财货的缘故。在论述高级财货价格时，我们将要指出造成这个谬误并使这个谬误成为具有支配地位的价格理论基础的特殊原因。在这里，我们暂且作这样的论断：就是这个基本命题是非常违反一切经验事实的（第 78 页）。财货价值的确定问题，纵然因此得到**形式上**的解决，我们对于它仍应断然加以排斥。

并且，依据这个基本命题，就连在形式上求得解决的目的也达不到。为什么呢？因为这个命题对于我们叫作“生产物”的财货的价值，虽提供了一个说明根据，但对于作为最根本生产要素的其他一切财货的价值，特别对于为自然所直接供与的一切财货（尤其是土地利用）的价值，以及对于劳动力和资本利用的价值等，则未提供任何说明根据。这些财货的价值，是不能根据这个基本命题加以说明的；不但不能说明，甚至还无法加以理解。

所以，想以这个基本命题来建立一个可以说明一切财货价值的论据，无论在实质上或只在形式上都是不可能的。因为这个命题一方面与经验事实相矛盾，另一方面又完全不适用于那些由非高级财货相结合所产出的财货。这样，我们就可相信，低级财货对于我们所具有的价值，绝不为生产它所用的高级财货的价值所制约；相反，非常明显的，倒是高级财货的价值，却常常而且是无例外地为其所产出的低级财货的预期价值所制约。[1]

这点被肯定以后，我们也就自然明白：高级财货的价值，绝不是相应的低级财货预期价值的决定因素；生产一种财货所耗费的高级财货的价值，绝不是该财货的有效价值的决定因素；正相反，倒是高级财货的价值，在任何情况下都为其所产出的低级财货的预期价值所决定。

低级财货的预期价值——这点必须注意——往往与类似财货的现在价值不同。因此，要经过一定时间才能产出低级财货的高级财货（第14页以下），其价值的尺度就绝不是低级财货的现在价值而只能是低级财货的预期价值。

例如我们有了硝石、硫黄、石炭、制造火药所必要的劳动力和设备等，而想在三个月后产出一定量的火药。这时，很显然，火药在三个月后的预期价值，自然不一定与同量火药的现在价值相同；或者大于同类火药的现在价值，或者小于同量火药的现在价值。从而为上列各高级财货的价值尺度的，就绝不是现在火药的价值，而是经过生产期间后所产出的火药对我们所具有的价值。不但如此，还有一种情况也是极可能的，即某种低级财货或第一级财货的一定量，在现在虽然完全没有价值（例如冬季的冰），但我们要在现在支配着相应的高级财货（例如人工制冰所必要的一切原料与设备等），才能保证我们在未来时期内有一定量的上述低级财货

[1] 我们对于高级财货的**需求**，为其所产出的低级财货的经济性质（第45页）与预期**价值**所左右。所以我们需求的保证和我们欲望的满足，丝毫也不依存于对这样一些高级财货的支配：这些高级财货就是只有用于生产全无预期价值的低级财货的高级财货。从这里，就产生高级财货的价值为其所产出的低级财货的预期价值所制约的基本命题。因此，高级财货只有在它有用于生产那些对我们有预期价值的财货时，才能获得价值并保持价值。

或第一级财货，所以这一些高级财货对于我们还是有价值的。

所以，在低级财货或第一级财货现在所具有的价值和现在为我们支配着的用以生产这个低级财货的高级财货的价值间，是没有任何必然的联系的。相反，很显然的，却是前者的价值应从其现在的需求量与支配量的关系得出；而后者的价值，则应从在未来一定期间依赖这些高级财货而产出的生产物的需要量与支配量的预期关系得出。一般来说，低级财货的预期价值上升，在其他情况相同的范围内，其相应的高级财货的价值亦随之而上升。但现在的低级财货价值的涨落，与现在我们所支配的相应的高级财货价值的涨落，则是没有任何必然的因果关系的。

因此，高级财货的价值，并不决定于现在相应的低级财货的价值，而是在任何情况下，都决定于其所产出的生产物的预期价值。这就是高级财货价值的决定原理。[1]

资本的生产力

高级财货变形为低级财货，与其他一切变化过程相同，是在时间之中进行的。我们通过对高级财货的支配以间接支配第一级财货所需的时间，随着高级财货的级次愈高而愈长。所以，为满足我们的欲望而大量地支配高级财货，则如前述（第 27 页），便可增大我们所支配的享乐资料的数量。不过这只有在人类的预先筹谋远及遥远将来的前提之下才有可能。没有开化的印第安人，只为着满足次日的需求而活动。从事繁殖牲畜的游牧民族，则已生产着数月后才能支配的财货。至于

[1] 在最初只有欲望的满足才直接对我们有意义，这个意义大小的尺度，在任何具体情况之下，都是该欲望满足对我们的生命与福利所具有的重要性。欲望满足所具有的这种可以在数量上加以确定的意义，我们首先按照前节所述的原理，将其转移于这个欲望满足所直接依存的第一级财货，从而第一级财货就随之而具有价值了。但在我们对于第一级财货的需求不能得到满足或得不到完全满足的时候，为着满足我们的欲望，我们就伸手到相应的次一级高级财货，而将第一级财货所具有的价值，逐步转移到第二级、第三级以及以上的高级财货（自然这些财货都呈现着经济性质），而使这些高级财货也具有价值。所以，**高级**财货的价值，到最后不过是我们归于生命和福利的意义之特殊的现象形态。它的价值的决定因素也与第一级财货相同，最后也不过系于我们所意识其在间接满足我们的欲望上具有的意义。但从财货的因果关系来说，高级财货的价值，是不能在最后欲望满足的预期意义中直接求得其尺度的，而应从相应的低级财货的预期价值中求得其尺度。

文明的民族，则不少社会成员已从事要到数年后甚至数十年后才能用以直接满足欲望的财货的生产。

所以，经济人抛弃了采集经济，为满足欲望而大量罗致高级财货，确能使其享乐资料随着人类的进步而丰富起来。但这只有在经济人预筹所及的时期愈向前延展（须成比例于他们向高级财货进展的程度）的条件下才有可能。

不过在这点上，却存在着经济进步的一个重要界限。人们为保证必要的享乐资料，以保持其现在或不远将来的生命与福利，而经常进行着最细密的筹划。但这个筹划则是随着时期的愈远而愈弱的。这个现象绝不是偶然的，在人性的本质上有其深刻的根据。即我们的欲望满足，既攸关于我们生命的保持，则早期欲望满足的保证，自然就优先于晚期的欲望。我们支配着一定数量的财货，纵使它对于我们的生命是无关紧要的，而只关系于我们的长远福利（从而关系于我们的健康），但早期福利的保持，则实为晚期福利的前提条件。也就是说，假如困苦与贫乏，早已伤害了我们早期的健康，或妨碍了我们身体的发展，则我们纵然有着为增进将来的福利所必需的一切手段，对现在来说它的用处还是不大的。那些只具享乐意义的欲望满足，情形也是同样。经验告诉我们，现在或不远将来的享乐，比之于遥远将来的同一程度的享乐，对于我们总是更为重要的。

人类的生命，是一个过程，这个过程的未来发展阶段，总为过去的发展阶段所制约。这个过程一旦被中断，就不可能再继续；一旦被根本破坏，就不可能再完全恢复。所以，对于我们今后生命的保持和我们身心的发展所作的预筹，便必然以我们对于过去生存所作的筹划为必要的前提。因此，假如我们把疾病现象撇置不论，则我们就可作这样的一般观察：即经济人通常是按照时间的顺序，先求最近将来的欲望满足，然后才依次及于较远将来的欲望满足的。

在此处，有一种情况限制着经济人想更多地罗致高级财货的努力。这种情况就是他们必须先以其所支配的财货，用于最近将来的欲望满足，然后才用于较远将来的欲望满足。换句话说，就是人类为满足其自己的欲望而更多地罗致高级财货所得的经济利益，为他们在满足其最近将来的需求后，是否还支配着**更多的财货数量**以用于其**较远将来**的欲望满足所制约。

在个别经济人开始罗致次一级高级财货（如最初的发明家或企业家等）的文化发展初期，属于这一级的高级财货而从未用于人类经济之中，因而也不存在任何人类需求的部分，自然都是具有非经济性质的。从狩猎经济进到农业经济以后的土地，和从来未被利用、现在才开始用以满足人类某一欲望的某种原料（如石炭、砂、建筑用木材及建筑用石子等），到了它们被有效利用的阶段开始以后，在短时期内都还保持着非经济的性质。所以，在文化发展的初期，这一些财货是绝不会由于数量有限之故而妨碍经济人去更多地罗致，以满足其自己欲望的。

但是，另有一部分补足高级财货，则通常在新高级财货被利用以前，就已经是在某一生产部门被用于人类欲望的满足，从而就呈现着经济的性质了。从采集经济进展到农业经济的人所需要的播种用的谷物与农业劳动力，便属于这种性质的财货。

对于这些从来当成低级财货使用，今后也可以继续当成低级财货使用的财货，支配着它的人若想享受上述的经济利益，则他就有必要将其当成高级财货来利用。换句话说，对于这些既可用于**现在**又可用于**将来**的财货，这个人只有在抉择用途时将其用于**较远时期**的欲望满足，才能享到上述的经济利益。

但是，随着文化的发展和经济主体愈来愈多地利用高级财货，前述高级财货的大部分如土地、石炭、砂、建筑用木材等，也就逐渐获得了经济的性质（第 42 页以下）。人类在离开了采集经济而愈来愈多地利用高级财货的时候，或更具广泛意义地讲，当人类离开了只用低级生产资料的文化发展阶段而进入利用更高级的高级财货的时候，各人由此而参与这种经济利益的可能性，还为如下的条件所制约：即各人在现在，就必须为将来的需要而支配着一定数量的高级经济财货（若在交易发达，各种财货能互相交换之地，则支配一般的经济财货亦可）；换言之，就是各人需要保有一定量的**资本**。[1]

这样，我们就获得经济学上的一个重要的真理，即“资本生产力”的命题。但这个命题却不可以理解为**在一定期间内**支配着一定量的（为着未来的）经济财货，这一行为本身就能有助于增加享乐资料；而应理解为在一定期间内支配着一定量的经济财货，只不过是使经济主体能够

---

[1] 在资本分类及其概念规定上常犯的错误，是不强调**经济**的立场而强调**技术**的立场（反对的人已有洛茨《国家经济》，Staatswirthschaft I,19.与赫尔曼《国家学的研究》，Staatsw.Untersuchungen, 1832, S.62）。将**财货**分为生产资料与享乐资料（即高级财货与第一级财货）二类，在科学上来说是正确的；但这和把**财产**分为资本与非资本二类，则完全是两回事。有人认为能够持久提供收入的财产是资本，但这见解也是难以支持的。这见解若彻底发展下去（例如财产的概念也包括所支配的劳动在内，收入的概念也包括对享乐财货的利用在内。参阅赫尔曼《国家学的研究》，Staatsw.Unters.1832, S.300 ff.及施莫勒《收入论》，“Die Lehre vom Einkommen”，Tübing.Zeitsch., 1863, S.53 ff.S.76 ff.），则**劳动力**（如卡纳德《政治经济学原理》，Principes d'écon.pol.S.9.与萨伊《讲义》，Cours, 1828, I., p.285）、**土地**（如埃伦伯格《自然规律观的国家学》，Staatsw.nach Naturgesetzen, 1819, S.13;奥本多弗《国民经济学》，Nationalökonomie1822, S.207与《爱丁堡评论》，Edinb.Review.Vol.IV., p.364 ff.;赫尔曼《国家学的研究》，Staatsw.Unters.1832, S.48 ff.;哈斯纳《体系》，System I, 294）以至任何具有持久力的使用财货，也不能不叫作资本了。但实际上，资本只能指这样一种经济财货：即为将来的需要而在现在支配着的、并能对我们提供上述效用的经济财货。为要成为这样一种经济财货，须具备以下两个条件：(1) 经济主体支配着该经济财货一定量的期间，须有足够的长度，使其能从事于一项生产（就生产这一概念的经济意义而言）；(2) 该经济财货的数量，从其范围及其性质来说，必须是这样一种数量，即经济主体通过这个数量能够直接或间接地支配生产低级财货所必要的各种补足高级财货的一定量。所以，经济主体所支配的经济财货数量，若因支配的时间过短，或因其数量与属性皆不适合，以致该经济财货不能发挥其生产力时，则它便不成其为资本了。产生收入的个别财货对象（如土地、建筑物等）与资本的最重要的差别，就在于前者是**具体**的耐久的财货，其效用本身也呈现着财货和经济的性质；而后者则直接或间接地表现为各种高级经济财货的**总体**（即各种高级经济财货的补足量），其效用虽亦同具经济的性质，从而也能产生收入，但其生产力则与财产对象的生产力有本质上的不同。从资本学说上所产生的经济理论的各种难题，都由于这两类不同的收入源泉，被人不正确地混同于资本概念之故。

在发达的交换经济中，资本常表现为货币的便利形态；即使不是货币形态，也以货币估价并以货币提供于资本的需要者。由于这样的结果，在日常的生活中就通常把资本理解成一定的货币额。很显然，这样理解资本概念，是过于狭隘了，是把资本的一种作为资本一般了。反之，不把货币资本视作真正的资本，而只视作资本代表的见解，也陷于正相反的错误。前面那种见解与重商主义的见解（重商主义认货币为财富）相类似；后面这种见解则与重商主义的多数反对者的见解（他们不认货币为真正的财富）相类似（在新近学者中，特别参阅谢瓦利尔《政治经济学概论》，Cours d'écon.polit., III., p.380及凯雷《社会科学》，Socialwissenschaft, XXXII., S.3）。实际上，货币资本不过是在发达的交换经济中特别适合于资本目的的一种便利形态（参阅《希尔德布兰德年鉴》，Hildebr.Jahrbücher VII, S.33 ff.,布罗协的主张）。对于这一点，尼斯曾从历史的立场，巧妙地加以强调，他说：“无论在何地方，必须在金属货币已被采用，其使用已非常普及的时候，资本才能更强烈地发挥其经济力；必须到了高度的文化阶段，资本才更显示其扩大的威力。这一点我们无论在哪一国，都可发现类似的发展情况。”（《政治经济学》，Die politische Oekonomie, 1853, S.87）所以，有了货币，虽使资本的移转和资本的交易趋于容易，但资本的概念与货币的概念则是毫无关系的（参阅杜林《资本概念的批判》，“Zur Kritik des Capitalbegriffes”，Hildebrand's Jahrbücher, V., S.318 ff.和克莱茵沃希特《资本论论文》，Beitrag zur Lehre vom Capitale, ibid.IX, 369 ff.）。

更好地并且更完全地满足其欲望的手段。同时不言而喻，作为资本利用的事物，只要它的支配量少于需要量，自然即成为财货或经济财货了。

所以，在一定期间内支配着一定量的经济财货（即保有资本利用），其为我们欲望之更加完全的满足所依存这一点，是与其他经济财货的支配没有什么不同的。因此，资本利用就成为我们价值评价的对象，并且，如后面所述，它还是人类交易的对象。[1]

各种高级财货之补足量的价值

将各种高级财货[2]变形为低级财货，是需要经过一定的期间的。从而无论在什么地方，为要从事经济财货的生产，就必须**支配着经历一定期间的资本利用**。支配时期的长短，因生产部门的性质而不同。就在同一生产部门，若所支配的财货的级次愈高，则支配资本利用的时期就须愈长。总之，对资本利用的支配，是不能与任何生产分离的。

但这种经济财货（资本）的数量，在这个一定期间内，是不能同时使用于其他生产目的的。所以，我们若要能在未来一定时点上支配一种低级财货，则我们只在某一时点上暂时保有相应的各种高级财货还不够，而必须具备这样的前提才可能：即对于这些高级财货，必须**保持**足够的期间并将其**固定**于生产过程之中，至于期间的长短则依生产性质而不同。

如前所述，在一定期间内对于一定量经济财货的支配，对于经济人来说，也如其他经济财货一样，是具有一定的价值的（即资本利用的价值——译者），因而生产一种低级财货所必要的高级财货总体，其在现

---

[1] 有些经济学者认为利息支付是对资本所有者之节欲的报酬。对于这个主张，我愿指出这一点：即节欲本身并不具有财货的性质，从而它对我们也没有任何价值。并且资本也不全从节欲产生，在许多场合（如一向是非经济财货的高级财货，由于社会需求的增加而获得经济性质时就常是如此），却只从单纯的占有而产生。所以，利息的支付，不能视为是对资本所有者之节欲的报酬，而不外是一个经济财货（资本利用）对其他财货（例如货币）的交换比例。但如凯雷那样，认为资本形成系由于与节欲相对立的倾向，则又陷于另一相反的错误了。

[2] 所谓高级财货，不单指技术的生产资料，凡是须与其他高级财货相结合，才能用以满足人类欲望的一切财货，都是高级财货。批发商人手中的商品，必须通过资本利用、运输及种种特殊劳动力的使用，才能送达于零售商人，所以应该视为高级财货。零售商人手中的商品也是一样。就是投机者所投机的对象，在其上也须加上企业家活动和资本利用；此外，也还有要加上贮藏劳动与仓库利用的（参阅赫尔曼《国家学的研究》，Staatsw.Unters., 1832, S.62）。

在对经济人所具有的价值，就一定要包括该资本利用的价值，才能等于生产物的预期价值。

例如，在一年后产出一定量谷物所必要的各种高级财货（如播种用谷物、土地利用、农业劳动力等）总体的价值，其大小自然决定于谷物在一年后的**预期**价值（第82页），但必须在这样的前提之下才是如此：即在前者（高级财货总体的价值）之中必须包括有一年间对于这些高级财货的支配所具有的价值（即资本利用的价值）。所以，高级财货在**现在**的价值，便等于从生产物的预期价值中减去资本利用的价值以后所剩余的价值。

上述的说明，可以用数字来加以表现。假定一年后产出的生产物的预期价值为100，该高级财货一年间支配的价值（资本利用的价值）为10，则很显然，高级财货总体现在对于经济人的价值，便不是100而是90。若资本利用的价值为15，则高级财货在现在的价值便为85。

财货对于经济人所具有的价值，为价格形成的最重要的基础，这是前面已经说过的。在实际生活中，高级财货的购买者，对于生产低级财货所必要的各种补足的技术生产资料[1]，绝不按照此低级财货预期价格的全额支付，而只支付略为低下的价格。因此，高级财货的销售，颇与贴现的办法相似[2]（贴现时以生产物的预期价格作为计算的基础）。这点我们可在上述的理论里找到说明。[3]

将高级财货变形为低级财货或第一级财货的过程，若是一个经济的过程，则无论在何种情况之下，都还为如下的条件所制约：这个条件就

---

[1] 参阅哈斯纳《政治经济学体系》（System d.pol. Ökonomie, 1860, Ⅰ., S.29）。

[2] 支配着生产低级财货所必要的高级财货的人，并不是由此就能立即或直接获得低级财货。虽因生产过程的性质而各有所不同，但总须经过或长或短的时间之后，才能获得一定的低级财货。但若这人以其所支配的高级财货，立即与相应的低级财货或相应的货币额相交换，则就无异于本来要到一定时间（例如6个月）以后才能支配的一定货币额，现在可以立即支配了。高级财货的所有者，将其高级财货转让于第三者，而愿于生产过程完了后接受代价，这时自然就不存在什么“贴现”的问题。所协定的支付日期愈遥远，则以信用买卖的财货价格（保险费在外）自然愈高。从这些说明之中，我们就可知信用对于一国的生产活动，是起着如何显著的促进作用了。在大多数情况之下，信用业务就是被用来将高级财货授给那些想制造相应低级财货的人。大规模的生产与经营，都必须依靠信用才可能进行。信用若是突然停止，则一国的生产活动，必将发生毁灭性的停顿和束缚。

[3] 生产所必要的期间愈长，在其他情况相同的条件下，则其生产力必愈高，同时资本利用的价值亦愈大。所以那些能够使用于长短不同期间的生产，并依据我们的选择，能在各种期间后保证产出具有各种价值的享乐资料的各种高级财货，就现在来说，其价值是均衡化的。

是需要一个经济主体来准备这个过程、指导这个过程、进行一些经济核算、并把各种高级财货（包括技术的劳动力）投入于这个过程。这就是企业家的活动[1]——在经济发展的初期及其稍后的阶段，在一般小工业中，这种活动通常由那些以技术的劳动力参加生产过程的经济主体来兼任。随着分工的进展和企业的扩大，这种活动就要占据经济主体的全部时间。这个企业家活动与技术的劳动力相同，也为财货生产的一个不可缺的要素，也具有高级财货的性质，并且也是一个经济财货，从而也具有价值。这样，我们就可以如此说，高级财货总体的价值，自然为产出的生产物的预期价值所决定，但在高级财货总体价值之中，还包括有企业家活动的价值。所以，从生产物的预期价值中，除减去资本利用的价值外，还须减去企业家活动的价值，才是高级财货的现在价值。

本节所述的理论，加以总括如下：生产一个低级财货或第一级财货所必要的高级财货总体（包括原料、劳动力、土地利用、机器、工具等）的现在价值，其大小自然决定于所产出的生产物的预期价值。但在前者（高级财货总体）之中，不只包含有生产技术上所必要的各种高级财货，而且还包含有资本利用与企业家活动。因这二者都是生产一切经济财货所不可缺少的前提条件，与上面这些技术的必要物没有什么不同。从而生产之技术的要素现在所具有的价值，就与生产物的全部预期价值不一致，其差额就构成资本利用的价值与企业家活动的价值。

---

[1] 究竟有哪些职能属于**企业家活动**，这个问题是常常被人提起的。在此处首须注意的，就是在企业家为进行生产所支配的高级财货中，往往包含有他自身的**技术**劳动力，这个技术劳动力，也与他人的劳动力相同，是属于一般高级财货的。一个报刊所有者，大多同时就是其报刊的办理人；一个工业企业家也往往同时就是劳动者。但他们之所以成为企业家，却并不由于他们在生产过程上的技术的合作，而是由于他们进行了经济核算，并在最后作出了一定的意志行为，以使各种高级财货用于一定的生产目的。照我的意思，企业家活动应包含如下的四点：（1）经济情况的**报告**，（2）构成生产过程之前提的经济**核算**，（3）各种高级财货（实即一切财货，因为在交易发达的社会中，一切财货都用于交换）赖以投入于一定生产的**意志活动**，（4）使生产计划顺利执行的**监督**。以上这些企业家活动，在小企业中只占企业家活动时间的极小部分；在大企业中则除企业家本身而外，还往往需要几个人从事于协助活动。但这些协助活动无论是如何重要，企业家活动总是只包含上面这四个要素的。这就是说，企业家活动只限于将一定的资产使用于一定的生产目的，以及选用人员和监督事业的进行等（例如股份公司那样）。因此根据以上的叙述，认为在生产时负担风险是企业家之本质职能的曼戈尔德（《企业家利润论》，*Die Lehre vom Unternehmergewinn*，1855, S.36 ff.）的见解，我是不能同意的。因为风险不过是偶然发生的，而且获利机会是和亏本机会相对称的。

个别高级财货对我们所具有的价值

如前所述，一个具体财货或一种具体财货数量的价值，对于支配着它的经济主体来说，是等于他没有支配着这个财货或财货数量时不得不缺少的欲望满足所具有的意义。这很容易使我们认识高级财货的每一个部分量的价值也是这样的。自然，个别高级财货之能满足人类的欲望，只在它与其他（补足的）高级财货相结合之下才可能。也就是说，我们的具体欲望之满足，并不依存于对个别的高级财货或高级财货数量之支配，而是依存于对高级财货补足量全体的支配。从而我们就可得出这样的见解：即只有高级财货的补足量全体，才对经济主体具有独立的价值。这是高级财货所特有的补足性，从这种补足性我们自然会得出这种见解。但假如我们不得出这种见解，则我们就很容易得出这个结论：即高级财货的各部分量的价值，亦与普通第一级财货的价值相同，是等于只有支配着它才能保证的欲望满足对我们所具有的意义。

我们只有支配着高级财货的补足量，才能获得一定数量的低级财货，这自然是正确的。但高级财货的一定量在生产过程中，并不是如化学的化合（即某元素的一定量与其他元素的一定量相结合而成为一定的化合物）那样相结合的。如一般的经验所昭示我们，任何一种低级财货的一定量，都可以为具有互不相同数量关系的各种高级财货所生产出来。并且，纵使具有补足性质的高级财货缺少了一个或多数，也不等于其余高级财货就完全丧失了生产低级财货的能力。例如为生产谷物，自然须使用土地、种子、劳动力、肥料及农业用具等，但纵使缺少肥料或缺少一部分应用的农具，只须我们支配着多量生产谷物所必要的其余高级财货，则一定量的谷物，仍然是能够生产出来的。

上述经验告诉我们，生产低级财货是可以缺少个别高级财货的。其实不只如此，我们还常常可以观察到这样一些情况：即事实上不只从一定量的高级财货，可以产出一定量的生产物；而且生产本身，还具有很大的活动性。例如，耕地的土质虽是一样，但随着土地不同集约程度地被利用，换言之即随着其余补足的高级财货被不同量地使用，一定量的谷物便可从面积互不相同的耕地上生产出来，这是任何人都知道的事情。所以，较少的肥料，是可用较多的土地、较好的机器或较集约的农业劳动来补偿的。这样，我们就可以一般地说，差不多每一种高级财货的较少数量，都可以为相应多量的其余补足财货所补偿。

个别的高级财货，纵使不能为其他补足财货的数量所补偿，从而一种高级财货的支配量的减少，纵使将造成相应的生产物的减少（如一些化学品的生产那样），但一种生产资料的缺乏，并不一定会使其余生产资料的相应量完全丧失其价值。因为其余这些生产资料，通常还可用于其他财货的生产，从而可以最后用于人类欲望的满足。

所以，一种高级财货的一定量，通常并不为所产出的生产物之精确相应于此高级财货量的数量所依存，而不过为该种生产物之具有较高质量的部分量所依存。因而个别高级财货一定量的价值，也就不等于由这种高级财货生产的全部生产物所提供的欲望满足的意义，而只等于未能支配这种高级财货时减少的生产物的部分量所能提供的欲望满足的意义。但高级财货支配量的减少，若不引起生产物数量的减少而引起生产物品质的降低，则个别高级财货数量的价值，便等于良质生产物所提供的欲望满足的意义与劣质生产物所提供的欲望满足的意义之间的差额。

但是，就在生产物的数量随个别高级财货支配量的减少而成比例地减少的情况下（如一些化学制品那样），其余高级财货的补足量，也不会因而全无价值。因为这些高级财货还可用于其他低级财货的生产，从而可最终用于人类欲望的满足。所以，就在这种情况下，也不是由缺少该高级财货而失去的生产物的全部价值，决定该高级财货的价值；而是由我们支配着该高级财货时所保证的欲望满足的意义与缺少该高级财货时所实现的欲望满足的意义这二者之间的差额，决定该高级财货的价值。

把上面的三种情况加以总结，就可得出如下的个别高级财货价值决定的一般规律：即个别高级财货的价值，等于我们支配着它时所实现的欲望满足的意义与缺少它时所实现的欲望满足的意义之差额。

这个规律正好精确地对应于价值决定的一般规律（第 84 页以

下），因为这个规律所表现的差额，正好标示出依存于一个具体高级财货的支配所实现的欲望满足的意义。

为参照前面（第 84 页以下）关于各种高级财货补足量价值的说明，来把握这个规律，我们更可得出如下的基本命题：即一个高级财货的价值，在生产一个生产物所必要的其余补足财货价值不变的条件下，与该生产物的预期价值成正比例，即该生产物的预期价值愈大，则这个高级财货的价值也愈大；同时，在其他情况相同的条件下，这个高级财货的价值，又与其余补足财货的价值成反比例，即其余补足财货的价值愈小，则这个高级财货的价值就愈大。

土地利用、资本利用，尤其是劳动力的价值[1]

土地在一切财货中，并未占有特殊的地位。它若被用于享乐的目的（例如作为公园和跑马场等），就是第一级财货；若用以生产其他财货，则

---

[1] 如后所述，对于土地利用、资本利用及劳动力的**价格**，换言之，即地租、利息、工资三者，要是我们不加以曲解，是不能还原于劳动数量或生产费的。这种情况促使着一些学者，想对这三种财货树立一种与一般财货的价格形成原理不同的特殊价格形成原理。但依据我们在前面的说明，一切**价值**现象，不管它显现于哪一种财货，都有同一的性质与同一的起源。并且，价值的尺度，在**任何**场合，都为相同的原理所规绳。但如以下两章所说，财货的**价格**，是其所具有**价值**的结果。价格的大小，在任何情况下，都决定于其价值的大小。地租、利息与工资，既然也是一种价格，自然也同为这个价格形成的一般原理所规绳。不过在本节内，我们只研究土地利用、资本利用及劳动力的**价值**，到以后论述价格的一般原理时，我们才以此处所得的成果为基础，来树立一个规绳这些财货价格的原理。

在科学上的一个最奇妙的争论问题，是从道德的立场来论地租或利息是否正当或“不道德”的问题。但依据我的意见，我们的科学是只应研究为什么并在何种条件之下，土地利用与资本利用才对于我们是一种财货，才呈现着经济性质，才获得价值，才最后出现于财货交换之中，并获得一定数量的其他经济财货（即价格）的。至于这些事实的法律性或道德性如何的问题，则是应该撇置于我们的科学领域以外的。土地利用及资本利用之所以具有价格，都由于它们具有价值的结果。但它们的价值却不是任意得到的（第 81 页），而是它们的经济性质的必然归结。所以它们的价格（地租与利息），就是使它们成为经济财货的经济状态的必然产物。随着一国法律的进步和公德心的提高，它们的价格还将得到更确实的保证。在一定期间支配着土地和资本所得的收入，比在同期间全力活动的劳动者所得的收入为多这一现象，对于博爱家说来，也许觉得是可悲。但这种多得收入的理由，却不是不道德的，而实由于土地与资本的利用，为较劳动力更重要的人类欲望满足所依存的缘故。所以，在劳动者的生产力未大力提高时，那些想把社会所支配的享乐资料，多分配一些给劳动者的人，不是以劳动力对社会提供的价值作为标准，给予劳动者以报酬，而只是想以享乐资料与生活劳苦的平均分配作为准则，来给予劳动者以报酬的。但为了要在这个基础上来解决问题，则就要以我们现在社会关系的根本变革为前提（参阅舒茨《杜平根杂志》，Tübing.Ztsch.,1855,S.171 ff.）。

为高级财货，这都与其他财货完全相同。所以，它的价值和它的利用的价值之决定，也完全依从于价值决定的一般规律。同时，因为它具有高级财货的性质，所以也特别适用上面所阐发的关于高级财货价值的规律。

但是，经济学者中传布很广的某一派，虽然正确地认为土地的价值，不应还原于劳动与资本的消耗，但他们却从这一点出发，而认为土地在各种财货中，可有其特殊的地位。这种想法，明显地存在着方法上的谬误。在经济现象中，大部分重要现象不能统摄于研究这种现象的科学的一般规律之下，这自然是这个科学应该加以改进的明证。但我们却并不能以此作为借口而认为必须找出一个尽善尽美的辅助方法，以使一组现象与其余一组性质基本相同的现象区别开来，并替这两组现象分别树立一个特别最高原则。

这种认识在最近引出了许多尝试，这些尝试都想把土地利用与土地本身，如同其他一切财货，列入国民经济体系的范围以内，并根据支配的原理，将其价值与价格还原于人类劳动或资本的消耗。[1]

但这种尝试对于一般财货特别是土地，很显然是一种歪曲之论。关于土地，我们可以问以下这些问题：如土地究竟是人类耗费很多劳动以后才从海洋里浮现出来的，抑或是未曾耗费什么劳动而自己冲积而成的；究竟它是隐蔽于原始森林并堆满了岩石，经过人类很大的努力与牺牲，才开拓整理成肥沃田地的，抑或从最初就没有森林，而本来就是肥沃的田地——这些问题对于判定土地的**自然**肥沃度，对于**在这片土地上投入经济财货是否合理和是否经济**，自然是很有趣味的。但在以土地的一般经济关系，特别是它的价值为问题的时候，从而在以各种财货在满足未来欲望上[2]所具有的意义为问题的时候，这些就不是什么有趣味

[1] 卡纳德：《政治经济学原理》（Principes d'econ.polit., 1801, S.5 ff.）；凯雷：《社会科学原理》（Principles of Soc.Sc.XLⅡ §1.）；巴斯夏：《经济谐和论》（Harmonies, écon., Chap.9）；沃思：《国民经济学原理》（Grundzüge d.Nationalök., 1861, S.347 ff.）；罗斯勒：《国民经济学原理》（Grundsätze der Volkswirthschaftslehre, 1864, § 100）。

[2] 由上述，我们可以同时得出这样的结论，当我们称土地利用的时候，我们是把它了解成可以时间测计的土地利用（如事实上在人类经济中所见的一样），绝不是所谓“根本力”的利用。因为只有前者才是人类经济的对象，后者则不过是历史研究的对象，对于经济人是没有什么关系的。一个农夫所租的肥沃土地，究竟是本来肥沃的，还是因地主的投资而肥沃的，这个农夫是不过问的。并且，这对于他所支付的地租，也没有什么影响。土地购买者在购进土地的时候，也只计算土地的“将来”，而绝不考虑它的“过去”。

的问题了。

这种新近出现的想把土地利用及土地本身的价值还原于劳动耗费与资本耗费的尝试，不过是在最流行的地租理论（与实际生活现象矛盾较少的经济学部门）内，根据经济学的最高原理，吸收了流行的谬误以后所得出的产物。对于这个尝试，特别对于李嘉图[1]所表述的理论，我们可以这样加以非难：即这种理论并没有说明土地利用对于经济人具有价值的理由[2]，而只明确了产生价值差额的个别因素，而这个别因素却错误地被提到了原理的地位。

毫无疑问，土地的属性和位置的差异，是土地利用及土地本身产生价值差异的最重要的原因之一，但此外还有其他的原因。所以，属性与位置的差异，绝非发生价值差异的决定性原理，当然更不是土地利用及土地本身的价值原理。否则，在一切土地均具有同一属性和位置时，依据李嘉图的理论，这些土地就不应提供任何地租了。但事实上，在这种情况之下，使地租差异的因素虽不存在，但地租总体与地租本身，则无疑是依然存在的。另一方面，同样明白的是，在土地非常缺乏的国家，就是具有最不利的属性和位置的土地，也同样可以产生地租，而这种地租就不是李嘉图理论所能够说明的。

土地与土地利用，在其具体的现象形态上，也与其他一切财货相同，是我们评价的对象。它们之所以获得价值，也只由于对它们的支配，为我们的欲望满足所依存。它们的价值决定因素，也与前面所述的（第 41 页及第 67 页）一般财货价值决定因素同样。[3]所以，我们要

---

[1] 李嘉图：《政治经济学原理》（Principles of P.E., Chap.2 &.33）。

[2] 参阅罗伯特斯：《给基尔西曼的公开书札》（Sociale Briefe an V.Kirchmann, 3.Br., 1851, S.9 ff.）。

[3] 罗伯特斯得出这样的结论：由于现在的社会制度，使资本家和地主从劳动者的手中夺去其生产物的一部分，从而他们才不从事任何劳动，而居于与劳动者“共存”的地位（罗伯特斯：同上书，S.41 ff.）。罗氏的这个结论，实基于把生产过程的成果完全看成是劳动生产物的错误前提。实则劳动力不过是这过程的一个要素，并且它也不比其余的生产要素特别是土地利用与资本利用更为重要。因此，资本家和地主的生活，并未依靠从劳动者手中夺去之物，而却依靠他们自己所提供的资本利用与土地利用，而这个资本利用与土地利用，则无论对个人、对社会来说，都是具有不低于劳动力的价值的。

想深入地理解它们价值之所以有差异，就只有采用这样的方法才办得到：即我们对于土地利用与土地本身，也应该从经济学的一般观点来加以考虑；并且由于它们是高级财货，所以我们也应该从它们与相应的低级财货和各种补足财货的关系上来加以考虑。

我们在前面所得到的结果，是生产一个财货所必要的高级财货的总体（包括资本利用与企业家活动），其价值尺度须求之于生产物的预期价值。因此，在土地利用被用以从事低级财货的生产时，其价值尺度亦应求之于为它所产出的低级财货或第一级财货的预期价值。在其他情况相同的条件下，这个预期价值大，土地利用的价值就大；这个预期价值小，土地利用的价值就小。至于具体的土地利用和具体的土地本身对经济人所具有的价值，则亦如其他一切高级财货一样，是为如下的原理所规绳着的：即预期的生产物价值愈大，高级财货的价值就愈大；同时，在其他情况不变的条件下，补足的高级财货的价值愈小，这个高级财货的价值就愈大。[1]

所以，在价值上说来，土地利用所依从的规律，与机器、工具、住宅、工场等利用所依从的一般规律，以至其余一切经济财货所依从的一般规律，是没有什么不同的。

但这样说，也绝不是否定土地与土地利用有其一定的特殊性，一如其他许多财货种类一样。一国所能支配的土地与土地利用数量，一般来说是一定的，是不容易增加的；而且它是不动的；不同地方的土地是具有非常不同的质量的。我们在土地利用与土地上所看到的价值现象的一切特殊性，都可还原于这三个原因。不过，这一些特殊性一般来说，只是关于经济人特别是一定地域居民所能支配的数量上和这个数量性质上的特殊性，从而它不只是土地利用和土地价值的决定因素，而且

[1] 土地的价值为土地利用的预期价值所决定，绝不是后者为前者所决定。土地的价值不外是折合于现在价值的土地利用总预期价值。土地利用的预期价值愈高，资本利用的价值愈低，则土地的价值便愈大。在以后，我们将要知道财货的价值为其价格的基础。在一国经济的繁荣期，通常将出现地价暴涨的现象，这个现象之所以出现，一则由于地租的上升，再则由于利率的下降。

如前所述，还是影响一切财货价值的决定因素。所以土地利用与土地的价值现象，绝未具有任何特殊的性质。

劳动力[1]的价格亦如土地利用的价格，若不作歪曲之论，是不能将其还原于生产费用的价格的。既是如此，于是一些学者，就想对这种价格现象，另立一个特别的原理。他们这样说，就是最一般的劳动，亦须能养活其本人及其家族，否则，劳动力对社会的永远提供就不可能。但劳动又不可在劳动者的生存资料水准以上提供更多的收入给劳动者，否则劳动者的数量就将要增大，从而其劳动力的价格又将降落于以前的水平。因此，规绳着一般劳动价格的原理，便是上述意义的最低生存费。至于其他劳动力的较高的价格，则应归因于投资和特殊才能。

但如经验所示，在事实上常存在一种对经济人不但完全无用而且有害，从而绝不是一种财货的具体劳动力；同时也存在一种虽然具有财货性质但却无经济性质与价值，从而与前者相同，也不具有任何价格的其他具体劳动力（属于这种劳动力的，有因某种理由在社会上大量地存在着，从而具有非经济性质的一切劳动力，例如那些担任着无薪职务的劳动力等）。所以，劳动力本身，无论在何种情况之下，都不是财货或经济财货，都不一定有价值，因而任何劳动力，一般都没有价格，当然更没有**一定的**价格。

经验也这样告诉我们，一方面，既然有许多劳动力不能交换到劳动

[1] 劳动力的支出与劳动者的不快感觉相结合，所以，若不从劳动得到经济的利益，则任何人也不愿意劳动。这是劳动的一个特殊性，它对于价值现象也有影响。劳动对社会之所以不容易成为非经济财货，也基于这个原因。但人性好逸恶劳之说也未免言之过甚，大多数的人还是喜欢做事的，对于身体健全的人来说，劳动还是他的一种欲望。虽然如此，但只有少数人才不为获得经济利益而劳动。其所以是这样，倒不因为劳动是不快之事，而实由于社会上存在着劳动可以得到**报酬**的机会之故。**企业家活动**也应算作劳动力。它通常也是一种经济财货，并对经济人具有**价值**。它有两个特性：（1）它在性质上绝不是用以交换的商品，从而没有价格形成之事；（2）它以对资本利用的支配为其必然的前提，若无资本利用，企业家便无法进行活动。这个特性，通常限制着一国企业家活动的数量，特别是需要大量资本利用才能发挥作用的那种企业家活动，更被限于极小的数量。信用可以增大这个数量，缺乏法律的保障，则又减少这个数量。

者所必要的生存资料[1]，而另一方面，却有其他劳动力，能很容易地获得 10 倍、20 倍甚至百倍于一人生存所必需的财货数量。可见，人类的劳动力与其生存资料的交换，事实上只是依据一般价格形成原理的一种偶然结果（在这种偶然性之下，劳动力只好以那样一种价格交换而不能以其他的价格交换）。所以劳动者的生存资料或最低生存费，既不是劳动力价格的直接原因，也不是它的决定原理。[2]

如以后所述，实际上，一个具体劳动力的**价格**，也与其他一切财货的价格相同，是受其**价值**的规绳的。而它的价值，则如前面所述，又为我们没有支配着这个劳动力时所不得不缺少的欲望满足的意义所规绳。但由于劳动力毕竟是一种高级财货，所以它的价值便首先为这个原理所规绳：即在补足的高级财货价值不变的条件下，生产物的预期价值愈大，高级财货的价值就愈大；在生产物的预期价值不变的条件下，补足的高级财货价值愈小，高级财货的价值就愈大。

从生产一个财货所使用的高级财货的价格，来说明这个财货价格的理论是非常不充分的，这个不充分也表现在**资本利用**的价格问题上。我们对于资本利用这个财货的经济性质及其价值的终极原因，已在前面深入地加以说明了。对于那些主张资本利用的价格是资本所有者之节欲的报酬的理论，我们也已指出其谬误了。如后所述，实际上资本利用所获得的价格，与其余一切财货的价格同样，只是它的经济性质与其价值的结果。而其价值的决定原理，则与一般财货价值的决定原理是没有什么两样的。[3]

---

[1] 在柏林，一个缝衣女工，每日以手工工作 15 小时，也不能赚得其生活所需的费用。对于食物、住宅、燃料等，还可以靠自己收入去支办，但所穿的衣服，则无论如何勤劳也无法购置（参阅《德意志季刊》，Deutschen Vierteljahrschrift, 1868, II Abth., S.165 上卡纳普所述）。与此同样的情形，在其他许多大城市也可看见。

[2] 劳动者的生活方式为其收入所制约，而不是其收入为其生活方式所制约。但颇有将因果倒置，而主张收入为其生活方式所制约的。

[3] 资本本身若不转移于资本利用的购买者手中，则在许多情况之下，皆不能算是资本利用的卖却。这情况如后所述，将使资本利用的价格形成出现一个特点。这个特点对资本所有者包藏着一种危险，对于这种危险必须以保险费补偿。

第四章

交换的理论

第一节　经济交换的基础

“人们喜欢交换、喜欢贸易和喜欢提供一物以与他物交易的癖性，是否为人性的一个根本要素？或是否为人们具有理性与言语能力的必然结果?”或是否还有其他原因，以使人们愿意进行财货的交换？这些都是亚当·斯密未加以解答的问题。这位卓越的思想家只是这样说：“只有这一点是明确的，喜欢交换是人人所共通的，而且只有人类才喜欢交换，其他动物则不然。”[1]

为完全明了上面的问题，我们假设这样一种情况：相邻而居的两个农夫，在丰收之后各保有多余的同样品种的大麦。他们的大麦既是多余，自然无妨用于交换。假定他们对于交换特别感兴趣，也不考虑交换的意义如何，就在他们彼此之间，各以100麦程或其他数量的大麦一次又一次地相互交换起来。因为他们都以交换为乐，自然没有什么不可以交换的理由。不过，他们在事实上却不会相互交换，否则就要被其他经济人讥笑为无聊并荒谬。

现在我们另外假设一种情况，一个猎人拥有多量的兽皮(衣服的原料)，而食物则感缺少；因而他的衣着欲望可以得到完全满足，而食欲的满足则极不充分。他的一个邻居农夫的情形，则与他恰恰相反。在

[1] 《国富论》(Wealth of Nations. B.I, ch.2, Basil, 1801, p,20)。

这种情况之下，纵使猎人不妨以其食物与农夫的兽皮相交换，但比之于上面那种情况，恐将更无发生交换的可能。因这样交换以后，猎人的食物欲望与农夫的衣着欲望，都将更难得到完全满足，其结果必将使二人的生活状态更趋于显著恶化。所以这时我们绝不能说，他们对于这种交换，将会感到什么兴趣。相反，无论是猎人或农夫，对于这种足以损害其福利、危害其生命的交换，都将会极力反对，而使其无论如何不至发生。并且倘使已经实行过交换的话，也必定会尽快地加以取消。

由此可见，人类之所以倾向于交换，必然有另外的原因，而不是由于交换本身是一种快乐。倘使交换本身是一种快乐，换言之是种目的，而不是艰辛的、并伴随着危险和经济牺牲的行为的话，那么在上述的情况，甚至在一千种以至无数类似的情况之下，都可以发生交换了。但是事实并不然，我们在实际生活中所看到的反倒是人们在进行交换之前，必定先经过深思熟虑，等到进行交换时，又必定只进行到一定的限度为止，超过这限度，双方就不继续进行交换了。

交换对于人类既不是一个目的，自然更说不上是一个乐趣。这点若是正确，我们就可以在这个基础上来说明交换的本质和起源。

我们从最简单的情况开始。假定有甲乙两个农夫，一向进行着孤立的经济生活。其中农夫甲在丰收以后，拥有多量的谷物，除充分满足其一切欲望以外，还剩余一部分，这部分无论为他自己或为他的家族，已不再有任何用途。相反，农夫乙则从事于葡萄的种植，收获了很多葡萄，制造了大量葡萄酒，除尽量饮用外，已使其感觉无处贮藏，而想将其往年贮藏的一部分陈葡萄酒抛弃。这样一种情况正是一方有多量的剩余，而他方则正感不足。有剩余谷物的农夫甲，由于没有葡萄园之故而缺少葡萄酒。反之，有剩余葡萄酒的农夫乙，则由于不种谷物而正苦于食物不足。因而农夫甲觉得一桶葡萄酒将给他以更多的享乐，而一部分谷物则无甚意义，纵然任其腐烂也无妨。反之，农夫乙则觉得几桶葡萄酒对他没有什么价值，可以听任其变质，而数麦程的谷物则有很大的用处。这样一种情形，就是农夫甲感觉口渴，而农夫乙则感觉饥饿；解救之道就是他们各以所余之物互相交换。交换以后，农夫甲仍能完全满足其食欲，而同时也得到饮酒的享乐；农夫乙仍能饮用多量的葡萄酒，而同时亦不至于饥饿。这样，我们就可以明白：**农夫甲和乙若各以其一定量的财货转让于对方，则双方欲望的满足，都将比其不转让时为多。**

上面所述的情况(即二人转让其毫无价值的财货，并不感受任何牺牲，而能使其欲望得到较多满足的情况)适合于帮助我们来认识交换关系的本质。但若我们将交换关系限于上述的情况(即一人对甲财货除了完全满足自己的欲望之外还有多余，对乙财货则感不足，而另一人的情形则恰恰相反的情况)，那就未免将交换关系解释得过于狭隘。相反，一般的交换关系，通常倒是产生于这样一种情况，即某人所有的某财货的一定量对另一人的价值，较另一人所有的另一财货的一定量对某人自己的价值为小，而此另一人的情形则完全相反。例如，在上述的情况下，我们可以假定农夫甲和农夫乙都收获有足够的作物以完全满足自己的欲望，但却并非收获过多的作物，以致农夫甲必须任其谷物之一部分腐烂于耕地之上，农夫乙亦必须抛弃其一部分的葡萄酒。我们应假定的是甲乙两个农夫所收获的全部作物，无论如何，对他们二人及其家族都是有用的。

例如，我们假定如下的情况。农夫甲在用其谷物以充分满足其较重要的欲望后，又用其谷物之一部分于家畜的饲养，由此以利用其全部谷物储存。农夫乙亦拥有多量的葡萄酒，但并未多到必须倾倒一部分，而只不过多到可以赏给其奴隶少许，以鼓励他们发挥劳动力。在这种情况之下，毫无疑问，一定量谷物例如一麦程谷物对于农夫甲和一定量葡萄酒例如一桶葡萄酒对于农夫乙，虽然微少，但总还有一定的价值。因为在某种程度上，这两个农夫的欲望满足还直接或间接依存于这一定量的谷物或葡萄酒。但这时，一麦程谷物对于农夫甲，虽具有一定的价值，却不妨害一桶葡萄酒对他有更大的价值(因由一桶葡萄酒所得的享乐，较以一麦程谷物饲养家畜所具有之意义为大)。同样，一桶葡萄酒对于农夫乙，虽具有一定的价值，也不妨害一麦程谷物对他有更大的价值(因一麦程谷物可以保证他和他的家族有丰富的营养，甚至还可保证他免于饥饿的痛苦)。

上述这种情况，实为人类进行财货交换的重要基础，我们可以将它一般地表述如下：一经济主体甲所有的某一财货的一定量对他的价值，较另一经济主体乙所有的另一财货的一定量对他(即对甲)的价值为小；经济主体乙对于这两种财货一定量的评价则相反，即他对于自己所有的同量财货所评的价值，较其对甲所有的同量财货所评的价值为小。[1]

该情况若再加上如下两点，就构成产生交换关系的基础：

(1) 两个经济主体认识这种情况；

(2) 两个经济主体事实上具有实行上述财货移转的力量。

具有这两点以后，两个经济主体是否会利用这种情况而进行交换，以使其欲望更好更完全地满足，就看他们两人的意志是否一致了。

人类从事经济活动，一般都遵循着尽可能地完全满足其欲望的原则，也就是说，人类都从外物中探索其可用之物，并将其置于自己支配之下，以改善其经济状态。人类既遵循这样一个原则，则在上述情况存在之时，自必热心加以研讨，以期能利用它去**尽可能更好地满足其欲望**。即在上述情况之下，在甲乙两农夫之间，自然就发生财货移转之行为了。这就是我们一般称为“交换”的经济现象发生的原因。交换这个词，在我们经济上的意义，远比通俗的或法律学的意义为广。因经济学上的意义包括购买和经济财货的各种形式的移转(凡接受代价的移转都是交换，包括租佃赁借等)。

将上述加以总结，可得到我们现在所研究的结果：诱导人类进行交换的原则，与指导人类进行经济活动的原则，即尽可能地完全满足其欲

---

[1] 假定这二人为A与B，A所有的第一财货的数量为10a，B所有的第二财货的数量为10b。再假定1a对A具有的价值为W，1b对A具有的价值为W+ X；1b对B具有的价值为W，1a对B具有的价值为W+ Y。则将1a从A移转于B，将1b从B移转于A，A即得X的价值而B则得Y的价值。换言之，即A在交换后，在其本来的财产上，新增了X价值的财货，B在交换后，亦在其本来的财产上，新增了Y价值的财货。

望的原则是没有什么区别的。人类在交换财货时所感到的愉悦，实际上就如人类在某一事件发生后其欲望能得到更好满足时的愉悦一样。但如上所述，财货的相互移转，是以下面的三个条件为前提的：

(1) 某经济主体所支配的某财货的一定量对他的价值，必须比另一经济主体所支配的另一财货的一定量对他(即某经济主体)的价值为小；而此另一经济主体对于这两个财货的评价正相反。

(2) 两个经济主体必须认识这种情况。

(3) 两个经济主体在事实上必须具有进行这两种财货的交换的力量。

这三个前提条件若是缺少一个，经济交换的基础即不具备，因而在这两个经济主体之间就根本不可能进行这两种财货的交换。

第二节　经济交换的界限

各经济主体所支配的财货，若只是一种，而且是在财货性质上不可分割的一种，则为获得最大的经济利益，他们是不是还有进行交换的必要？并且，将交换到何种限度为止？要研究这个问题，是没有什么困难的。我们假定甲有一个玻璃杯，乙有一件玻璃饰品，除此以外，二人并无其他同类的财货。则依据前节所述，这时就只有两个可能性：即在这二人之间，或者存在着经济交换的基础，或者不存在经济交换的基础。若不存在经济交换的基础，自然没有交换界限的问题；若存在着交换的基础，则二人交换的界限便是他们不能在此二物以上进行交换。

但若各经济主体所支配的财货，是可以分割为几个部分量的，或在性质上虽是不可分，但系由几个部分组成的，则情形就完全两样。

现在，我们假定在美洲居住于木房的甲，有数匹马而无牝牛，其邻人乙有数头牝牛而无马。在这种情况下，由于甲有牛乳和乳制品的需求，而乙有力畜的需求，故在他们之间，显然是存在着经济交换的基础的。但他们进行交换的界限如何呢？我们当然不能说他们互换一匹马与一头牝牛，就完全尽了他们之间经济交换的全部可能性了。我们也不能说他们所拥有的全部财货，都可以用来进行经济交换。例如有6匹马的甲，若以1匹、2匹或顶多3匹马与乙的牝牛交换，则其欲望已可得到较好的满足，而不需以其全部的马与乙全部的牝牛交换，以期从中获得更多的经济利益。即在这种情况之下，从经济的条件看来，纵使在甲乙之间，存在着经济交换的基础，但若超过限度进行交换，将反使二人的欲望满足，较交换前更为恶劣。

上述的情况，即不只支配着个别财货，而且支配着一定量财货的情况，是我们可通常见之于人类经济中的。因而下面这种情形，也就可随时看见：即两个经济人，各支配着一定量的不同财货，因而在他们之间，存在着经济交换的基础。但若他们仅进行微少的交换，则由此而得到的利益必不完全；若他们进行过多的交换，则其利益必将减少，甚至完全丧失，有时还可变成损害。

这样看来，可知“过少”的交换，不能尽量利用现存的资源，以获得应有的一切经济利益。“过多”的交换，亦将得到同样的结果，并且还往往使交换者的经济状况恶化。既是如此，则在过多和过少之间，必然存在一个不多不少的恰好界限。在这个界限上，交换者可以完全利用现存的资源，以获得应有的全部经济利益；若超过这个界限再进行任何部分量的交换，都将是不经济的。我们现在的研究任务，就是要确定这个界限。

为着这个目的，我们假设一个简单的情况，以便使我们的研究，不为其他因素所妨碍，且使我们能最精细地进行观察。

在一个原始森林中，住着两个离群索居的人。二人相互往来，其欲望的范围与强度亦同。为耕种土地，两人都需要数匹马。其中一匹用以生产至少必要的食物，以供给本人与其家族生活之需，这自然是绝对不可少的。另一匹用以生产更多的食物，以使其本人及其家族得到充分的营养，这自然也是不可缺的。第三匹马用以搬运必要的建筑材料、砂石、柴薪等，此外还用以耕种土地，以生产本人及其家族所需的一些享乐资料。第四匹马用于娱乐。第五匹马用作其他马不能工作时的后备。至于第六匹马，则两人还不知在经济上如何使用它。此外，为满足二人对牛乳及乳制品的需求，假定还需要5头牝牛。由这5头牝牛所满足的欲望，其重要度也与前5匹马的重要度同等级。至于第六头牝牛，则二人也不知道如何使用。

为使上面这个情况更加明了，我们用数字来加以表现。这样，我们对于二人所得到的上述欲望满足的不同意义，就可以算术级数递减的一系列数字如50、40、30、20、10、0等来加以表示。[1]

现在我们假定二人中的第一人甲，有6匹马与1头牝牛，第二人乙有6头牝牛与1匹马，则二人由各自财产所可获得的欲望满足的不同意义如下表：

甲		乙	
马	牝牛	马	牝牛
50	50	50	50
40			40
30			30
20			20
10			10
0			0

在这种情况下，自然存在着经济交换的基础，这是我们依据前节所述可以一见即明了的。1匹马(即第六匹)对甲所具有的意义为0，第二头牝牛对甲所具有的意义则为40。相反，一头牝牛(即第六头)对乙所具有的意义为0，第二匹马对乙所具有的意义则为40。此时，假如甲以1匹马，乙以1头牝牛相交换，则很显然，无论对甲还是对乙来说，所

[1] 不待说，这一系列数字所表现的，并不是该欲望满足意义的**绝对量**而只是**相对量**。因此，当我们以40和20来表现两个不同欲望满足的意义时，只不过说明前者的意义为后者意义的二倍而已。

得到的欲望满足都将更大。甲、乙二人既都是进行着经济活动的人，则他们在事实上必然进行这种交换。

在这样进行第一次交换以后，二人由各自财产所可得到的欲望满足意义如下表：

甲		乙	
马	牝牛	马	牝牛
50	50	50	50
40	40	40	40
30			30
20			20
10			10

观上表，我们可立即明了的，是通过这一次交换，二人都获得了使其财产增加40价值的经济利益。[1]同时，也可以同样明白的一点，就是第一次交换并未完全利用了经济交换的可能性。例如，对甲来说，1匹马的价值，还远比其新增的1头牝牛的价值为小(即前者为10，后者为30)。同样，对乙来说，其1头牝牛的价值不过为10，而新增的1匹马的价值则为30(因而是3倍)。既是如此，所以进行第二次交换，对他们都是很有利的。

第二次交换后的状态如下表：

甲		乙	
马	牝牛	马	牝牛
50	50	50	50
40	40	40	40
30	30	30	30
20		20	

[1] 一些著作家(近代德国人中如洛茨与劳)否定了商业的生产力，上面这个说明，则给以有力的反驳。任何财货交换对于交换双方经济状况所具有的效果，与新财产对象增加到他们的支配下完全相同。所以，从经济上来说，商业之作为生产的行业，是不亚于工业或农业的。

这样，通过这次交换，二人又获得了使其财产增加 20 价值的经济利益。

达到这样的状态以后，二人间是否还存在着进一步进行交换的基础，这点颇值得研究。现在，对甲来说，1 匹马有 20 的意义，而新增的 1 头牝牛，亦只有 20 的意义。对乙来说，情形亦相同。在这种情况之下，甲的 1 匹马与乙的 1 头牝牛相交换，无论对谁来说，自然都是没有利益的。

虽然如此，假定甲乙二人仍然进行了第三次交换。则非常明显，甲乙二人虽未因这次交换而受到任何牺牲(如运送费与时间损失等)，但他们的经济状况，亦未因这次交换而得到任何改善。[1]他们交换后的经济状况如下表：

甲		乙	
马	牝牛	马	牝牛
50	50	50	50
40	40	40	40
30	30	30	30
	20	20	

现在，我们再来看一看甲乙两人继续以马牛进行交换的经济结果如何。第四次交换后的状况，以表示之如下：

甲		乙	
马	牝牛	马	牝牛
50	50	50	50
40	40	40	40
	30	30	
	20	20	
	10	10	

[1] 对于这种无益的交换，我将断然视为不经济的交换。因为，这种交换实使人们的预筹活动失去目的；更不要说这种交换还须支付各种必要的经济牺牲了。

观上表，可知第四次交换后，甲乙二人的经济状况，都比交换前还要不利。甲换得了第五头牝牛，由此而获得了具有10意义的欲望满足。但另一方面，他换出了第三匹马，由此而失去了具有30意义的欲望满足。其结果，他在交换以后的经济状况，就无异于从其财产中，毫无报酬地取走价值等于20的一个财货。乙的情形亦完全同样。因而第四次交换对于甲乙双方都是有害的。所以，这次交换以后，甲乙二人非但得不到任何利益，反而受到了不少的损失。

假定甲乙二人再继续进行交换，其第五次交换后的状况如下表：

甲		乙	
马	牝牛	马	牝牛
50	50	50	50
	40	40	
	30	30	
	20	20	
	10	10	
	0	0	

第六次交换后的状况如下表：

甲		乙	
马	牝牛	马	牝牛
—	50	50	—
	40	40	
	30	30	
	20	20	
	10	10	
	0	0	
	0	0	

观以上二表，可知在第五次交换后，甲乙二人获得的欲望满足的意义，又依然回复到未交换前的最初状态；第六次交换后，其经济状况则比未交换前的最初状态还要恶劣。所以，这种不合经济原则的交换，是必须加以取消的。

上面所述，仅系极简单的情况，但即使是复杂的情况，亦不过在次要点上有所不同，至于主要点，则是不会有什么差异的。

在实际的交换生活中，在任何时候，我们都可发现这样一个界限：即二人进行交换到某一点为止还可得到经济利益，超过这点再进行交换，就将使二人陷于更加不利的经济状况。换言之，也就是这样一个界限：即二人进行交换，到某一点为止，还可尽量利用现存的资源，以获得可有的全部经济利益，超过这点再进行交换，就将使其利益减少，因而在这点以上的任何部分量的交换，对二人都将是不经济的一个界限。这个界限在何时才达到呢？**当二人中一人所拥有的某财货的一定量对他的价值，比之于第二人所拥有的另一财货的一定量对他的价值不再较小的时候，同时，第二人对于这两种财货，则作相反评价的时候，就达到了这个界限。**

事实上，我们所见到的正是这样。在实际生活中，人们并不是无限制地进行交换的。每一个人，在一定的时点上，对于一定的财货，都顾虑着他的经济状况而进行着交换，达到一定的界限以后，他就停止在该界限以上进行任何交换了。[1]

通过生产过程，各经济人不断支配着新的财货数量，因而经济交换的基础，也随之而不断地更新。由于这个缘故，所以无论在各人相互的交易中或在全国人民相互的交易中，都可看得出具体财货对人们的价值，经常在那里变动，从而就使得无间断的一系列的交换现象，经常呈现于我们的眼前。对于这些一系列的交换，若我们精细地加以观察，就可发现在一定的时点上，人们对于各种财货，都存在着一种不再进行交换的静止点。

在上面，我们已经知道各经济人利用一定交换机会所得到的经济利

[1] 国民经济为个人经济所组成，故上述理论无论对全国人民的交易或对各经济主体的交易均适用。一个农业国与一个工业国，若相互交换其生产物的一部分，则两国人民的欲望，必将得到更完全的满足。但他们绝不是无限制地进行交换的，他们一定有一个交换界限，超过这个界限再进行交换，对他们就完全是不经济的了。

益，是按等级递减的。在交换关系上，经济主体最初所进行的交换，通常都是最有利的，至于利益较少的交换，则都等到以后才进行。不只是个人，就是一国也是如此。两国间封锁已久的港湾或国境线，一旦予以开放，或两国间一向存在的障碍，一旦予以去除，则两国的人民，必将展开繁忙的财货交易。为什么呢？因这时可利用的交换机会与可得到的经济利益，都是非常多的。经过一定时间以后，两国间的交易，才逐渐纳入通常的有利交换的轨道。这是一般的情况。但在初期，也往往有交换利益不全明白的事情。之所以如此，即由于经济交换的两个前提，一时还不具备：即或者人们还没有认识交换的机会；或者虽已认识，但暂时还缺少实行交换的力量。因此，从这两点上来克服阻碍交易的障碍，便成为经商民族的一个努力目标了(如精密研究商业情况及修建街道与交易路线等)。

在结束关于经济交换的基础与其界限的研究以前，为正确了解此处说明的根本命题，我还须指出一个非常重要的情况，这个情况就是为进行交换所必需的经济牺牲。

人与其所有的财货，通常在空间上是不隔离的，因而若不以财货的移动及其他一定的经济牺牲为前提，则从一个经济主体将财货的支配权移转于其他经济主体的事情就不可能，从而交换双方就不能从财货交易中获得经济利益。这个经济牺牲，由于在一些场合，已经减少到很少的程度，所以在实际生活中，就颇有被忽视的情况。但进行交换而完全不蒙受一点经济牺牲，在经济现实之中，是找不出任何例子的。运送费、运输酬金、关税、海上损失、通信费、保险费、佣金、手续费、经手费、称量费、包装费、仓储费、商人[1]及其辅助劳动者的一般生活费以及汇兑上的损失等，就是进行交易所必要的经济牺牲。这些牺牲，自将抵消从交换所得的经济利益的一部分，但若不支付这些牺牲，

[1] 凯雷认为商人利用交换的机会，获取经济利益的一部分，所以是一种经济寄生者(凯雷：《社会科学原理》，Principles of Social Science XXXVIII. § .4.)。凯氏的这个见解，实由于他对交换的生产性的误解。

则原先可能的交换机会也将变为不可能。

经济的发展，有使此经济牺牲趋于减少的倾向。因而经济的交换，哪怕在相距遥远的国家之间和从未发生交换的地方，都逐渐成为可能。

上面的叙述，也同时包含了这样一个问题的说明：即千万个媒介交易的人，他们对于物质财货的增加，并未作任何直接的贡献，从而他们的活动，就被不少人认为是**不生产**的。但是，假如是这样，则他们所得的收入，又是从什么源泉来的呢？如上所述，经济交换与物质财货的增加相同，它能使人类欲望得到更好的满足，能使交换双方的财产增加。既然如此，所以媒介交换的人自然就和工人与农民相同，不能不说是一个生产者了。因为经济活动的目标，不在于物质财货的增加，而在于人类欲望之尽可能完全的满足。为达到这个目标，必须依靠商人，所以商人所作的贡献，是不亚于一向被人独占地称为生产者的工人或农民的。

第五章

价格的理论

价格或交换时相互表现的财货数量，因其易被感觉，故一向为我们经济学最通行的考察对象，但它却绝不是交换经济的本质现象。交换经济的本质现象是什么呢？就是通过交换，双方为其欲望满足，可进行更完美的预筹。我们知道，任何经济人都致力于其经济状况的改善。为着这个目的，他们进行着一般的经济活动；为着这个目的，他们更进行着各种财货的交换。价格则不过是他们进行经济活动和财货交换时的一个偶然现象，不过是在人类经济中所形成的经济平衡的一个表征。

假定有两潭水平不同的静水，我们若将其间的闸门打开，则在水面重新恢复平静以前，必有一阵波浪与涟漪。这波浪与涟漪就是我们叫作重力或惰力作用的一个表征。财货的价格亦然，它是在各经济主体间形成的经济平衡的一个表征，所以与波浪相似。它之所以能够表现于现象的表面，其动因就是力图完全满足其欲望以改善经济状况的人类努力。这努力实是一切经济运动之终极的普遍原因。唯因价格在全部交换过程中，是唯一可被我们知觉的现象，其高低又可精密地加以测量，所以在我们的科学中，就常常产生一种以价格为交换之本质的谬误。由于这一种谬误，更产生另一种认为在交换时所表现出来的财货数量是其**等价物**的谬误。因为这两种谬误，就使我们的科学遭受不可计量的不利。一般学者对于两种财货数量间的表面相等性[1]，都想探

---

[1] 亚里士多德早已陷于这种错误，他说："假如一人所换得的比其本来所有的为多，则可以说对他是有利的；若比其本来所有的为少，则可以说对他是无利的。（转下页注）

索其原因，而谋问题的解决。有人认为其原因是生产这些财货所耗费的劳动量相等，有人则认为其原因是这些财货所耗费的生产费用相等。并且，在这些人之间，还常常发生这样一种争论：即究竟是由于两种财货相互等价才相互交换的呢？还是因两种财货相互交换才相互等价的呢？但是，实际上，两种财货价值之这样一种相等性(即客观意义的相等性)，无论在何处都是不存在的。

对价格现象的考察，一直存在着片面性的缺点，我们若将这个片面性除去，则上面这些理论所存在的谬误，立刻就可显露出来。通常可以称为等价物(客观意义的等价物)的，是指那些在一定时间可以随意交换的财货。但在人类经济生活中，像这样的等价物是无论在何处也不存在的。假如这种意义的等价物存在，则在商情没有变动的范围内，为什么已经成立的交易不可以取消呢？例如甲以其房子与乙的地产或2万塞勒货币交换，假如这些财货在交换时或交换前是客观意义的等价物，则在交换成立后，若有一方不同意这个交换，为什么他不可以即刻取消这个交换呢？

同样的情况，就在发展得最好的交易关系中，甚至就在销路最好的商品上，我们也可看得出来。例如我们在谷物市场买进谷物或在有

(接上页注)购买时是如此，销售时也是如此。但若所换得的既不较其本来所有的为多，也不较其本来所有的为少，在交易以后，其所有的仍与从前相同，则对他就既不是有利，也不是无利”(《伦理学》，Eth.Nicom.V.7)。他又说：“在交换时必先按一定比例，决定二物的相等性，然后才据此进行酬给和结算。……因交换若无相等性，是根本不可能的。”(ibid.V.8)蒙塔纳里也与亚氏同样(《货币论》，Dellamoneta, ed.Custodi; p.a.Ⅲ., S.119)。奎奈也说：“商业不过是一个价值与同等价值的交换”(Dialogue sur les travaux etc, S.196, Daire)。此外参阅特戈特：《关于财富的形成与考察》(Sur la formation et la distribution des richesses, §.35 ff.)；特罗纳：《社会利息论》(De I'interêt social, Chap.I., S.903, Daire)；亚当·斯密：《国富论》(Wealth of nations I.Ch.Ⅴ.)；李嘉图：《政治经济学原理》(Principles, Chap.I.Sect.I.)；萨伊：《政治经济讲义》(Cours d'econ.pol. Ⅱ.Ch.13, Ⅱ.S.204, 1828)。对于上面这个见解，康迪拉克已经加以反对，虽然他只根据一面的论据(《商业与政府》，Le commerce et le gouvernement, 1776, I.Chap.Ⅵ., S.267, Daire)。萨伊在前书内之所以反对康迪拉克，实基于康迪拉克所着眼的使用价值(同上书，S.250 ff.)和萨伊所着眼的交换价值(财货等价物的意义)的混淆。惹起混淆的原因，则确是康迪拉克所用价值一词的不明确。对英国价格理论进行深入批判的，有伯恩哈第(《理由等的试评》，Versuch einer Kritik der Gründe etc.1849, S.67—236)。最近则罗斯勒(《价格的理论》，“Theorie der Preises” in Hilde brand's Jahrbüchern, B.12, 1869.S.81ff.)与科默津斯基(《杜平根杂志》，Tübinger Zeitschrift, 1869.S.189ff.)二人，对于迄今出现过的价格理论，也进行了深入的批判。此外参阅尼斯：《杜平根杂志》(Tübinger Zeitschrift, 1855, S.467)。

价证券交易所买进有价证券，而在商情未变动以前就将其卖出。又如我们若在某一瞬刻，卖出某一商品而又同时买进同一商品，则我们就可相信：在供给价格与需求价格间所存在的差额，绝不只是一个偶然，而实为经济的普遍现象。

所以，能以一定量相互交换的商品，从而在买卖上可以任意交换的一定货币额与一定量的某一经济财货，简言之，即**客观意义的所谓等价物**，在事实上是不存在的——哪怕在一定的市场和一定的时间。假如我们对于导致财货交换和人类一般交易的原因，加以深入的理解，则我们就可知，像这样的等价物，无论在事情的性质上或实际的生活中，都是根本不存在的。

因此，一个正确的价格理论的任务，并不在于说明事实上并不存在的两个财货数量间表面上的价值相等性，它对于价值的主观性质和交换的本质，也不能稍有误解的说明。一个正确的价格理论所应说明的，是经济人在企图尽可能地满足其欲望的努力上，如何以一定量的财货相互交换。对于这一点进行研究，就是本章的目的。本章仍拟依照本书所一般遵循的方法，即在开始，我们将先考察价格形成的最简单的现象形态，然后才逐渐进展到较复杂的现象形态。

第一节　孤立交换的价格形成

在前章里我们已经知道，财货交换的可能性，是以这样的条件为前提：即某经济主体所支配的财货对他的价值，比另一经济主体所支配的其他财货对他的价值为小；而同时此另一经济主体对这两种财货的评价则正相反。在这个条件上，同时就存在着价格形成的一个严格界限。

例如，对甲说来，假定100单位的谷物与40单位的葡萄酒，其价值正好相等，则很显然，无论在何种情况之下，甲都不愿意以100单位的谷物，与40单位的葡萄酒相交换。因这样交换以后，他的欲望满足，并未较以前增加。故若要他同意交换，必须在交换以后，他的欲望满足能较以前有所增进。如他若能以少于100单位的谷物，换得40单位的葡萄酒，则他就愿意以谷物与葡萄酒交换了。因此，假如我们在这种交换关系之下来定葡萄酒的价格，则我们就可以相信，在上例中40单位葡萄酒的价格，将绝不会达到100单位的谷物。

所以，甲若未能发现认为不到100单位的谷物，就具有高于40单位葡萄酒所具意义的另一经济主体，则一般来说，他就将达不到以其谷物与葡萄酒相交换的目的。因为在这种情况之下，在两人之间并未存在着经济交换的基础。但若有乙认为80单位的谷物与40单位的葡萄酒，具有同等的价值，而甲发现了该第二经济主体，则在他们都认识这种情况，并无任何因素阻碍其进行交换的条件下，在甲乙两人之间，自然存在着经济交换的基础，并同时也存在着价格形成的第二界限。即从甲的立场来说，40单位葡萄酒的价格，当然应定于100单位的谷物以下(否则他就不能从交换中得到经济利益)；而从乙的立场来说，则40单位葡萄酒的价格，当然亦应定于80单位的谷物以上。所以，非常明白，当甲乙两人进行交换的时候，40单位葡萄酒的价格，将必然定在80单位谷物与100单位谷物两界限之间，也就是说，40单位葡萄酒的价格将必然在80单位谷物以上和100单位谷物以下。

但是，在上面这种情况下，对甲来说，譬如就以99单位的谷物，与40单位的葡萄酒相交换，对其欲望满足，也较以前有所增进；同样，对乙来说，以40单位的葡萄酒，譬如就只换得81单位的谷物，也算合乎经济的目的。但两人是否认为这样就算满意呢?很显然，在上面这种情况下，两人明明还有得到更大经济利益的可能，故两人必将为获得更多的经济利益而努力。这样，就引发我们日常叫作**议价**的现象，两人都将尽量利用这个机会，为获得愈多愈好的经济利益，而要求尽可能的高价。在这里，就发生了两人之间的价格斗争。

价格斗争以后的结果如何呢?

如上所述，40单位葡萄酒的价格，应在80单位谷物以上和100单位谷物以下。若交换双方存在着个性的差异，对于经济界与对方的情况，双方的知识也有多少的不同，则交换的价格，或将定于有利这方之处，或将定于有利他方之处。但在树立一般原理的时候，我们没有理由认为这方或他方有较优的经济能力，也没有理由认为其他情况有利于这方或有利于他方。我们若假定双方的经济能力及其他情况都相同，则我们就可树立这样一个一般原理：即双方力求获得最大经济利益的努力将相互抵消，因而价格将定于离开两极限相等距离之处。

因此，在上面这种情况下，双方最后所一致同意的40单位葡萄酒的价格，无论在何时，都将在80单位谷物与100单位谷物的界限以内，即价格将较80单位谷物为大而较100单位谷物为小。并且，在双方的其他情况相同的条件下，价格还将定于90单位的谷物。但若上面的前提不存在，则价格虽亦在80单位谷物与100单位谷物的界限以内，却完全可以定在90单位以外的其他谷物数量。

在上述这种情况下的价格形成原理，也同样适用于其他一切情况。总之，在两个经济主体之间，若存在着两种财货相互交换的基础，则这个情形本身，就存在着一定的界限。并且，若财货交换属于经济的性质，则交换的价格，还必然定于某界限以内。这个界限就是交换双方认为是等价物(主观意义的等价物)的交换财货的两个不同数量(就上例而言，100单位的谷物，对甲说来是40单位葡萄酒的等价物；80单位的谷物，对乙说来是40单位葡萄酒的等价物)。交换财货的价格，就定在这个界限以内，并且还有接近于两个等价物之平均点的倾向(就上例而言，80单位谷物与100单位谷物的平均点是90单位谷物，财货价格就有接近于90单位谷物的倾向)。

这样看来，在经济交换时相互提供的财货数量，实为当时一定的经济状态所严格决定。虽在某种程度下，也有人类意志活动的余地，但这样一个倾向，即交换时双方力求获得最大利益的努力，在许多场合将相互抵消，以致交换的价格有接近上述平均点的倾向，则无论如何也是不易动摇的。但若为个别因素或其他情况所阻挠，价格就可能背离其自然的中心点(虽仍在上述的界限以内)。不过这时，我们也不能说这个交换就失去经济的性质了。反之，若背离系由于非经济性质的、特殊的、外在的原因，则这个交换就丧失经济的性质。

第二节　垄断交易的价格形成

在前节里，我们先观察了在两个经济主体间进行的并无其他任何人之经济活动影响的最简单交换。通过这个观察，我们认识了财货交换及价格形成的规律性。可以称为孤立交换的这种交换，在文化发展的初期，是人类交换的最普通的形态。就是到了文化发展的后期，在文化落后、人口稀少的地方，这种交换也还保持其一定的地位。并且，就在经济非常进步的地方，这种交换也不可能完全排除。因为，即使在高度发展的国民经济中，也有只对两个经济人才有价值的财货，同时，也有因特殊原因而使交换双方与一般经济隔离的情形。在这种情形之下，就自然发生这样的孤立交换。

但一国文化愈是高度地发展，上述这种只由两个经济主体参加的简单交换就愈少。例如甲有1匹马，对于他的价值等于10麦程谷物，故若以其马与11麦程谷物相交换，其欲望自可得到较佳的满足。反之，农夫乙则有多量的谷物而无马，1匹马对他的价值等于20麦程谷物，故若以19麦程谷物与1匹马相交换，其欲望亦可得到较佳的满足。此外，更假定农夫乙$_2$愿意以29麦程谷物交换1匹马，农夫乙$_3$愿意以39麦程谷物交换1匹马，皆能使其欲望得到较佳的满足。在这种情况下，依据上面所述，1匹马不但在甲与诸农夫之间存在着经济交换的基础，而且甲还可以用其马与上例中的任何农夫交换，而诸农夫也都非常愿意与甲交换。

我们假定不只在诸农夫与甲之间，就在诸农夫与其他家畜饲养者甲$_2$与甲$_3$之间，也存在着经济交换的基础，则上面所述的道理，当可更加明了。例如甲$_2$认为8麦程谷物就具有其1匹马的价值，甲$_3$认为6麦程谷物就具有其1匹马的价值。则毫无疑问，这时经济交换的基础就存在于上例中的各家畜饲养者与各农夫之间。

上面我们叙述了两个场合下的情况。第一个场合是在一个最广义的垄断者与其他多数经济主体之间，存在着经济交换的基础。多数经济主体都为获得这个垄断财货而相互竞争。第二个场合是在某一财货的多数所有者与另一财货的多数所有者之间，同时存在着经济交换的基础，双方的人们都为换得对方的财货而相互竞争。在这两个场合之下，我们所处理的情况都较本章第一节所述的情况为复杂。

在这两个场合中，我们将从简单的场合，即多数经济人为获得一个垄断财货而相互竞争的场合开始，然后再进行双方竞争的场合的分析，来看价格是如何形成的。

多数人为获得单一不可分的垄断财货而竞争时的价格形成与财货分配

依据上面孤立交换价格形成原理的说明，我们就可知，由于所存在的交换基础的不同，价格形成的范围有时很广大，有时则很狭小。在这个范围内，财货的价格，通常有决定于使交换利益能平均分配于双方之点的倾向。例如，经济人甲有1匹马，这匹马对他的价值，假定等于10麦程谷物。同时，农夫乙有丰富的谷物而无马，1匹马对他的价值，假定等于80麦程谷物。这时，首先不成问题的是，假如甲与乙都认识这种情况，且在事实上都具有进行交换的力量，则在甲的马与乙的谷物之间，自然存在着经济交换的基础。其次很明显的是，马的价格必然决定于10麦程谷物和80麦程谷物的宽广界限内，并且不管其较接近于10麦程还是80麦程，都无伤于交换的经济性质。但无论如何，这匹马的价格，一般来说，总是不大可能决定于11麦程、12麦程或78麦程、79麦程的。不过，在另一方面，也绝无任何经济的原因，可以使价格不决定于11麦程、12麦程或78麦程、79麦程。同时，也是明显的一点是，甲欲换进乙的马，是无人和他竞争的，因此交换就只限于在甲乙之间进行。

现在，假定乙$_1$ 有另外一个竞争者乙$_2$，乙$_2$ 所有的剩余谷物不如乙$_1$ 那样多，因而对于马的需求也不如乙$_1$ 那样殷切。虽是如此，他对于1匹马的评价，也有等于30麦程谷物的价值，从而他若能以29麦程谷物换得1匹马，也能使其欲望满足有所增进。这时，非常明显，无论在乙$_1$ 与甲之间或在乙$_2$ 与甲之间，就马与谷物来说，都存在着经济交换的基础。但在想得到甲马的两个竞争者中，只有一人能够实现其目的，于是，在这里就发生了如下的两个问题：

(1) 在两个竞争者中，哪一人将与垄断者甲成立交易？

(2) 在这种情况下，价格将决定于怎样一个界限之内？

对于第一个问题的解答是：对于乙$_2$ 来说，1匹马的价值等于其谷物30麦程的价值，故他若能以29麦程谷物换得甲的马，对于他的欲望满足就将有所增进。但这绝不是说他就愿意提供29麦程谷物，以作为购买甲马的代价。因为他从这样一个交换中所得到的利益太少，故除非万不得已，他必不肯作这种不经济的事情。但他为与乙$_1$ 的竞争相对抗，他亦愿意提供29麦程的谷物。反之，乙$_1$ 在获得甲马的竞争中，若让乙$_2$ 以29麦程谷物的价格买进甲马，则他明明坐失良机，对他自然也是非常不利的事情。因他只需以30麦程以上的谷物买进甲马，**在经济上**将乙$_2$ **排除**于交易以外，对他来说，就是很有利益的。[1]

这样，对乙$_2$ 来说已经是无甚利益，而对乙$_1$ 说来则仍然是非常经济的交易，自然成立于乙$_1$ 与甲之间，从而由交换所产生的经济利益，也就为乙$_1$ 所得到。

至于甲，若不将其垄断财货，卖给能出最高价格的竞争者，在他也算

[1] 此处所谓乙$_1$，在**经济上排除**乙$_2$，乃相对于其他通过物质暴力或通过法律规定以排除乙$_2$ 而言。乙$_2$ 可能拥有数百麦程谷物，所以无论从物质上或法律上，他都有买进甲马的可能。因为如此，所以这个在经济上与在非经济上的差别是很重要的。在此处，乙$_2$ 何故不能买进甲马，其唯一理由为经济的原因，即他若以大于29麦程数量的谷物，来交换这1匹马，他所得到的欲望满足，将比交换以前还要坏。

是非常不利，所以在上面这种情况之下，他自然也愿意与乙$_1$达成交易。

关于第二个问题，即价格将决定于怎样一个界限以内的问题，我们首先可以这样确定：即乙$_1$给甲的价格，绝不会达到80麦程谷物。否则这个交易对于他便失去经济的性质。但无论在何种情况之下，价格也不会低落到30麦程谷物以下，因为若是如此，乙$_2$将再起而与乙$_1$竞争。因此，在这种情况下，1匹马的价格必将决定于30麦程谷物与80麦程谷物的界限以内。[1]

因此，由于乙$_2$参加竞争之故，在甲与乙$_1$间交换1匹马的价格，就不再形成于10麦程谷物与80麦程谷物间的宽广界限内，而形成于30麦程谷物与80麦程谷物间的较狭小的界限内。因为，只有在这个界限内形成的价格，对于交换双方才都有利，同时也才能在经济上排除乙$_2$的竞争。但这样一来，这种交换又与孤立交换的简单情况无异了，所以，在前面关于孤立交换所说明的基本命题，在此处也完全适用。

现在，假定想得到甲马的人，除乙$_1$、乙$_2$两个竞争者外，又增加了第三个竞争者乙$_3$。对于乙$_3$来说，1匹马的价值等于其谷物50麦程的价值。则依据上面所讲的道理，这个交易仍将成立于甲与乙$_1$之间，而马的价格则又将形成于50麦程谷物与80麦程谷物间的更狭小的界限内。设若除三个竞争者外，又增加一个愿意以70麦程谷物交换1匹马的第四个竞争者，则这个交易自然仍将成立于甲与乙$_1$之间，而马的价格又将形成于70麦程谷物与80麦程谷物之间更加狭小的界限内。

假如对于该垄断财货，现在又出现一个认为具有90麦程谷物价值的竞争者乙$_5$，则这个交易便不再成立于甲与乙$_1$之间，而却成立于甲与乙$_5$之间，而马的价格也决定于80麦程谷物与90麦程谷物之间。这时，乙$_5$

[1] 可能有这样的见解，认为在这种场合，价格并不决定于30麦程谷物与80麦程谷物之间，而正好决定于30麦程谷物。若在没有最低价格的竞买场合，这见解实完全正确。即这时依据竞卖的应有意义，甲自不能不满足于30麦程谷物的价格。拍卖价格的形成，也与这种情况相类似。但若经济主体甲不受竞卖契约的拘束，而能自由抉择其利益，则价格就定在79麦程谷物，也未尝不可。同时，在甲与乙$_1$之间，一匹马的价格定在30麦程的情况，在经济上也是很可能发生的。

就独得了由这个交换所产生的经济利益，而将其余的竞争者(包括乙$_1$)排除于这个经济利益之外。这时，价格之所以决定于80麦程谷物与90麦程谷物之间，其理由如下：即一方面价格绝不可低于80麦程谷物，否则就不能将竞争者乙$_1$排除于交易以外；另一方面，价格也不可达到或超过90麦程谷物，否则对乙$_5$来说，这个交易就将失去经济的性质。

上面所述的道理，适用于凡属这样一类的情况：即对于某一不可分的财货有一个垄断者，而对于另一财货，则有多数的竞争者，在这个垄断者与这些竞争者之间，都存在着经济交换的基础。现在将上述加以总结，可得出如下的基本命题：

(1) 对于一个不可分的垄断财货，若经济交换的基础同时存在于该垄断财货所有者与多数经济主体之间，而且这些多数经济主体，都为得到该垄断财货而竞争的时候，这个垄断财货就落在愿意提供最大数量的另一财货以与之交换的竞争者的手里(这个竞争者认为这个垄断财货是其所提供的最大数量另一财货的等价物)；

(2) 在这种情况下，这个垄断财货的价格，将决定于两个最热望交换且最有交换能力的竞争者所提供的另一财货数量的界限以内；

(3) 在这个界限以内的价格决定，则依据我们在论述孤立交换时所说明的基本命题。

为获得一定量的垄断财货而竞争时的价格形成与财货分配

我们在前项所研究的对象，是一个垄断者把一种单一不可分的财货送到市场，多数经济主体都为获得这种财货而竞争，价格就反映了在这种竞争影响之下形成的最简单的垄断交易情况。

我们现在要研究的对象，则是一个较为复杂的情况。在该情况下，一方面有一个支配着某一垄断财货一定量的垄断者；另一方面，有多数支配着另一财货一定量的经济主体。在这些经济主体与垄断者之间，都存在着经济交换的基础。

现在我们假定，农夫乙$_1$支配着多量谷物而无1匹马，故对他来说，1 匹马的价值可等于其谷物 80 麦程的价值。农夫乙$_2$ 的情况也大致相同，但 1 匹马对他的价值，则等于其谷物 70 麦程的价值。依此而降，1 匹马对于农夫乙$_3$，等于谷物 60 麦程的价值；对于农夫乙$_4$，等于谷物 50 麦程的价值；对于农夫乙$_5$，等于谷物 40 麦程的价值；对于农夫乙$_6$，等于谷物 30 麦程的价值；对于农夫乙$_7$，等于谷物 20 麦程的价值；对于农夫乙$_8$，则只等于谷物 10 麦程的价值。以上是第一匹马对于这些农夫的价值。第二匹马对于这些农夫的价值，则较第一匹马少 10 麦程谷物；第三匹马对于这些农夫的价值，又较第二匹马少 10 麦程谷物；以下同样，凡是新增的马，都较前一匹马少 10 麦程谷物的价值。以上这个经济状态的主要点，以表示之如下：

		I	II	III	IV	V	VI	VII	VIII	
对于乙$_1$	第一、第二……匹马的价值等于	80	70	60	50	40	30	20	10	麦程谷物
对于乙$_2$		70	60	50	40	30	20	10		麦程谷物
对于乙$_3$		60	50	40	30	20	10			麦程谷物
对于乙$_4$		50	40	30	20	10				麦程谷物
对于乙$_5$		40	30	20	10					麦程谷物
对于乙$_6$		30	20	10						麦程谷物
对于乙$_7$		20	10							麦程谷物
对于乙$_8$		10								麦程谷物

在这个场合，若垄断者甲只以 1 匹马送到市场，则依据前项所述，自然由乙$_1$ 以 70 到 80 麦程谷物的价格，买得了这 1 匹马。

但若垄断者甲不只以 1 匹马而以 3 匹马送到市场(这就是我们所要特别研究的场合)，这时，我们试问：在上述 8 个农夫之中，能买得垄断者所出卖的马的将是些什么人？并且将以什么价格买得？

观上表可知，乙$_1$ 对于第一匹马的评价是 80 麦程谷物，对于第二匹马的评价是 70 麦程谷物，对于第三匹马的评价是 60 麦程谷物。在这种情形下，乙$_1$ 自将以 70 至 80 麦程谷物的价格，把第一匹马买下，而在经济上将其他一切竞争者排除于交易之外。至于第二匹马，若他仍提供 70 麦程以上的谷物与之交换，则他的行为就不合乎经济的原理，因交换以后，他的欲望并未得到更多的满足。至于第三匹马，若他仍须支付 70 麦程谷物的价格，则他的行为就更加不利，从而这个交换之为非经济的性质，就较第二匹马更为明显。

因此，这时的经济状态将是这样：对于送到市场来的这 3 匹马，$乙_1$ 若欲完全排除其他竞争者，他只有对每一匹马，都提供 70 麦程谷物以上的价格。但以这个价格购进的 3 匹马，只有第一匹马对他是经济的，第二、第三匹马对他都是不经济的。

不过$乙_1$ 是应该视为一个按照经济原则而行动的经济主体，这样，他自然不肯无目的地忍受损失，以排除其竞争者于这一垄断财货的获得以外。并且，在这种情况之下，$乙_1$ 即使想排除一切竞争者，亦为其经济状态所不许。所以这时，他首先就不得不让其竞争者$乙_2$ 参与这一垄断财货的购买，并把这一垄断财货即 1 匹马的价格尽量压低，以与$乙_2$ 共享低价的利益。因此，1 匹马的价格，在这时就不可能定在 70 麦程谷物以上，无论是$乙_1$ 或$乙_2$ 都将使这个价格尽量定在 70 麦程谷物以下。

但$乙_1$ 与$乙_2$ 的这个努力，又将在其余竞争者中，首先在$乙_3$ 的赢得竞争中发现其界限。其结果，他们就不得不满足于可以在经济上排除其余竞争者(包括$乙_3$)于交换之外的价格。因而，在现在的情况下，价格就必然定于 60 麦程谷物与 70 麦程谷物之间。在这个界限内决定价格，$乙_1$ 就换得 2 匹马，$乙_2$ 换得 1 匹马，而且对他们都是有利的。至于其余的一切竞争者，则都被排除于这次交换之外。

在上述界限内决定马的价格，是唯一可行的。若价格决定于 60 麦程以下，则$乙_3$ 就不能排除于交换之外；相反，若价格决定于 70 麦程谷物以上，则$乙_1$ 就只得到 1 匹马，而$乙_2$ 则连 1 匹马也得不到。这样，甲送到市场的 3 匹马，就只卖出 1 匹，其余 2 匹都卖不出去。因此，价格决定于 60 麦程谷物至 70 麦程谷物的界限以外，在上面这种情况下是绝对不可能的。

现在，假定甲送到市场的马不是 3 匹而是 6 匹，则依据同样的方法，可知乙$_1$买进者为3匹，乙$_2$买进者为2匹，乙$_3$买进者为1匹。而马的价格则必然定于50麦程谷物与60麦程谷物之间。假定甲送到市场的马是10匹，则乙$_1$必将买进4匹，乙$_2$必将买进3匹，乙$_3$必将买进2匹，乙$_4$亦可买进1匹。而价格则将定于40麦程谷物与50麦程谷物之间。这样，我们就可知，垄断者若提供更多的垄断财货于市场，则一方面，在经济上被排除于交换以外的农夫数目将更少；而同时垄断财货一定量的价格将更低。

我们若不将乙$_1$、乙$_2$等当成个人，而将其当成一国各人口集团的代表者，从而将乙$_1$当成最有交换能力且最有交换欲望的经济人的一集团，将乙$_2$当成次于乙$_1$集团经济人的另一集团(以下同样)，则我们在日常生活中所看见的垄断交易的情景，就明显地展示于我们面前了。

实际上我们随时看见这些现象：具有各种交换能力的各人口阶层，常为获得各种垄断财货而竞争。其结果，有些阶层如愿以偿，有些阶层则被排除于交换之外。并且，提供于市场的垄断财货数量愈少，则不能享受垄断财货的人口阶层就愈多；相反，提供于市场的垄断财货数量愈多，则垄断财货就愈普及于交换能力薄弱的人口阶层。同时，垄断财货的价格，亦随着情况的不同而上涨或下落。

将上述加以综合，可得如下的基本命题：

(1) 一垄断者提供于市场的垄断财货的一定量，通常落于为获得这种垄断财货而竞争，并愿提供最大数量的另一财货以与这一垄断财货的单位量相交换的人们手里。这种一定量的垄断财货并将这样地分配于这些竞争者之间：即想获得这一垄断财货，且认为1单位的该垄断财货，为其所提供的相对财货一定量之等价物(如马1匹等于50麦程谷物一样)的任何人。

(2) 至于垄断财货的价格，则决定于参加交换者中交换能力最低、交换欲望最弱的人所愿提供的“相对财货”数量与被排除于交换之外的交换能力最大、交换欲望最强的人所愿提供的“相对财货”数量的界限以内。

(3) 垄断者提供于市场的垄断财货数量愈大，则在获得这一财货上被排除的竞争者的数目就愈少；同时，获得这一财货的经济主体所得到的欲望满足就愈完全。

(4) 垄断者提供于市场的垄断财货数量愈大，垄断者为售尽其全部数量起见，就愈要行销于交换能力小和交换欲望弱的竞争者阶层，从而垄断财货单位量的价格亦将愈低。

垄断者所定价格对于提供交易的垄断财货数量的影响及对于垄断财货分配于竞争者间的影响

通常，垄断者提供一定数量的垄断财货于市场，并不想在任何情况之下，都把这个数量完全卖出，即并不想如竞卖那样，在价格决定上完全静候竞买者叫价的结果。垄断者提供一定数量的垄断财货于市场，自然想将其卖出，但他对于这个数量的每一单位，通常都要求一定的价格。其理由在于实际困难的顾虑之中，特别是这样的情况下：即若照上述销售财货的方法，一定要使财货的价格形成于这时能起作用的一切经济要素的影响之下，则就须要求愈多愈好的竞买者同时会合在一起。但这种方法除极少数的场合而外，都是因有实际的困难而行不通的。

所以，在一切竞买者或多数竞买者都能会合在一起，并且也不耗费多少经济牺牲就能实行上述的销售方法时(例如在某一垄断商品的主要集散地进行的、在很久以前就先期宣布的竞卖那样)，垄断者自然乐意将其所支配的全部垄断财货，采用上述这种最确实的途径来销售。至少在他有必要将其较多的垄断财货于一定期间内出清时，他必将采取这种方法。但一般来说，垄断者销售其商品的普通途径，则如上所述，是先规定一定的价格，以提供其所支配的垄断财货的一部分量于竞买者的。

在这种情形之下，即在垄断者自己决定其垄断财货单位价格的情形下，价格形成的问题，基本上已于最初解决，故这时我们所应研究的，却是其次的三个问题：

(1) 在一单位垄断财货的一定价格下，哪些竞争者将在经济上被排除于获得该财货的机会以外?

(2) 垄断者所定价格的高低，对于垄断财货的销售量将有什么影响?

(3) 垄断财货的实际销售量，将如何分配于各个竞争者之间?

在此首先可以明确的是，垄断者对一单位垄断财货的价格若定得太高，以致一单位垄断财货对于竞争者中交换能力最大、交换欲望最强的人所具有的价值，还远在垄断者所要求的价格之下，则一切竞争者都将不能获得该财货的任何部分量，从而该垄断财货就一点也卖不出去。就前表所示的情况来说，垄断者甲若将1匹马的价格定为100麦程谷物，或至少定为80麦程谷物，则马就将1匹也卖不出去。因为，显然在这个价格之下，对于上述8个垄断财货竞争者来说，都不存在有经济交换的可能性。

但若垄断者甲所定1匹马的价格，并没有达到使一切竞争者都被排除于交换之外那样的高度，则毫无疑问，这些竞争者基于改善其经济状况的考虑，必将把握住提供于他们的机会，在前项说明的界限内，与垄断者达成交换马的交易。自然，交换范围的大小，在本质上是为价格的高低所决定的。例如，甲若把1匹马的价格定为75麦程谷物，则只有乙$_1$可以买进1匹；若定为62麦程谷物，则乙$_1$可以买进2匹，乙$_2$可以买进1匹，若定为54麦程谷物，则乙$_1$可以买进3匹，乙$_2$可以买进2匹，乙$_3$可以买进1匹；若定为36麦程谷物，则乙$_1$可以买进5匹，乙$_2$可以买进4匹，乙$_3$可以买进3匹，乙$_4$可以买进2匹，乙$_5$也可以买进1匹。以此类推。

上面关于乙$_1$、乙$_2$、乙$_3$等具有不同交换能力与交换欲望的竞争者集团的分析，很明白地揭示了垄断者所定价格的高低，对于国民经济具有的影响。一般来说，垄断财货的价格愈高，不能享受垄断财货的个人或人口阶层就愈多，从而这些人口阶层的生活也愈贫苦，而垄断者所销售的垄断财货数量也愈少；反之，这个价格愈低，则不能获得垄断财货的经济主体(或人口阶层)就愈少，从而获得财货的人们的生活就愈富裕，而垄断财货的销路亦愈广。上面所述的理论，再简要地加以精确化，可得如下的基本命题：

(1) 在垄断财货的竞买者中，那些愿意提供与价格相等或低于价格的财货数量以与一单位垄断财货相交换，并认为一单位垄断财货是其所提供的财货数量之等价物的人，都将为垄断者所定的价格排除于该财货的获得以外。

(2) 愿意提供比价格为多的财货数量以与垄断财货交换，而认为一单位垄断财货是这个财货数量之等价物的竞争者，将在这样的限度内获得垄断财货的一定量：这个限度就是一单位垄断财货为其所提供的财货数量之等价物的限度。因为在这个限度以内，经济交换的基础是存在的。

(3) 垄断者所定的一单位垄断财货的价格愈高，不能获得该财货的竞争者数目就愈多，从而这些人的生活就愈不完善，而垄断者的销路也愈窄；反之亦然。

垄断交易的原理(垄断者的政策)

至此，我们已说明了垄断财货提供量的多少，对于价格形成有什么影响；垄断财货价格的高低，对于交易数量又有什么影响，以及提供量的多少和价格的高低二者对于垄断财货在竞争者间的分配又有什么影响。

我们也已知道，在交换现象上，垄断者并不是独一无二的决定者。无论是怎样的交换，经济利益都必须为交换双方所分享。这是贯通一切财货交换的一般规律。这个规律也完全适用于垄断交易。所以垄断者在其狭隘的势力范围内，也不是完全无拘束的。如上所述，垄断者既想卖出其垄断财货的一定量，则他就不能任意决定其财货的价格。他既决定其财货的价格，则他就不能规定卖出的数量。既想卖出多量的财货，而同时又规定昂贵的价格；或既规定昂贵的价格，而同时又想卖出多量的财货，都是矛盾而不可能的。不过，在经济生活中，垄断者是有其特殊地位的，其特殊地位就是：无论在何种场合，他都可以不受其他经济主体的影响，而完全出于自己利益的考虑，或定其提供交易的财货数量，或定其垄断财货的价格；从而或调节其出售数量以规绳价格，或规定其出售价格以规绳数量，而一切均以其经济利益为依归。这就是垄断者具有的特殊地位。但他却不能既规定出售数量同时又规定出售价格。

因此，假如垄断者认为以高昂的价格出售少量的财货为有利，则垄断财货的价格就将往上猛跳；相反，假如垄断者认为以低廉的价格出售大量的财货为有利，则垄断财货的价格就将往下跌落。通常，垄断者在最初都尽量提高价格，故提供交易的财货数量甚少。以后他就渐渐将价格压低，以图销路的扩大，使其垄断财货普及于社会各阶层，只需这样对他是最有利益。他也可以低廉的价格出售大量的财货，只需经济利益在这样驱策他。不只如此，他有时也可以把财货之一部分毁弃，也可以把生产工具之一部分停闭，甚至于加以毁坏，只需他认为他直接或间接支配的财货数量过多，以致价格无法提高，因而其收益减少时，他就可以这样办。[1]

垄断者既是念念不忘自己利益的经济人，则他的政策自然不是尽量规定低廉的价格，或尽量出卖多量的财货。他自然也不想将垄断财货普及于较多的人，也不想使人人皆拥有垄断财货。对于这一切，垄断者皆是不关心的。他所关心的，就是尽可能地获得巨额的收益。所以，他提供于市场的财货数量，并不是他所支配的全部财货数量，而只是他在预期价格之下，认为可以获得最大收益的财货数量。他所定的价格，也不是可以售尽其全部财货数量的价格，而只是他认为可以产生最大收益的价格。因此，非常明显，出售可以产生最大收益的财货数量，规定可以产生最大收益的价格，就是垄断者之最正确的经济政策。

作为一个垄断者，如果他向市场提供较少量的财货而可以获得较大

[1] 认为垄断财货的价格，无论在何种情况下，都与垄断者所卖出的数量精确成反比的见解，或认为在垄断者所定价格与垄断财货卖出量之间，存在着精确比例关系的见解，都是非常错误的。例如，垄断者卖出不止 1 000 单位垄断财货而卖出 2 000 单位，垄断财货的价格未必就从 6 个弗洛林落到 3 个弗洛林。由于经济情况的不同，有时只落到 5 个弗洛林，有时则甚至落到 2 个弗洛林，这都是很可能的。所以，垄断者从较多卖出量得到的总收益，有时正好等于从较少卖出量所得到的总收益，有时由于情况的不同，或大于、或小于从较少卖出量所得到的总收益。如就上例而言，垄断者卖出 1 000 单位垄断财货，得到总收益 6 000 弗洛林，但若卖出 2 000 单位，则不一定也得到总收益 6 000 弗洛林，有时可得到 10 000 弗洛林，有时只能得到 4 000 弗洛林。其所以如此，根本原因就在各人对于各种财货的等价物系列呈现着显著的复杂性。例如，就乙来说，假定他想要换得的某财货的第一单位，为其相对财货(即其所提供的财货)10 单位的等价物，第二单位为 9 单位的等价物，第三单位为 4 单位的等价物，第五单位为 1 单位的等价物，同时他欲换得的另一财货的系列，则为 8、7、6、5 等。现在假定第一财货是谷物，第二财货是某种奢侈品，则谷物卖出量超过某一点后，其价格必将迅速地跌落(比之于奢侈品的价格)，相反，谷物卖出量若减少到某一点后，其价格亦将迅速上涨(比之于奢侈品的价格)。

利益，但他却提供了较大的数量，便是失策了。在他生产垄断财货的时候，如果限制在较少的数量可以获得最高的利润，而他却不惜牺牲，利用他所支配的生产手段去尽量增加生产，结果反而降低了自己的收入，这就更不经济了。如果他定的价格过低，其结果虽然增大销售量，但收入却因而减少，这同样也是错误的；其中更加错误的是，他将价格定在这样一个低度上，以致所有的竞买者都有能力买到，甚至于还有一部分买者因为货品卖光而向隅，这正证明他把价格定得太低了。

以上所说的，可以从经验和历史得到证明。一切垄断者的方针，无不是在上述显然制约着他的经济活动的范围内制定的。在 17 世纪时，荷属东印度公司曾在摩鹿加群岛焚毁了一部分香料，另外也时常有过在东印度焚毁香料和在北美洲焚毁烟草的事情。再则例如行会组织也曾想尽方法来限制手艺工人的人数(通过长期的学徒期限和禁止多收徒弟等方法)，但是从垄断者的立场看来，这些都是再正确不过的。因为这样做，他们才能控制市场，限制垄断商品的数量，而这又正是为了垄断者或其行会组织的利益着想。等到后来，由于交通开放，工厂发达，以及由于其他影响，属于垄断性质的行会组织才渐趋没落，而不能独立控制对于市场的供应量了。诸如垄断税等凡原先足以直接影响价格形成的那些因素，都只好向涌进市场的商品洪流屈服了。原先为了防范个人破坏行会公众利益或垄断者全体利益而设立的行会规章，在行会控制不住流入市场的商品数量以后，也随之而瓦解了。依照自己的利益来控制进入市场的财货数量，这是所有行会最为关心的事，有人如果触犯了这些行规，就被认为是最危险的破坏分子，为了对付这种败坏行规的人，行会总是不断设法并假手于政府来加以取缔的。然而他们的控制行动，终于遭到大工业投入市场的产品量的破坏，结果行会制度就一蹶不振了。

综上所述，可得出这样的结论：垄断者无论是根据其向市场提供的财货数量来规定价格，或根据一定的财货单位价格来决定应予提供的财货数量，并且在这两种场合的任何一种场合之下的财货分配，都受着一定规律的支配。因而由此产生的经济现象，就绝不是偶然的，而是具有规律性的。

不过，垄断者虽然可以任意规定垄断财货的价格，或可以任意决定其卖出数量，但由此而产生的经济现象，则亦不是变化不定的。

垄断者对于价格的高低和财货出售量的多少，自然都可以自由决定。但最适合于他的经济利益的，却是他要么只决定**一定的**价格要么只决定**一定的**出售量。垄断者既是一个按照经济原理而行动的主体，则无论其在规定价格或决定出售数量时，自然都不是任意行动，而是依据一定的原则而行动的。在一定的经济状态之下，必有一定的价格形成和一定的财货分配。除此以外，在经济上就不可能有其他的价格形成和财货分配。这样，我们就可知，垄断交易的现象，无论在哪一点上，都是具有严格的规律性的。自然，若有谬误与认识不足，亦可能发生乖离与偏差，但这是国民经济的病态现象，这种病态现象并不能否定经济学的规律，恰如病体现象不能否定生理学的规律一样。

第三节　双方竞争时的价格形成与财货分配

竞争的发生

假如我们将垄断者的概念限于为国家权力所保护的人，或限于为社会所保护的人，则未免将此概念解释得过于狭隘了。在人们之中颇有这样的人，由于其财产、特有能力与关系财货之故，而将其他经济人在物理上或经济上所不能染指的财货提供于市场。在这种情形之下，自然就不存在供给竞争的问题。但是，即使没有这种特有情况，垄断者也仍然可以产生。凡在没有同业居住的地方创业的手工业者、商人、医师、律师等，在某种意义上都可以说是垄断者，因他们提供于社会的财货(包括劳务)，在许多场合，人们都只能向他们购买。许多繁荣都市的志书，都记载着在该市面积狭小、人口稀薄时候首先开业的美术织工。就是在现在，旅行者在东欧各国甚至在奥地利的小县城里，也还可以到处遇见这样一种垄断者。所以，假如我们把垄断解释成为事实上的状态而不解释成自由竞争的社会性的限制，则它实是自古就有的，是起源最早的，而竞争才是后期产生的。因此，为说明竞争下的交换现象而先从垄断现象开始，不但是合理的而且是有利的。

从垄断发展到竞争的方式，是与经济文化的进步密切相关的。由于人口的增加、各经济人欲望的增大及其福利需求的增进等，在许多场合，都使垄断者纵然扩大其生产，也不能满足多数人的需要，从而不能平抑垄断财货价格的上升。第一个某类手工业者、第一个医师及第一个律师等，无论在何地方，都是受欢迎的人。他们都不会遭遇任何竞争。但该地逐渐繁荣以后，他们却常被称为无情的人和自私自利的人。社会对他们所提供的商品(或劳务)的需求在不断地增大，他们几乎不可能适应这个需求。纵使他们可以扩大销路来适应这个需求，但对于他们却不一定有利。因此在大多数的情况下，就只有少数的顾客才能如愿以偿，从而竞买者的一部分，或者是空手而回，或者虽然得到供应，却是勉强的，而且也微少。因而即使是囊橐丰满的顾客，对于怠慢的情形和价钱的昂贵，也都啧有烦言。

上面所述的经济状态就是需要竞争并促使竞争产生的经济状态。竞争产生以后，对于财货的分配、对于商品的交易量及其价格，究竟有何影响，我们在下面就对此进行研究。

供给竞争者的商品出售量对于价格形成的影响，他们所定价格对于销售量的影响及商品出售量与价格二者对于该商品在需求竞争者间分配的影响[1]

为易于理解起见，我们也如前面分析垄断交易规律时一样，用一个例证来作为我们叙述的基础。为此，我们假设一表如下：

[1] 参阅《国民经济季刊》(Vierteljahrschrift für Volksw., 1863, Ⅳ., S.148 ff.)普林斯—斯密的见解。

	I	II	III	IV	V	VI	VII	VIII
	麦程的谷物							
乙$_1$	80	70	60	50	40	30	20	10
乙$_2$	70	60	50	40	30	20	10	
乙$_3$	60	50	40	30	20	10		
乙$_4$	50	40	30	20	10			
乙$_5$	40	30	20	10				
乙$_6$	30	20	10					
乙$_7$	20	10						
乙$_8$	10							

假设乙$_1$、乙$_2$、乙$_3$等代表各农夫或农夫集团，对于他们来说，初到手的第一匹马，是其右边所示谷物量的等价物(如第一匹马对乙$_1$是 80 麦程谷物的等价物，对乙$_2$是 70 麦程谷物的等价物等)。 其次到手的各马，则为递减 10 麦程后的谷物量的等价物(如第二匹马对乙$_1$是 70 麦程谷物的等价物，第三匹马对乙$_1$是 60 麦程谷物的等价物等)。 在这种情况下，为多数供给竞争者所出售的某商品，其数量的多少对于该商品的价格形成以及对于该商品在竞买者(需求竞争者)间的分配，将有如何的影响呢?

现在我们先假定有两个供给竞争者甲$_1$与甲$_2$，他们合计出售 3 匹马(甲$_1$出售 2 匹，甲$_2$出售 1 匹)。 在这种情况下，如前所述，农夫乙$_1$将买到 2 匹马，农夫乙$_2$将买到 1 匹马，且其买卖的价格亦将定于 70 麦程谷物与 60 麦程谷物之间。 因价格若高于此，将使乙$_1$、乙$_2$蒙受不利；若低于此，将使乙$_3$也参加竞争，故较高较低都不可能。 若甲$_1$与甲$_2$共出售 6 匹马，则可知乙$_1$将买到 3 匹马，乙$_2$将买到 2 匹马，乙$_3$将买到 1 匹马，买卖的价格，亦将定于 60 麦程谷物与 50 麦程谷物之间，以下类推。[1]

[1] 在此我们可同时明了的，是市场、博览会、交易所等一切交易中心，对于人类经济是何等的重要。 因在比较复杂的交易关系上，若没有这种交易中心，经济的价格形成是完全不可能的。 在这种交易中心所展廾的投机，通常有防止非经济的价格形成和缓和这种交易中心对人类经济的有害影响的作用(参阅：柏林，《国民经济季刊》，“Vierteljahrschrift für Volksw.”， 1863， Ⅳ， S.143 ff.普林斯—斯密的见解，及同一杂志 1864， Ⅳ， S.130 ff., 1865Ⅴu.Ⅵ上米凯利斯的见解，1867.Ⅰ, S.25 ff.舒茨的见解，同一杂志 S.61 ff.爱明豪斯的见解)。

这样，我们就可以知道，许多竞争者共同出售某商品一定量时的价格形成与财货分配，比之于垄断交易的情况，实有完全的类似性。**不管出售某商品一定量的人是一个垄断者或多数供给竞争者，不管此商品一定量在供给竞争者间的分配情况如何，对于该商品的价格形成与该商品在竞买者间的分配的影响，都完全是相同的。**

所以，某财货出售量的多少，无论在垄断交易中或在竞争交易中，对于价格形成与财货分配，都有决定性的影响。但某商品的一定量，或由一个垄断者单独出售，或由多数竞争者共同出售，却对经济生活现象并无任何影响。

同样的情况，我们也可见之于商品按一定价格提供的时候。

如前所述，价格的高低，无论对该商品的总销售量，或对各竞买者事实上所获得的数量，都有极重要的影响。但这个商品，或由单一经济主体提供于市场，或由多数经济主体提供于市场，但无论对于总销售量，或对于各竞买者所买到的数量，则均无直接的或必然的影响。

这样，我们就可知，在前面我们关于某一垄断商品一定出售量对于价格形成的影响，关于一定价格对于该商品销售量的影响，以及关于一定出售量与一定价格二者对于该商品在竞买者间分配的影响等所得出的基本命题，也适用于多数经济主体(需求竞争者)为获得其他多数经济主体(供给竞争者)所提供的某商品一定量而竞争的场合。

一财货的供给竞争对于其出售量或供给价格的逆影响(竞争政策)

我们在上面已经说明，一定的财货出售量(不管为一垄断者提供于市场，或为多数竞争者提供于市场)，必形成一定的价格；一定的财货价格，必产生一定的销售量，同时，一定的出售量与一定价格，也必形成一定的财货分配。

因此，比如就出售 1 000 单位某财货而言，不管提供此 1 000 单位的人是一个垄断者或是多数供给竞争者，在其他情况相同的条件下，无论在何种场合，其价格形成与财货分配，都必然是完全相同的。同样，一商品以一定的价格供给于市场，不管其为一个垄断者所供给，或为多数竞争者所供给，在任何场合，其销售量也必然相等，同时，该商品在各竞买者间的分配也必然相同。

所以，假如说供给竞争对于一财货的价格形成，对于一财货的总销售量以及对于一财货在其需求竞争者间的分配有什么影响的话，那就只有如下一些影响：即在供给竞争之下，比之于垄断交易的场合，或者是所卖出的**财货数量**有多少的**不同**，或者是所形成的**财货价格**有高低的**差别**。

以下，我们就来研究一商品的供给竞争，对于该商品的售出量、分配以及价格的影响。

为使问题明了起见，我们假设一个垄断者所支配的垄断财货，突然转移于两个竞争者间的简单情况。例如一个垄断者突然死亡，其垄断财货与生产资料为两个继承人平均继承。在这种情况之下，这两个继承人很可能并不互相竞争，而共同执行其先辈的垄断政策；也可能为一致对付消费者而互相协调，共同规定财货的出售量和价格。或者，他们纵使不在形式上协定，而在默契之下共同执行从前的垄断政策，这也不是不可想象的。这两种情况，我们都可在各地经济发展中看到。[1]在这两种情况之下，我们所看见的仍然是与垄断交易相同的现象。所以，这两个经济主体就绝不是供给竞争者而是垄断者，从而就不是此处所要探讨的问题。但若两个继承人各自独立销售其财货，就会发生真正的竞争。这时，他们比之于从前，将出售多少数量的财货呢？又将以什么价格供给于市场呢？

如前节所述，一个垄断者屡有破坏或毁灭其一部分垄断财货的举

[1] 垄断者以敌意对待竞争者的出现，自为极普通的现象。但竞争者出现以后，垄断者立即与之协调，亦是屡见不鲜的事情。从垄断者的利益来说，自然不愿使竞争者出现。但竞争者既已取得牢固的地位，则为其经济利益着想，即须与竞争者合作，以执行缓和的垄断政策(在竞争者出现以后，仍有可行垄断政策的余地)。在这种情况下，由于继续激烈竞争，对两个经济主体都不利，故最初以敌意对立的竞争者们，通常都不久就进行协定。

动，因为他以低廉的价格出售其全部财货，还不如以高昂的价格出售较少的财货所得的利益为多。例如一垄断者拥有某垄断商品 1 000 磅，就当时的经济状态来说，他若卖出 800 磅，每磅可卖 9 洛思的价钱；他若将 1 000 磅全部卖出，则每磅就只能卖 6 洛思的价钱。从而他或者卖出 1 000 磅全部，而得 6 000 洛思的收入，或者只卖出 800 磅，而得 7 200 洛思的收入，这都是他的自由。但垄断者既是念念不忘于自已利益的经济主体，在这种情况下，他将何去何从，自然没有什么疑问。因此这时，他或将毁坏 200 磅商品，或将用其他方法，从交易场里撤回 200 磅商品，而只出售 800 磅商品，或将规定可以产生同样效果的价格等，而使其能够获得 7 200 洛思的收入。

但这 1 000 磅垄断商品，若均分于两个竞争者，则上述政策的执行，便立刻成为不可能了。即两个竞争者中的任何一人，或破坏其支配数量的一部分，或从交易场里撤回其出售量的一部分，自然也可以使商品一单位的价格，上涨到一定的程度，但商品价格虽已上涨，而他却未必能获得较多的收入。现在假定两个竞争者中的第一人甲$_1$，或破坏其支配的 500 磅垄断财货中的 200 磅，或从交易场中撤回 200 磅，从而该财货一单位的价格便从 6 洛思涨到 9 洛思。价格虽已上涨，但利益却不一定归他。即第二竞争者甲$_2$ 很可能照此价格售出其全部财货 500 磅而得到 4 500 洛思；但甲$_1$ 自己则只能售出其剩余财货 300 磅，而仅得到 2 700 洛思。这样，甲$_1$ 原来计划的利益，就全部归于甲$_2$，而甲$_1$ 自己却反而受到损害。

所以，一切供给竞争出现的第一结果，就是无论哪一个供给竞争者，不管其破坏商品、撤回商品或废置其生产商品所需的生产资料，都未必能从中得到经济利益。

垄断所固有的第二经济现象，即前节所述的渐次利用不同社会阶层的现象，也因竞争的出现而被消除。通常垄断者在最初都以高昂的价格，出售极少的财货于市场，然后才渐使交换能力薄弱的人口阶层，也能参加交易。像这样渐次利用各种人口阶层，本是一个有利的方法。

但这方法在竞争之下，却将成为不可能。例如甲$_2$与甲$_1$竞争，甲$_1$仍想渐次利用社会阶层，最初只供给极少的财货数量，以为这样可以使价格上涨。谁知甲$_2$在旁竞争，其所少卖的数量，正好为甲$_2$所填充，结果价格并未上涨，而经济利益则尽归甲$_2$。

因此，竞争对于财货分配与价格形成的影响，首先就是它消除了垄断所固有的、并对社会极为有害的两个派生物。有了竞争以后，破坏商品量的一部分，或废弃生产商品所需的生产资料，皆对竞争者不利；同时，渐次利用不同社会阶层的方法，也完全成为不可能。

竞争出现以后，对于人类的经济生活，还产生一个非常重要的结果，这就是每一个经济人对于曾被垄断的商品，都可能支配更多的数量。我们知道，在垄断之下，垄断者所有的财货数量，通常只出售一部分，其所支配的生产资料，亦通常只使用一部分。但竞争一出现，这种弊害就立刻消除了。不但如此，竞争出现以后，还使曾被垄断的商品数量大大增加。我们都相信，多数供给竞争者所有的生产资料的总数，大都多于一个垄断者所有的数目。从而，多数竞争者所支配的某一商品的总量，也大都超过一个垄断者提供给市场的数量。所以，竞争出现以后，不但可得到商品总量全部出售于市场的良好结果；而且还收到商品数量本身显著增多的一个极为重要的效果。这样一来，假如生产资料不受自然的限制，则一般社会阶层，就可能以低廉的价格享受该商品，而社会一般人的生活状况，也可能更趋于完善。[1]

参加财货生产的经济人，其经济活动的倾向，亦因竞争的出现而大

---

[1] 垄断者通常并不直接地将其商品送至市场，如拍卖那样静候价格的决定，而却在最初先定商品的价格，以看其销路如何。他们所以要这样做的原因，我们在前面业已说过。同样的步骤，也适用于多数供给竞争者出现的场合。在这个场合之下，各竞争者通常也以一定价格提供其商品于市场，并于事前算定能使其获得最大收益的价格。但竞争者的这种行为，与垄断者的行为是有区别的。如上所述，垄断者通常把价格定得很高，以使其全部支配量中，只有一部分被人享用。其所以要这样，就因为这样才对他有利。反之竞争者在决定其商品的价格时，则必须考虑其竞争者手中的一切数量。因而在彼此竞争之下，价格便在供给竞争者的全部支配量的影响之下被决定。加之商品的支配量，已因竞争而显著地增加，所以这样决定的价格，便远较垄断价格为低。这就是竞争出现后物价跌落的原因。

变。我们知道，垄断者都只对上层阶级提供财货，至于交换能力比较薄弱的社会阶层，则皆被排除于该财货的享受以外。其所以要这样，就是由于多利少卖比薄利多卖，对他更为有利和更方便。反之，竞争者则是有利必图，不计大小的。故在经济状态许可的范围内，他们的经济活动，就有普及于低层社会的倾向。垄断者对于其财货的价格与交易量，具有在一定限度内加以规定的力量，故他们对于从低层社会所得的微利，便情愿弃而不顾，而只一意榨取富裕的阶层。反之，竞争者对于财货的价格与交易量，则均无独立规定的力量，故无论怎样微薄的利润，他们也愿意追求，并深恐错过机会。因此，我们可以说，唯有竞争才引导经济人向薄利多销和高度经济性的大量生产发展。因为，从每一财货所得到的利润愈是微薄，则不经济的陈规愈不能墨守；竞争愈是激烈，则旧有的经营方法愈不能采取。这些都极有助于人类经济生活的改善。

第六章

使用价值与交换价值

第一节　使用价值与交换价值的本质

在一国经济发展还极为幼稚，值得称道的交易还没有发生，各家族的财货需求还直接为其自己产出的生产物所满足的期间，财货对于经济主体之所以具有价值，自然是由于它能**直接**满足经济人及其家族[1]的欲望。但若经济人对于经济利益的认识已经有了进步，在经济人与经济人之间，已经开始了交易，在财货与财货之间，已经开始了交换，从而经济人拥有经济财货，就能借助于财货的交换，而获得支配其他财货的力量时，则为保证一定欲望的满足，经济人就不需再支配**直接**满足其欲望所必需的财货了。自然，就在发达的文化状态之下，若支配着具有直接满足欲望之效果的财货，自亦能同样保证经济主体欲望的满足。但同一的效果，亦可以通过间接的方法，即通过对其他财货的支配，以逐渐换得所需财货来间接满足其欲望的方法而获得。在这里，这个“其他财货”就丧失了前面所述的财货价值的特别前提。

如前所述，所谓价值就是我们意识到我们对于某财货的支配，为我们的某一欲望满足所依存，若我们不支配着这一财货，则该欲望就不能得到满足，从而该财货对我们就具有一定的意义，这个意义就构成财货的价值。这亦即价值发生的条件。这个条件如不具备，则价值现象就

[1] 参阅施莫勒：《杜平根杂志》(Tübing, *Ztsch*.1863, S.53)。

不会发生。但价值现象的发生，却与我们需求之直接保证或间接保证没有必然的关系。自然，财货若要获得价值，必须其能保证人类一定欲望的满足；但满足欲望究系直接进行或间接进行，则在我们讨论一般价值现象时，乃是无关紧要的问题。对于孤立的猎熊者来说，熊的毛皮是有价值的。其所以有价值，就因为猎熊者若不支配毛皮，其某一种欲望就将得不到满足。在交易经济之下，熊的毛皮对于猎熊者仍然具有价值。但两者之间却有差异(这差异不影响价值现象的一般本质)，其差异之处就是：在前一种情况下，猎熊者若不支配毛皮，就将蒙受风雨的侵害，或将得不到毛皮所能**直接**提供的其他欲望满足；在后一种情况下，猎熊者若不支配毛皮，就将不得不牺牲通过毛皮而**间接**支配的其他财货所能提供的各种欲望满足。

所以，前一种情况下的价值与后一种情况下的价值，实不过是同一经济生活现象的两个不同的形态。无论哪一种情况下的价值，都是财货在满足人类欲望时对经济主体所具有的意义。它们之间的不同特点，就是在前一种情况下，财货是在**直接**用途上对经济人具有其价值的意义的。而在后一种情况下，则财货是在**间接**用途上对经济人具有其价值的意义的。这点无论对实际生活还是我们的科学，都是一个重要的差异。所以我们对于它们(**同一个**一般价值现象的两个形态)，便有分别命名的必要。因此，我们才叫前一种情况下的价值为**使用价值**，而叫后一种情况下的价值为**交换价值**。[1]

---

[1] 伯恩哈第说："近来颇有人说亚里士多德已认识了使用价值与交换价值的差异，实则到了亚当 · 斯密才对此二者加以明确的区别。"(《理由等的试评》，Versuch einer Kritik der Gründe etc. 1849. S.79)对于伯氏此言，我觉得应指出这点：亚当 · 斯密《国富论》(Wealth of nations， I. Ch. IV; Vol. I., p. 42, Basil, 1801)论及使用价值与交换价值的地方，其大部分几与洛氏所论《关于商业与货币的考察》(Considération sur Le nummeraire, Chap, I, p. 443 ff., ed, Daire)一字一语地相同。并且，特戈特对于使用价值与交换价值，不但已明白加以区别，而且还深入地加以论述(《价值与货币》，Valeurs et monnaies S. 79 ff., Daire)。此外，在亚当 · 斯密之师、有名的道德哲学者哈奇森的著作之一节内，我们已可发现使用价值与交换价值的区别，不过还不曾使用这名词而已(《道德哲学》，System of moral philosophy, 1755, II, p. 53 ff.)。这点在学说史上实是值得注意的(此外参阅洛克：《降低利率的考察》，Considérations of the lowering of interest etc. Works, II, p. 20 ff，与特罗纳：《社会利息论》，De l'interêt social 1777, Chap. I, §. 3.)。在新近学者中，除前曾述及的弗里德兰德、尼斯、谢弗勒、罗斯勒等人，曾如米凯利斯(《国民经济季刊》，(转下页注)

所以，使用价值是财货在**直接**保证我们欲望的满足上对我们所具有的意义；而交换价值则是财货在**间接**保证同样的效果上对我们所具有的意义。

第二节　财货的使用价值与交换价值的关系

在孤立经济中，经济人所支配的经济财货，对于这个经济人来说，或者具有使用价值，或者就根本没有任何价值。 在发达的文化状态和活跃的交易之下，我们也常常看见这样的情形：即经济财货对于支配着它的经济人，虽无疑地具有使用价值，但却完全没有交换价值。

残障人使用的拐杖，记录者自用的笔记和家庭的记录等，这一切财货及其他许多类似的财货，对于某些人来说，都往往有巨大的使用价值。 但这些人若想通过交换，用这些财货来间接满足其他的欲望，则在任何情况之下，都将徒劳无益。 不过，在发达的文化状态之下，我们却

(接上页注)Vierteljahrschrift für Volksw., 1868, I, S.1)与林德沃姆(《希尔德布兰年鉴》，Hildebrand's Jahrbücher, IV, 1865, S.165 ff.)一样，将价值理论作为特殊研究的对象而外，对于使用价值与交换价值的差异曾深入加以论述的有索登：《国民经济学》(Nationalökonomie, 1805, I, §.42 ff. u. IV, §.52 ff.)；霍夫兰：《原理》(N. Grundlegung, 1807, I, §.30 ff.)；斯托奇：《政治经济学讲义》(Cours d'écon,pol. I. S. 37 ff.)；洛茨：《便览》(Handbuch, 1837, I, §.9)；劳：《国民经济学原理》(Volkswirthschaftslehre, I. §.57 ff.)；伯恩哈第：《基础等的研究》(Untersuchung d. Gründe etc., 1849, S.69 ff.)；罗雪尔：《国民经济学体系》(System, I. §. 4 ff.)；托马斯：《流通的理论》(Theorie d. Verkehrs, I, S. 11)及斯坦因：《体系》(System, I. S.168 ff.)等。 将德国人与英国人的价值理论相比较，可知德国人的经济学，努力于哲学上的深化；而英国人的经济学，则富于实际的意义。 李嘉图(《原理》Principles, 1817, Chap.28)、马尔萨斯(《原理》Principles, 1820, S.51和《定义》Definitions, 1827.Chap II.S.7 der ed.1853)与米尔(《原理》Principles, B. III, Ch. I. §.2, 6. ed.)等，与亚当 · 斯密相同，对于使用价值，亦用来与效用作同意义。 相反，托伦斯(《财富生产论》，On the production of wealth, S. 8)与麦卡洛克(《原理》，Principles, 1864, S.4)二人，则不用使用价值而用效用一词以代之。 最近法国人中，巴斯夏(《经济谐和论》，Harmonies écon. 1864, S.256)也与二人相同。 兰德代尔(《考察》，An Inquiry etc., 1804, S. 12.)与西尼尔(《政治经济学》，Political Economy, 1863, s. 6. ff.)二人，虽亦认效用为交换价值的一条件，但却不提使用价值，并根本排斥使用价值的概念。 在英国的经济学中，交换价值究竟作何解释，可见之于米尔如下的话中。 他说："价值与价格这两个词，早期的经济学者都用作同义语，就连李嘉图也未曾加以区别。 现代正确的学者，为避免对同一概念使用两个不同的术语，乃用价格一词表示货币关系下的一物价值，以表示与一物交换的货币量。 所谓一物的价值或交换价值，我们拟解作该物的一般购买力，即通过该物的所有以支配一般可买商品的力量。"

看见很多与此相反的现象。在眼镜店仓库里的眼镜制作机械对于眼镜店的所有者，外科手术用具对于制造它并销售它的人，只有少数学者才能了解的外文书籍对于书店的主人，一般来说，都没有什么使用价值，但在交换机会出现时，这些财货对于这些人，便都无疑地具有交换价值。

如上所述，在经济财货对其支配者只有使用价值或只有交换价值的场合，将不会发生是哪一种价值决定其支配者经济活动的问题。但这种只有使用价值而无交换价值或只有交换价值而无使用价值的情况，在人类的经济生活中，到底不过是例外的现象。因在交易关系相当发达的地方，经济人所支配的经济财货，通常都是可以直接和间接用于其欲望满足的。因此，对于他们来说，一种经济财货便通常兼有使用价值与交换价值。我们一般所拥有的衣服、家具、贵金属装饰品等无数财货，通常对我们都具有明显的使用价值。而同时在发达的交易状态之下，这些财货又都显然可用以间接满足我们的欲望；因而，这些财货也同时具有交换价值。

这些财货在直接满足我们的欲望上所具有的意义和在间接满足我们的欲望上所具有的意义，如前所述，不过是**同一**价值现象的两个不同的表现形态。但若就其**程度**而言，则这两种意义便呈现着显著的差异。贫穷人依靠彩票所得到的金酒杯，对于他自然有很大的交换价值，因他得这酒杯以后，可以通过交换以间接满足他从未满足过的许多欲望。相反，这酒杯对于他所具有的使用价值，则显然是微不足道的。对于一人非常合适的眼镜，对他自然具有极大的意义，但若论它的交换价值，则显然是非常的微小。

在人类经济生活中，我们所随时看见的，是经济财货对于支配它的经济人，都同时具有使用价值与交换价值，而且其使用价值与交换价值还往往表现为两个不同的数量。这时我们就要问，在这两个价值之中，究竟哪一种价值决定着人类的经济意识和经济行为？换言之，究竟哪一种价值才算是**经济**的价值？

这个问题可从对人类经济本质及价值本质的考察得到解答。人类一切经济行为的指导思想，都是尽可能地完全满足其欲望。假如一种财货的直接使用比其间接使用，更能保证经济主体的较重要的欲望满足，即一种财货的间接使用比之于直接使用，将使较重要的欲望得不到满足时，则毫无疑问，决定着该经济主体的经济意识与经济行为的，便是该财货的使用价值；相反，便是交换价值。即在前一场合，财货的直接使用所保证的欲望满足，无论在何种情况之下，都是经济主体所欲实现的欲望满足；从而在不支配该财货的时候，则是经济主体所不得不缺少的欲望满足。在后一场合，则财货的间接使用所保证的欲望满足，才是这样一种欲望满足。因此，在一个财货对其所有者兼有使用价值与交换价值的任何情况下，都是其数量较大的价值，才算是经济的价值。但依据我们在第 4 章所述，则很显然，在经济交换基础存在的场合，交换价值就是经济的价值，在不同的场合，则使用价值就是经济的价值。

第三节　财货价值经济重点的变化

认识财货的经济价值，即明确使用价值与交换价值中哪一个是经济价值，是经济人的重要任务。应留哪些财货于自己的手头，应卖出哪些财货于市场，才对自己最为有利? 要断定这个问题就需认识何者为财货的经济价值。但正确断定这个问题，却是实际经济的一个最困难的任务。其所以是最困难，一方面是由于必须洞察一切现存的使用机会与交换机会；另一方面则由于一些情况常在多样地变化，而这些变动不居的情况，却又是我们正确断定这个问题的基础。这些变动不居的情况就是：使财货对于我们的使用价值减少的因素，在其他情况相同的条件下，将造成该财货的交换价值成为其经济价值的结果；使财货对于我们的使用价值增大的因素，则将造成其交换价值减少的结果。同样，财货交换价值的增减，在其他情况不变的条件下，则将引起相反的结果，即将引起其使用价值向反方向变动的结果。这些变动情况，都是不容置疑的。

这些变化的最主要原因如下：

第一，财货对于经济主体所提供的欲望满足意义的变化。例如一个吸烟饮酒的人，若一旦对于烟酒失去兴趣，则其所储存的烟草与葡萄酒，就将获得显著的交换价值。一个喜欢打猎的人，若一旦变更其爱好，就将出售其打猎用具。由于这些财货使用价值的降低，所以它的交换价值就因而具有较重要的意义了。

特别是年龄的增长，一般都要伴随着这种变化。同一欲望满足，对青年来说，就具有与壮年不同的意义；对壮年来说，也具有与老年不同的意义。所以，人类的自然发展，其本身就伴随着不少的变化。例如，儿童的简易玩具，对青年就失去使用价值而获得交换价值；青年的教养材料对于壮年，以及壮年的营利工具对于老年，也将同样失去使用价值而获得交换价值。因此，在少年时代具有显著使用价值的财货，到青年时就常有被出售的现象。到了壮年时代，则不但出卖青年时代所用的娱乐用具，就连青年时代所用的教养资料，也出卖得干干净净。到了老年时代亦然，不只是壮年时代用以增长其生活力与勇气的娱乐工具，就是用以维持其生计与福利的营利资料(工厂、工业企业等)，也屡屡转让于他人之手。假如这样一种经济活动(即指上述已失去使用价值的财货之出卖)不明显地表现于现象的表面，则其原因就一定存在于人类的家庭生活中，即因家族感情之故，由年长的家庭成员将其所有物移转于年幼的家庭成员。因此，家庭经济是安定人类经济关系的一个重要因素。

财货对其所有者的使用价值若有增大，其结果自与上述情形相反。例如一个森林所有者每年所采伐的木材，本来对他只具有交换价值，但若他置备一个熔铁炉，从事生铁的熔冶，因而需用其森林的全部产物时，则其所采伐的木材，自不复再用以与他物交换。又如一向出卖其作品于出版社的文人，若他自己创设一杂志，则他自然就停止其卖文的生活。

第二，财货的属性发生变化，因而使其使用价值变化，而交换价值则不变，或虽变而不随其使用价值同比例增减时，亦可使其经济意义的重点移动。

例如，衣服、马、犬、仪式马车及与此同类的财货，遭受外表上容易识别的损坏，则对富有的人来说，必将立即丧失其使用价值而获得交换价值，虽然其交换价值亦有所减少。一般来说，这些财货对于富有的人，其使用价值的丧失，通常都较其交换价值的丧失为多。

相反，有些财货则又是这样变化的：即其交换价值，本来是它的经济价值，但因某种原因，其交换价值忽较其使用价值为小，因而其使用价值遂成为它的经济价值。例如饮食店所制作的食品，若在表面上有一些瑕疵，通常皆用于自己消费。因有了瑕疵以后，食品即将失去交换价值，而其使用价值则往往不减，或减亦不如交换价值之甚。同样的现象，亦可见于其他行业：例如在一个小地方，鞋店主人穿着其做得不好的皮鞋，服装店主人穿着其做得不好的衣服，以及帽店主人戴用其制得不美的帽子等，都是屡见不鲜的。

第三，使财货价值的经济重点发生变化的最重要原因，是经济人所支配的财货数量的增加。

一人所支配的某种财货，若其数量增加，在其他情况相同的条件下，其使用价值必随之而减少，而交换价值则代之而获得主要的意义。在收成以后，对农夫来说，谷物的交换价值可以说无例外地为其经济价值，但在不断卖出谷物以后，其使用价值却又再居于主要的地位了。农夫在夏季所保有的谷物，通常都有较高的使用价值，而其交换价值则远远落后。在继承遗产以前就充分购置了家具，在继承遗产时又获得了许多家具的人，当然会觉其家具之一部分仅具有些微的使用价值，另外一部分则甚至没有一点价值，因而这些家具就获得了交换价值，而被他用以出卖，一直卖到其剩余部分再具有较高的使用价值为止。

相反，经济主体所支配的某种财货，若其数量减少，必使其使用价值增高，从而在未减少前预定出售的该财货的一定量，必将重新获得使用价值。

在这点上特别重要的是一般财产变动的影响。在发达的交易关系之下，对于经济主体来说，其财产若有增减，就等于其一切经济财货有所增减。贫穷的人差不多都须限制其各种欲望的满足。或对于一些欲望，无论就量或就质而言，他们只能得到不完全地满足，或对于其他欲望，他们全然得不到满足。一个人在贫穷以后，如发现手边还有剩余的高等享乐品或奢侈品，那么在按照经济原则而行动的范围内，他必将卖出这些物品，而将其所得的收入用以满足其本人及其家族的更重要欲望。遭受投机失败或其他不幸而丧失其大半财产的人，必将卖出其装饰品、美术品及其他奢侈品，用以置备日常必需的生活用品。由贫穷而富有的人也与此同样，只其倾向相反而已。这时，向来具有使用价值的许多财货，都将随经济主体的富有而失去使用价值。所以暴发的人们，在其暴发以后，将卖出对其一向具有使用价值的简陋家具、粗劣饰品、狭小住宅以及其他财货，实是非常平常的事情。

第七章

商品的理论

第一节　通俗意义及科学意义的商品概念

在孤立经济下各经济人的生产活动，都投向于制作自己消费所必要的财货，因而为交换而生产财货之事，从这个经济的本来性质来说，自然就不会成为问题。在这个经济之下，为满足自己需求所必要的劳动，通常都由家族的首长，在顾及各人的能力与技巧之下，分配于家族的各成员与仆婢之间。所以孤立经济的特征，并不是它缺少分工，而是它的自足的性质，是它在为满足其自身需求而进行财货生产上的排他的倾向，是它全然缺乏可与其他财货相交换的财货。

自然，孤立经济内部的分工，不待说是停留在极狭小的范围内的。由于一家族对于个别财货的需求，一般都是微少的，所以专门从事一定财货的制作或只从事单一工作的人，在孤立经济内便不能充分发挥其作用。在文化不发达的一切地方，进行着相对复杂分工的，只限于个别的大家庭经济。至于其余的经济主体，则一般都只停留于狭隘的分工和较少的欲望满足上。

在一国经济文化发展的初期，通常都由学会某种技术的人，接受他人的来料而进行加工，以向社会提供其劳务。希腊人的体体斯(希腊四个市民阶层中之最下层的阶层——译者)，就是古代的这种手工业者。在东欧的许多地方，甚至就在今日，都还没有这种手工业者以外的其他手工业者。在这些地方，通常都由消费者将其自纺的生丝，交由织匠加工织成衣料；由农民将其自种的谷物，交由粉坊加工磨成面粉；就是木匠与铁匠，在比较大的定货上，也是接受顾客所提供的原料。

到手工业者开始自行购入其生产物的原料以后，一般手工业者虽仍旧接受消费者的**定货**，以进行生产物的制造，但已是经济文化的进一步发展，并也可视为福利增进的一个征象。这种情况，除开少数的例外而外，我们在小城市里就看得出来。在较大的城市里，某些行业也有此类情况。自然，在这种情况之下，假如卖出没有把握，工业者仍是不愿制造任何产品的，但这些工业者至少已较能适应顾客的欲望，并同时也替顾客节省了许多购买原料和从事加工的不经济的劳力。[1]

像这样一种对社会提供财货的方式，就经济性及便利性来说，无论对消费者还是生产者而言，都已是一种进步的方式。虽然如此，但还有许多重要的缺点：即消费者暂时还必须等候生产物的制造，而生产物的品质与规格，消费者在事前也不能全然知悉。至于生产者，则有时闲得无事而有时则忙碌异常，从而有时必须休业，而有时则供不应求。由于这些缺点，就促使生产者必须生产市场不确定的财货，即必须生产出多量的产品储备，以便在一有需求的时候，就能立刻供应。这样一种方式就是一面促使工厂工业(大量生产)产生，一面促使消费者购买现成产品，因而对生产者造成最大的经济性，对消费者造成最大确实性与便利性的向社会提供财货的方式。

生产者或中间商人准备用以交换的生产物，我们依照通常的用语，把它叫作**商品**。[2]不过这个概念是仅限于非货币的可动财货的。

---

[1] 罗雪尔：《国民经济的观察》(Ansichten der Volksw. S. 117, 1861)；希尔德布兰德：《年鉴》(Jahrbücher, II, 1864, S.17)；谢尔：同上书(VI, S, 15, 1866)；施莫勒：《德国手工业史》(Zur Gesch. des deutschen Kleingewerbes, 1870, S. 165, 180, 511 ff.)。

[2] 一财产所有者拟将其一部分财产用于交换，在任何情况之下，都是第三者不易知道的，因此商品二字在日常生活中，就常被用于更狭隘的概念。因此，在我国的俗语习惯上，就只认为其所有者的出卖意志为第三者所明确知道的财货才是商品。所有者的出卖意志，可以用各种方法表明，最常采用的方法，是或在购买者聚集的场所如市场、博览会、交易所等处陈列其财货，或在特别商店如店铺、仓库、货栈等处陈列或堆存其财货。因此，俗语所谓的商品，自然就指这样一些经济财货：即被陈列于一定地方，其(转下页注)

但在科学的叙述上，对于用以交换的一切经济财货，颇感有不顾其物体性、可动性、劳动生产物性及其供应者等而加以命名的必要，所以德国多数的经济学者，就把商品解成**“用以交换的各种经济财货”**。

由于立法[1]及许多经济学者都采用通俗意义的商品概念，更由于采用科学意义的商品概念者中，也颇有将通俗概念的要素纳入其定义的人[2]，所以，通俗意义的商品概念，仍然不失其一定的重要性。

(接上页注)所有者的出卖意志可为一般人所推断的经济财货。一国的文化愈进步，各经济人的生产愈专一，则经济交换的基础就愈广大，因而具有商品性质的财货数量(无论绝对或相对)就愈增多，而利用此商品关系以获得的经济利益也愈增大。此经济利益增大以后，就产生一个特殊的经济人阶级。这个阶级为社会提供交换服务，并接受交换利益的一部分作为报酬。依靠这个阶级，经济财货就大多不从生产者直接移转于消费者，而须经过或多或少的中间环节，以至必须经历错综复杂的路程，才能达到消费者的手中。这种中间商人，通常都经营着一定的经济财货，在一定的场所将这些财货展示于公众。俗语都叫这些商人手中的财货和生产者预备出卖的财货为商品，很显然就是因为这些财货的所有者的出卖意志，是任何人都极容易看得清楚的。

[1] 德国商法对于“商品”两字，不遵从科学意义而遵从通俗意义。在商法上，有时不用“商品”两字而用“财货”(第 365 条、第 366 条、第 367 条)、“对象”(第 349 条、第 359 条)或“动产”(第 272 条、第 301 条、第 342 条)等字。如在第 271 条说：“商品或其他动产或用以交易的有价证券”。不动产和劳动力在德国商法上是不算作商品的，商号也同样。商号若与其经营的业务分离，在法律上自然与其他非交易物同样，不能算作商品。船舶在德国商法上没有算作商品(第 67 条)，但在其他法典上则皆作为“动产”而获得商品的性质(参阅戈德施米特《商法》，Handelsrecht, I, 2, Abth., §. 60, pag. 527, Anm. 7, 1686)。关于商品概念的法律方面的文献，见戈氏书(P.525)。但戈氏的商品概念，从法律的立场来说，显得过于狭隘，因他连生产者准备用以交换的财货也不算作商品(I, 1, Abth, 298)。在罗马法上的“merx, respromercalis, mercatura”等字，有时用于交换对象之较狭的意义，有时则用于可卖品之较广的意义(1.73, §.4,D. de legat. 〔32,3〕; 1. 32, §. 4, D de aur. arg. 34, 2; 1. 1, pr. §. 1, D. de cont emt. 〔18, 1〕; 1, 42, D. de fidejus 〔46, 1〕.奥国民法则将商品与债权对立(§991)。

[2] 商品理论除个别例外而外，在英法意三国经济学者中未见有人作过独特的研究。goods, marchandises, merci 等字，差不多全用于“交易财货”与“购买对象”等通俗的意义，且还不作为一个科学术语，而只具有动摇不定的涵义。商品这个词，有些人用来与劳动力和货币相对立(奈克：《立法与谷物贸易》，Legislation et commerce des grains, I, Chap. 12;吉诺维西：《讲义》，*Lezioni*, II, 2, §. 4)；有些人用来和不动产相对立(吉兰明与科克林：《字典》，Dictionnaire, II, 131. Art “Marchandise” V. Hor Say)；有些人用以表示制作品而与原料相对立(圭奈：《一般极限论》，Maximes generales XVII.)；有些人用来与生产资料相对立(迪士：《关于商业等》，Sur le commerce etc., Chap. I, 10)；而孟德斯鸠则用来与生活资料同意义(《法意》，Esprit des lois, XXII, 7)。与孟同时的罗伯茨，给商品下一定义说，“商人用以进行议价与交易之物为商品”，并将商品分为 wares 与 moneys 二类(《商业地图》，Merchant's map, 4th ed. S. 6 ff.)。《法兰西学院辞典》(Dictionnaire de l'Academie franscaise)将“在店铺、仓库、市场销售之物”叫作商品。有时，商品两字又用于较广的意义，例如奈克的“销售量”为商品；福尔波内以“可被交换的多余数量”为商品；亚当 · 斯密以“未最后到达使用人手中之物”为商品；奥特斯以“因自用有余而转让于他人之物”为商品。但康迪拉克则认为商品是“提供交换之物”(《商业与政府》，*Le commerce et le gouvernement* Part. I, 5)。他这个说法为后来斯托奇所借鉴。斯氏给商品下一定义说：“具有被交换的命运之物为商品”(《讲义》，Cours I, S. 82, 1815)。在德国学者中，如朱思蒂、布希、索南费尔特及雅各布等，还把商品用于通俗的意义。(转下页注)

从上述科学意义的商品概念中可同时明确的，是财货的商品性质并非附着于财货之物，也不是财货的属性，而不过是财货与其支配者的一种特别关系。而且这种关系一旦消灭，财货的商品性质即将随之而失去。支配着一种财货的经济主体，若放弃其出卖这种财货的意志，这种财货就停止为商品。一种财货若落到不想出卖它而想消费它的人的手里，这种财货也不再为商品。例如，制帽者或绸缎商，以销售的目的陈列于店铺的帽子或绸缎，自然都是商品，但制帽者若自用其帽子，绸缎商若赠其绸缎与其妻，则二者自将不再为商品了。又如，圆锥糖与橘子，在零售商的手中自然都是商品，但到了消费者的手中，则自然就丧失其商品性质了。就是金属铸币，当其所有者不用以交换而用于其他用途时，它就不再为商品。例如塞勒币，在其所有者将其交与银

(接上页注)索登则称“一切生产物材料”为商品(《国民经济学》，Nationalökonomie, I, S. 285 1815)。他所谓生产物材料，则包含一切原料与工业品二者(同上书，S. 54)。另外，霍夫兰也同样给商品下了一个过于宽广的定义，他说：“商品是可以供给于人之物，特别是为获得他物而供给于人之物。”(《原理》，N. Grundlegung, II, §. 96)劳氏亦依从斯托奇的定义，而认“用于交换的一切财货储存”为商品(《国民经济学》，Volkswirthschaftslehre, I, §. 407)；因此，土地也能成为商品，货币本身虽非商品，但其材料则是商品(同上书，I, §. 258)。他只认物财是商品，从其财货概念可知。与劳氏的见解相平行的，有墨查德的见解(《商业的理论》，Theorie des Handels, I, S. 22, 1831)。扎卡赖亚也同样把商品概念扩及于土地(40 Bücher v. St, V Band, 1. Abth. S. 2, 1832)。反之，鲍姆斯塔克则再将商品概念限于动产，并要求作为商品的财货须具有一定程度的交易性(《官房学大辞书》，Cameral-Enkyclopädie, S. 449, 1835)，这样，他就又接近于通俗的见解。这种见解在富尔达、洛茨、舍恩、赫尔曼等人的著作中，又成为支配的见解。但里德尔与罗雪尔则又再恢复商品的科学概念。李氏称“预备交换或出卖的财货”为商品(《国民经济学》，Nationalökonomie, I, S. 336, 1838)；罗氏则认为“用以交换的一切财货”为商品(《体系》，System.I. §.2)。依从他们两人的，有曼戈尔德(《原理》，Grundriss,S. 27)、尼斯(《杜平根杂志》，Tübinger Zeitschrift, 1856, S. 266，他认为可用以交换的多余财货为商品)、伦奇(《国民经济辞典》，Handwörterbuch d. Volksw. Art. “Waare”，他认为具有交换价值并用以交换的财货为商品)和只在要点上依从的哈斯纳(《体系》，System, I. S. 288 u. 302)。在现代学者中，一般把商品概念联系于生产物的属性。如格拉泽称“交易的生产物”为商品(《一般经济学》，Allg.Wirthschaftsl ehre S.115,1858)；罗斯勒称“用以流通的或在流通中的生产物”为商品(《国民经济学》，Volkswirthsch. S. 217, 1864)；谢尔称“用以交换的各生产物”为商品(《希尔德布兰年鉴》，Hildebrandt's Jahrbücher, VI S. 15)。斯坦因也称“独立的企业生产物”为商品(《国民经济学教科书》，Lehrbuch d. Volksw., S. 152, 1858)。在最近，又有多数学者(其中包括一些知名之士)再将商品一词用于通俗的意义。例如希尔德布兰德在《年鉴》(Jahrbücher, II, S. 14)上，谢弗勒在《社会的体系》(Gesellschaftlichen System d. m. W. S. 456. u. 465)上，都将商品与劳务对立。惟商品的科学概念，他们还未完全抛弃，如谢氏就将通俗意义与科学意义的商品加以严格的区别，而将后者称为“交易财货”(同上书；S. 50， 51， u. s. f.)。施马尔兹的见解则颇为独特，他由于误解了货币与商品的关系，以致混同了商品的概念与狭义的使用财货的概念，而达到与上述科学的概念完全相反的定义(《关于国家学的书简》，Staatsw. in Briefen, 1818, I, S. 63)。

楼用以制作银器时，它就立即停止为商品。

这样，我们就可知，商品性质不但不是财货的属性，而且还不过是财货与经济主体间的**一时**的关系。一种财货为其所有者用来与其他经济主体的财货相交换，在它脱离其所有者到其他经济主体的移转时间内，我们才称它为**商品**。若它到达其经济目标，即若它已落到消费者的手中时，它就不再为商品而为与商品相对立的狭义的**使用财货**。若它没有落到消费者的手中(如铸币形态的金银)，由于它还没有丧失构成商品性质的关系，所以它无论在什么时候都是商品。[1]

第二节　商品的销售力

商品销售力的界限

在交换中出现的各种财货数量间，呈现着多种多样而变化无常的情况，对此情况的原因加以说明，在经济学领域内，实为值得我们特别注意的一个问题。企图解决此问题的尝试是很多的，其数目几与经济学独立体系的数目相等。但多数学者都把这问题并入价格理论中，而对于各种财货不能以同样的容易度相互交换这一点，则向来不加以注意。但商品销售力的显著差异，却是一个具有重大实际意义的现象。生产者与商人的经济活动之能否成功，无论在何种场合，都依存于他们对于商品销售力之有无正确的认识。所以经济学对于这个现象的性质与原因，是不可以长久不加以研究的。我们都知道，货币是各种财货中

---

[1] 从上面的叙述，我们可以明了两点：第一，一般虽认为货币是商品，但却未说明**货币在商品群中的特有地位**。第二，认为货币特别是铸币不能服务于任何消费目的，因而反对其商品性质的见解(其反对理由中包含着关于货币重要职能的误解，此处暂不去谈)是很难予以支持的。因为这个异议，对于其他一切财货的商品性质也是可以同样提出的。我们都知道，无论哪种商品就其交易形态来说，都是不能服务于消费目的的。无论哪种财货，要使其能够消费，必须先使其停止为商品，即必须先解除其交易形态(如熔解、分割与解包等)。铸币与金条，就是贵金属的普通交易形态，要使其能够消费，也要先解除其交易形态，既然如此，我们就没有理由可以怀疑它具有商品的性质。

最具有销售力的商品，但关于它的起源的理论，则到今日还争论不休，要解决这个问题，就只有在商品销售力的研究中奠定其完全而令人满意的基础。

依据我的考察，商品的销售力通常受以下四方面的限制。

第一，**商品的销售力在销售对象上受到限制**。

商品的所有者并非可销售其商品给所喜爱的任何人的，其商品的销路，通常只限于一定范围内的经济人。

对于下面这些人，就没有销售商品给他们的希望：

(1) 对其商品并无需求的人；

(2) 因法律的或物理的理由不能购入该商品的人；[1]

(3) 对于提供给他的交换机会并不知悉的人；[2]

(4) 认为该商品的一定量不与其所提供交换的财货的较多数量相互等价的人。[3]

假如我们看一看各种商品所销行的各种居民阶层，我们将发现其情形是千差万别的。我们只要比较一下可以销售面包与肉类的阶层和可以销售天文学用具的阶层，我们再比较一下可以销售酒与烟草的阶层和可以销售梵语著作的阶层，就可以知道这种千差万别的状况。对于同类商品的不同品种，我们也可以作同样的观察。在眼镜店里，通常都准备着适用于远视、近视的各种度数的眼镜，帽店、手套店、鞋店、皮革店等，通常也都准备着具有各种尺寸、各种品质的帽子、手套、皮鞋与皮革制品。在购买上等眼镜的阶层与购买普通眼镜的阶层间，在购买中号手套与帽子的阶层与购买大号手套与帽子的阶层间，我们只要稍

---

[1] 奢侈法及治安警察法，亦对商品销售力给予一种限制，还有在中世纪，许多国家的天鹅绒的销售都只限于骑士阶级和僧侣阶级。至于武器的销售，则就是现在，在许多国家也只限于那些能从官厅得到许可证的人。

[2] 不甚知名的商品(未知商品)，根据这个理由就只具有极狭隘的购买者阶层。因此，生产者为扩大其商品的销售范围计，就常不惜牺牲，以使其商品为世所知。在这一点上，就存在着公告、广告、宣传等的国民经济意义。

[3] 由于人民欲望的发展和福利的增进，商品的销售力也随之而显著地增高，这是一般的情况；但有些商品的销售力，却有因此而降低的。在贫穷的国家里容易销售的商品，到这个国家趋于繁荣时，就大多卖不出去了。

稍加以比较，就可知其间存在的差异是如何的显著了。

第二，**商品的销售力在销售领域上受到限制。**

为使一商品在某地有销路，除必须有购此商品的居民阶层以外，还必须：

(1) 运送该商品到该地，并在该地出售该商品，并无任何物理的与法律的障碍。

(2) 运送商品所需的费用，不至于耗尽由该交换机会所可得到的利益。

商品销售领域相差的程度，也不亚于前项销售对象相差的程度。在商品中，由于其需求限于一地域之故，有只能销售于个别村镇的，有只能销售于少数地区的，但也有可以销售于全国，或可以销售于一切文明国家的，甚至还有可以销售于地球上任何区域的。地洛尔山峡内土著所戴的特别帽子，只有在这个山峡内才有它的销路。斯瓦比亚的农夫与匈牙利的农夫所戴的帽子，在斯瓦比亚与匈牙利以外的地方是不容易卖出的。但法国最流行的帽子，则可畅销于整个文明世界的市场。同样，厚重的皮裘商品，只有在北方才有销路；次重的羊毛商品，也只能销售于北方及温带地方；但轻薄的棉丝商品，则差不多在全世界都有它的市场。

销售领域大小不同的另一个重要原因，为向远方市场运送商品所造成经济牺牲多少的不同。从不顺水路的石矿所掘得的建筑用石料，与普通砂石、粘土、厩肥等的销售领域，在没有铁路的地方，不过限于周围二三英里的范围，就在有铁路的地方，其范围超过 15 至 20 英里的也很少。石炭、泥炭、木炭的销售领域，在同一情况下，其范围虽稍广大，但仍是非常狭小。生铁与小麦的销售领域则较广大。钢铁与面粉的销售领域，更广大得多。至于贵金属、宝石与珍珠等，则只要有需求与交换手段存在，差不多地球上的任何地方，都是它们的销售领域。

由运送而引起的经济牺牲，必须为该商品的产地价格与销售地价格的差额所补偿。凡非十分高价的商品，此差额不可过大。在巴西的原始森林地区及东欧的许多地方，柴薪可用极低廉的价格购买；在许多场合，还可不费代价而获得大量的柴薪。而在其他远距离的地方，柴薪的价格纵使非常高昂，但其产销两地间的价格差额，仍不可能补偿两地间的运送费(即使柴薪在生产地的价格为零)。至于像价格昂贵的手表，情形就完全两样。一个手表在生产地的价格与其在远距离市场如日内瓦、纽约、里约热内卢的价格间的差额，通常都足以补偿此远程的运送费而有余(哪怕手表在生产地的价格就已非常之高)。所以，商品的价格愈高，在其他情况相同的条件下，其销售领域就愈广大。

第三，**商品的销售力在数量上受到限制。**

一商品的销售力还被该商品未被满足的需求量所限制，同时也为经济交换基础还能存在的数量所限制。我们都知道，一个人对于商品的需求，纵然具有极大的界限，但超过这个界限而购买更多的数量，在一定的期间内总是不被考虑的。并且，就是在这界限以内，各人也只在经济交换基础还存在的范围内，才购入一定的商品数量。各经济人对于一商品的需求合计，即构成全社会对于该商品的总需求，所以一商品对于全社会的销售数量，在一定经济状态之下，便严格地受着上述两种数量的限制。超过一定数量以上的销售，总是不能想象的。

至于说到这个界限的范围，则就各财货而言，亦有很大的差异。在商品之中，有因需求不大，在任何场合都只能销售微少的数量的；有因需求较大，因而其销售较广大的；也有实际上所考虑的数量，差不多都有其销路的。

关于图比印第安人语言的著作，其出版社以普通的定价，大约可销售 300 册，但即使将价格降到最低，也未见得能销售 600 册以上。少数专家才有兴趣的学术书，通常都期待着几代学者的需要，在许多场合，都因著者的崇高名望，才能勉强销售一些。相反，能引起一般兴趣的科学著作，则可能有数千册的销路。通俗的科学写作品，则甚至可销到二三万册。至于著名的诗集，如情况顺利，则销售数十万册也很有可能。我们只要比较一下关于古代秘鲁的著作和席勒的诗集，关于梵语的著作和莎士比亚的戏曲集。我们再比较一下面包、肉类与奎宁、海狸香、棉布衣料、羊毛商品、天文用具、解剖材料，我们就可知商品的销售力在数量界限上是有如何巨大的差异了。最后，我们也可以比较一下中号帽子、手套和特大号帽子、手套的销售力在数量上的界限。

最后，**商品的销售力在销售时间上受到限制**。

在财货中，有只在冬季或夏季才有需求的，有只在一时内(虽有长短之别)才有需求的。祭祀与美术展览会的节目单就属于这种财货。从某种意义上来说，就是杂志与流行品，也属于这一类财货。不只如此，只具有短时间保存力的一切财货，就其内在的性质来说，其销售力也限于短暂的时间。

此处还须说明一种情况，就是储存商品通常对其所有者必引起一种经济牺牲。就商品销售力的空间关系来说，有运送费的牺牲，就其时间界限来说，则有仓库费、保存费及利息负担等的损失。在今日的文化状态下，预备出售一批屠畜的牲畜商，通常都因屠畜所具有的有限保存力、利息负担以及保有这些屠畜商品所伴随的其他牺牲，而非于一定时限内将其卖出不可。此外，毛织品商和铁商所有的商品，由于一部分物理的理由及一部分经济的理由(如仓库费及利息负担等)，其销售力也受一定时间的限制。

关于时间的界限，也因商品的不同而呈现着极为显著的差异。例如牡蛎、鲜肉、做好的食物与饮料、鲜花、节目单和政治新闻等，其可销售的时间，大多限于数日或数小时。大部分新鲜水果、多数流行品、兽肉、盆景等的销售期限，大多不过几星期。其他类似商品的销售期限，也不过几个月。而另外有一些商品的销售期限，则在该商品能够保存和有需求的条件下，有及于几年、几十年甚至几百年的。

此处还须说明的是，由于商品的保存与储藏而发生的经济牺牲，通常是因商品的不同而异的。这一点又构成另一个使商品销售力的时间界限呈现差异的重要因素。出售可以堆存于户外的柴薪与建筑用石料的人，通常都没有家具商人那样想急于将商品脱手，而家具商人则又没有贩马商人那样想急于脱手。至于金、银、宝石及其他不耗费储藏费的各种商品，则其销售力比之于上述各商品，就具有更长远的时间界限。

商品销售力的程度之差

依据以上的考察，我们已知商品的销售力，有时限于狭小的居民阶层，有时则限于广大的居民阶层；有时限于狭小的空间、时间与数量的界限，有时则限于广大的空间、时间与数量的界限。但以上我们所指出的，还只是在一定经济状态下商品销售之外在的界限。在这个界限以内进行交易，有的非常容易，有的则较困难。这种难易不同的原因何在，我们还须加以研究。

为研究这个问题，有先说一说商品的性质与使命的必要。前面已说过，商品是**用以**交换的经济财货，但却不是用以**无条件**交换的经济财货。商品的所有者，自然都具有交换的意图，但却不愿以任何价格交换。拥有手表库存的人，假如愿以一塞勒一个表的价格出售，拥有皮革库存的人，假如也愿以同样的倾销价格出售，则无论其库存如何丰富，也将旋即售罄。但事实上这两个商人却常常怨叹其销路之不足。其所以如此，就因为他们的商品虽是用以出售的，但却不愿以任何一种价格出售，而只愿以适合于**一般**经济状况的价格出售。

如前所述(第 129 页)，有效价格是当时竞争关系所产生的，双方的竞争愈完全，所产生的价格就愈适应于**一般**的经济状况。若因某种理由，致使一部分商品需求者退出竞争，则价格必下落于与一般经济状况相适应的水平；同样，若一部分供给者退出竞争，则价格亦必将上升到这个水平以上。

现在，假定围绕着某商品的竞争是不规则的，其所有者虽愿按经济价格出售却无销路。同时，另一商品的所有者则没有这种危险。即使有这种危险，其程度亦不相同。此种互不相同的情况显然就是这两种商品的销售力有所差异的原因。为什么呢? 因为后一种商品能很容易地完成其交换的使命，而前一种商品则往往要蒙受经济牺牲后才能完成其交换的使命，有时甚至根本不能完成。

市场、博览会、交易所、周期反复的公开竞卖及其他公共的买卖设施等，将商品价格形成上的一切有力的利害关系者，长期地或周期地集合于一地，能使所形成的商品价格具有经济价格的性质。所以，有规则市场存在的商品，通常就易于按照适应于当时一般经济状况的价格出售。但其交易极不规则的商品，则就只能以不规则的价格出售，有时或完全卖不出去。为商品设立市场，可使其生产者或商人随时按经济价格出售其商品，一都市若设立羊毛市场或谷物市场，就可以将羊毛或谷物的销售力普及于都市周围的区域。同样，有价证券交易所的设立，也有利于有价证券的经济价格的形成，因而也保证持券人能按经济价格出售证券，而大大增大其销售力。

有了规则的市场以后，任何消费者都能发现其所需商品的所有者。由于这点，就可增大该商品能随时按照经济价格卖出的希望。商品的批发，一般都比较集中，零售则不然，零售的不集中，就是其价格不能成为经济价格的主要原因。

一种商品的交易与经济价格的形成，有了一定的集中点以后，不只促成该商品的交易能按照经济价格进行，而且这个交易中心所形成的价格，还不断地报知于一般民众，而促使这个交易中心以外的利害相关者，也按照适应于当时经济状况的价格进行交易。这对于大购买者和大销售者无关紧要，因为他们通过大宗交易就能根本操纵价格的形成。但对于“小户”来说，他们的小进小出，对于价格形成是不会兴风作浪的，有了市况的公开，他们才能在集中点以外参加经济的交易活动，尽管不进入市场也能分享市场的利益。在伦敦的近郊，很可能有一佃农按照《泰晤士报》所登载的行市，与一粉坊进行谷物交易。在维也纳，有不少的小量酒精，是按照《新自由报》或其他报纸所登载的行市销售的。所以，商品交易集中点一般所能收到的效果，就是商品所有人能按照经济价格销售其商品给一切需要者。

总之，各种商品所行销的居民阶层，有时很狭小，有时则很宽广；

商品交易的集中点有时组织得较好，有时则组织得较差。这两点差别的情况就是商品销售力相异的第一个原因。

第二，在商品中，有些商品在其销售的界限内是随处都有市场的。如家畜、谷物、金属及其他类似的一般财货，差不多在有交易的地方都有市场存在，因而任何小城市小市镇都有这一类财货的市场。反之，其他商品如毛皮、茶叶、靛蓝等，则在很广大的地域内，才有少数的市场。这些市场在价格形成上都有一定的关系。某一市场，若为具有决定性的重要市场，其交易情况必立即报知给其余一切主要市场。经济人的某一特种阶级即仲裁者阶级，就经常为使各市场的差价不至于大大超过各种开支和运送费而活动着。

商品的销售力，一部分限于狭小的地区，一部分则能达到广大的地区。一部分商品能以经济价格在许多交易地点出售，而另一部分商品，则只能以经济价格在少数交易地点出售。这一种情况，即前一部分商品所有者，能随时按经济价格在广大地区的许多地点出售其商品，而后一种商品的所有者，则只能按经济价格在狭小地区的少数地点出售其商品的情况，就是商品销售力相异的第二个原因。

第三，在商品中，有一部分商品存在着活泼而规则的投机，因而运到市场的商品量，纵使超过当场的需求量，也能全部卖出。而另一部分商品则不存在着这种投机，即使存在，其程度亦不相同，因而该商品若充斥于市场，其价格就将急速下降，商品所有人若不忍受此种损失，其商品就将不能脱售而必须从市场搬回。在这两种情况下，前一种商品的所有人，通常都能将其商品全部卖出，虽亦将遭受些微的价格损失；而后一种商品的所有人，则就不能脱售超过需求量的商品，如欲脱售，就须忍受极大的损失。

在前面，我们曾举过的专门学者才能阅读的某种书籍，就可作为后一种商品的一个例子。更为典型的是，其本身没有独立的意义而只作为其他商品之一个构成部分被需求着的商品。例如，怀表的螺形发条和蒸汽机的压力表，若其数量正好适应于所制造的钟表与蒸汽机数量，则其价格无论如何高昂，亦必能全数卖出；若其数量大大超过其需求量，则纵使其价格非常低廉，亦不能全部脱售。反之，仅有极少的供应量而有无限需求量的金银及其他许多财货，其销售力就可以说是差不多没有数量的限制。金的现存量即使增加一千倍，银的现存量即使增加一百倍，将其供应于市场，无疑也有人购买。它们的价格若因而下落很多，则就是不十分富裕的人，也可能用它们作为日用器具；而比较贫穷的人，则亦可能用它们作为饰物。因此，它们的数量纵然增加若干倍，也不致送到市场后又因找不到销路而搬回。但无论怎样优良的学术著作，无论怎样精巧的光学仪器，若也按着这样的程度增加，它们就将无法脱售。其他重要商品如面包、肉类等也是同样的情况。这样，我们就可知，金银的所有者是很容易将其储存量卖出的，虽在最坏的情况下，他们可能遭受微小的价格损失。其他大部分财货，若其数量突然增加，则其所有者所受的价格损失就将比金银大得多。至于另外的其他财货，若其数量大大增加，就可能完全卖不出去。

根据以上所述，我们就可知，商品销售力在数量上的界限，有时很广大，有时则很狭小。并且，就在这个界限以内，事实上送到市场的数量，也有容易卖出与很难卖出的区别。有些商品很容易以经济价格卖出，而其他商品则或者是完全不能卖出，或者是不能同程度地卖出。这样一种情况，就是商品销售力相异的第三个原因。

最后，在商品中，有些商品是有不间断的市场存在的。如有价证券与多数原料(在有商品交易所存在的地方)，就天天都有市场；其他商品也每周有二三次市场；五谷及其他杂粮每周有一次市场；工厂制造品，一季有一次市场；马与其他家畜，大多一年有二次或一次市场等。

这样，我们就可知，商品销售力的时间界限，一部分很宽广，一部分则很狭小。并且在这个或广或狭的界限内，有些商品可随时以经济价格卖出，而有些商品则只能在一定时候才可以经济价格卖出。这一种情况就是商品销售力相异的第四个原因。

当我们观察经济生活现象，发现各种商品的销售力存在着显著的差异时，我们就不难在上面四个原因中，去找寻其适合的说明了。

拥有一定量谷物的人，在有谷物交易所存在的地方，由于他每一时刻都能以经济价格卖出，故他就等于拥有随时可以变成现金的商品。谷物之所以能随时以经济价格卖出，就由于(1)谷物具有广泛的需求；(2)谷物的销售力具有广大的空间与时间的界限；(3)谷物市场一般具有优良的市场组织和活泼的投机。

拥有毛皮的人，在许多点上就不如拥有谷物的人有利。毛皮比之于谷物，其销售力的数量界限既非常狭隘，其市场制度亦极不规则。其市场时间既相隔得很久，其市场空间又相距得很远。此外，围绕着它的投机，又非常地不活泼。小麦的所有者，若愿以稍低的价格出售，他将能够随时脱售其货物。毛皮则不然，拥有它的人或者必须忍受很大的损失才能将其脱手，或者在短时期内完全不能卖出，而必须等到遥远的将来。

此外，我们若将谷物的销售力去和望远镜、海绵、盆景等的销售力相比，或特别与这些商品中销路较差的商品的销售力相比，我们更可明了其差异之大及其原因之所在。

商品的流通力

在上面，我们已说明了商品销售力差异的一般的与特殊的原因。换言之，即我们已说明了商品所有者是否能容易地以经济价格出售其商品的原因。同时，由于一商品的流通即为该商品的许多个别买卖所组成，所以商品流通容易度大小的问题，也就在这里同时得到了解答。但经验告诉我们，一切商品不是都以同样的容易度流通的，一部分商品容易从这一人流通到那一人，而其他商品，甚至其中还包括销售力很大的商品，则不容易从这一人流通到那一人，这种情况又基于何种特殊的原因呢？以下就对此加以研究。

在商品中，有一些商品无论在何人的手中，都具有同一的销售力。西本彪根的吉卜赛人在阿拉略斯的泥沙中所淘得的沙金，只要找到了适当的市场，其销售力自与金矿所有者手中的沙金销售力相同，并且，无论经过多少人所有以后，其销售力也绝不会有所减低。反之，衣服、寝具、食物等，若在吉卜赛人的手里，纵使它们还没有用过，或本来就为卖出而买进的，亦将为人嫌弃，以致不能出售，即使侥幸出售，亦只能售极低的价格。但若这些商品在其生产者或商人的手中，则就有很大的销售力，除非这些商品已被用过或已被污损，使其销售力的一部分或全部丧失。所以，这些商品在经济交换上是不十分适合于从一人的手中流通到他人的手中的。

另外有一些商品，在销售上需要特别的知识、技术、连系或官厅的许可与特权等。假如这些商品在不具备这些前提的经济主体手中，其销售就将非常困难或甚至完全不可能。销往印度、南美洲的商品、医药品和垄断商品等，若在一定人的手中，可有很大的销售力，若在其他人的手中，其销售力就将失去大半。所以，这些商品也同样是不适合于从一人的手中流通到他人的手中的。

有一种财货，须特别适合消费者的需要，才有被使用的可能，这种财货就不是在任何人的手中都有同样销售力的。如鞋帽类商品，就只有在鞋帽商的手中，才有较大的销售力，因这些商人通常都具有使其商品适合于其顾客需要的用具。但在其他人的手中，这些商品的销售就将变得困难，或须遭受重大的损失，才能卖得出去。像这样的商品，亦不适合于从一人的手中流通到他人的手中。

有一种财货，其行市易起变动，或其行市如何，不易被人知悉，这种财货亦不容易流通于人与人之间。拥有这种财货的企业家，都难免要遭受因进价过高或卖价过低而造成的损失。一定量的谷物在谷物交易所和一定数额的有价证券在证券市场，通常都能于几小时之内转手十几次。反之，要经过精密研究后才能确定其价值的地产、工厂等，就不能迅速流通。对于价格无甚变动的有价证券，就是与交易所无关系的人员，也能于交易所进行买进或卖出。反之，行市变动较大的商品，若其价位不在现行价格以下，就很难流通出去。所以，价格不定或行市变动剧烈的商品，也不十分适合于从一人流通到他人。

最后，我们还须明白的是，商品从一人转移到另一人，从一个场所转移到另一个场所，或从一个期间转移到另一个期间的时候，其销售力所被限制的各个因素，通常是累积地加强的。那些销售范围狭小、保存期限短暂的商品，或保存时必须伴随不少经济牺牲的商品，以及只能提供有限的数量于市场且价格无一定标准的商品等，虽在一定的界限内，还有一定程度的销售力，但却是不具有流通力的。

这样，我们就可知，商品流通力就是广义的销售力的表现，同时也是上述销售力增大的四个因素所综合构成的销售力的表现。

第八章

货币的理论

第一节　货币的本质与起源[1]

在人类交易的初期，人们对于从交换所能获得的经济利益，刚刚开始有所认识。相应于原始文化的单纯性，他们交换的目的，都针对着最眼前的需要，因而无论何人都只着眼于通过交换所能获得的各种财货的使用价值。他们事实上所成立的交换，都只限于这样一种场合：即财货所有者认为其自己所拥有的财货的使用价值，较另一人所拥有的财货的使用价值为小；而此另一人对于这两个财货，则作相反评价。甲有一柄剑，乙有一把锄，甲认为一柄剑的使用价值比一把锄的使用价值为小，乙则认为一把锄的使用价值比一柄剑的使用价值为小。在这种场合或类似的其他场合，甲乙二人自然就发生交换。事实上，在刚有交换的时候，一切交换也都限于这种场合。

不难明白，在这种情况下所发生的交换，其数目当然是非常微小的。某人所拥有的财货的使用价值，比另一人所拥有的财货的使用价值

[1] 参阅孟森：《罗马铸币史》，(Geschichte des röm. Munzwesens Einleitung und S. 169 ff.)；卡纳普：《铸币科学与价值符号史》，(Zur Geschichte der Munzwissenschaft und der Werthzeichen, Tübing. Ztschrift, 1860, S. 348 ff.)；肯纳：《古代货币的任务》，(Die Aufgabe des Geldwessens im Alterthum, Wiener Aked. Schriften, philos. hist, Section, 1863, S. 382 ff.)；罗雪尔：《体系》，(System I, §.16)；希尔德布兰德：《年鉴》，(in seinen Jahrbüchern, II, S.5, 1864)；谢尔：《货币概念的历史发展》，(Der Begriff des Geldes in seiner histor. Entwicklung, ibid. VI, S. 12 ff.)；伯纳达克：《货币的起源及其名称》，(De l'origine des monnaies et de leurs noms)，《经济新闻》，(Journ, des Econom. 1870, XVIII,S.209)。

为小，同时另一人对于这两种财货的评价则相反。这样的情况，在事实上自然是少有的；并且，即使有这样的情况，这两个人亦未见得能够适相会合。例如，甲有一渔网，愿与一定量的麻相交换。这交换看似简单，但要使这个交换能够成立，却需要这样一个前提：即另一人乙有一定量的麻，且其麻正合甲的需要，而他又正欲与甲的渔网交换。不但如此，具有交换愿望的甲乙二人，还必须有机会会合在一起，否则这个交换还是不能成立。农夫丙有一匹马，愿与耕作用具及衣服相交换，为着这个目的，他必须找寻一个需要马匹而又能够提供并愿意提供其所热望的耕作用具与衣服的第三者，但是，找寻这样一个人，却是何等的困难！

这个困难必须克服，否则分工的发展尤其是销路不确定的财货生产，都将要受到严重的障碍。但要解除这个困难，就必须要有一种辅助工具，这个辅助工具并不需要通过特别协约或国家的规定，经济人为克服交换的困难，自然会在不得已的情况下使用起来。

需求的直接满足，为人们一切经济努力的最后目标。为着这个最后目标，人们便以其商品与使用价值较大的财货相交换。人们的这一种努力，在任何文化阶段都看得出来，并且，从经济原则的角度来说，这也完全是正当的。但是，假如这个最后目标不能立即达到或直接达到，人们就必须采取接近这个最后目标的一切办法，否则其行为就显然违反经济的原则。

假定荷马时代的一个武器工匠，制造了两个铜制武器，而欲与铜、燃料及粮食等相交换。他携带了他的武器到了市场。到了市场以后，假如就遇着需要他的武器并愿卖出他所需要的一切原料与粮食的人，那自然可以使他完全满意。但若他虽遇着需要他的武器的人，而所提供交换的却不是他所需要的原料与粮食而系其他的商品，此商品虽非他所需要，但却比其武器**有更大的销售力**，从而持有该商品，就容易发现其所需财货的交换者。这时，假如他肯接受该商品，自然可间接实现他的目的。假如他不肯接受该商品，则他就只得放弃其交换的意图，或必须等待很长的时间，才能完成其交换。在荷马这个时代，家畜是最具有销售力的商品。这个武器工匠为满足其直接需求，纵使已有足够的家畜，假如他不肯再以武器交换家畜，则他的行动就最不合于经济原则了。自然，以武器交换家畜，并未换得其所需要的使用财货，但他却可由此而得到销售力较大的商品，以代其原有的销售力较小的商品。有了这种销售力较大的商品以后，很显然，他在市场上就容易发现提供其所需财货的交换者了。所以根据这个道理，这个武器工匠若能正确考虑其个人利益，纵使没有什么强制的或特别的协约，他也必然愿意以其武器与家畜相交换，然后再以该销售力较大的家畜，在市场找寻愿意提供铜、燃料及粮食的交换者。这样，他就可以较可靠、较迅速地并较经济地达到其换得所需财货的**最后目的**。

所以，随着**各个**经济人对其经济**利益**认识的提高，**纵使没有任何协约与法律强制，纵使不是为着公共的利益**，各经济人也将情愿提供其商品以与那些虽非自需、而销售力较大的商品交换。从而，在**习惯**的强力影响之下，随着经济文化的发展，就到处出现这样一种现象：即在当时当地销售力最大的财货，在交换中最为一般人所乐于接受，因而也最能与其他任何商品相交换。对于这样一种财货，我们的祖先曾以“通用”即“服务”、“支付”来称呼它，到最后才名之为“**货币**”。这样，我们就可知，在我们的语言上，货币这个词就是支付对象的意思。[1]

---

[1] 古代德语不用“Geld”而用“scaz”来表示货币；哥达语亦不用“Geld”而用“skatts”来表示货币。乌尔斐拉司把马可福音第十四章第十一节表示货币意义的“άςγύςιον”一字译为“faihu”(家畜、货币之义)。古代德语用“gelt”以代“Vergeltung, Abgabe, Lösung”(报酬、支付、清算之义)，10世纪的圣经难语辞典谓“Gelt”等于拉丁语的“aes”。但古代北方语的“giald”，则已用于今日“Geld”(货币)的意义。中世纪的德语，常用“gelt”于“Zahlung”(支付)“Vermögen”(财产)及“Einkünfte”(收入)的意义，惟用于今日“Geld”(货币)意义的也不少(参阅格拉夫：《古代德国标准语语库》，*Althochdeutscher Sprachschatz*, Ⅳ, 191；贝内克：《中世德国标准语字典》，*Mittelhochd. Wörterb.* Ⅰ, 522；迪芬巴赫：《比较哥达语字典》，*Vergleichendes Wörterbuch. d. goth. Sprache*, Ⅱ, 403, 1851)。其他民族的货币称谓也有趣味。希腊人、希伯来人与罗马人均称货币为“银”(άςγύιον keseph, argentum)，法国人则到现在还称货币为“银”(argent)。英国人、西班牙人、葡萄牙人则称货币为“铸币”(money,monéda,moeda)，希伯来人、希腊人、法国人也另称货币为“铸币”(maoth, νόμισμα monnaie)，意大利人与俄国人一般称货币(denaro, dengi)时，都叫作币块(Denareu)，西班牙人与葡萄牙人的另一称谓也是这样。波兰人、波希米亚人、斯拉夫人都称货币为“分”(pienadze, penize, penize)，哥罗西亚人、达尔马西亚人、波斯尼亚人也同样。丹麦人、瑞典人、马札儿人也称货币为“分”(penge, penningar, penz)，阿拉伯人也同样。居住尼罗河上游的巴里人，以“naglia”(玻璃珠)表示货币的意义(据《维也纳学院学报》，Wien. Acad.—Schriften, phil. hist. Section B. 45, S. 117 上穆勒之所说)。努比亚人则称货币为“schongir”(具有文字的贝壳)。

对于货币的发生，**习惯**[1]实具有极大的意义，我们只要看一下上述一定财货变成货币的过程就可以明白。以销售力较小的商品与销售力较大的商品相交换，对**各个**经济人自然是有利益的，但为使这个交换能够盛行，必须各经济主体都要认识这种利益。而这种利益则不是一国全体人民所同时能够认识的。通常在最初，只有少数的经济主体认识这种利益。这种利益通常都在这些人不能直接以其商品与使用财货相交换的时候，或虽能交换而毫无把握的时候，才以其商品与销售力较大的其他商品相交换而产生的。这种利益**与某一商品是否被一般人承认其为货币无丝毫的关系**。因为，无论何时，并且无论在何种情况之下，这种交换都能使各经济人较接近于作为其最后目标的所需使用财货的获得。为使一般人认识这种经济利益，不如让其亲见那些采取正当方案、获得此项利益的人们的经济上的成功。货币的发生，在最初也是由于少数聪明而能干的经济主体为着自己的经济利益，长期接受销售力较大的商品，以与其他一切商品相交换。他们这样做而得到经济上的成功。其他的人看见他们的成功，才逐渐认识这种利益而也来效法他们。这样，最有销售力的商品，才不只为多数经济人、并且为一切经济人所乐于接受，而一切经济人之所以乐于接受，则很显然，习惯是起了很大作用的。[2]

---

[1] 强调货币发生的因素为习惯的，有康迪拉克(《商业与政府》，*Le commerce et le gouvernement*, 1776, Part Ⅰ, Ch. 14)与特罗纳(《社会利息论》，*De l'intérêt social*, 1777, Ch. Ⅲ. 1.)二人。

[2] 在文化发达的地方，以金银铸币与其他一切商品交换，是任何人都乐于接受的，不管其对于金银本身有无直接的需要，也不管其是否已有充足的金银。对这个突出的现象，古代大思想家曾加以说明，今日多数卓越的学者还在继续加以研究。一个人用他所拥有的东西去和更有用的东西进行交换，这在情理上是很容易懂的。然而，人人都情愿用自己所拥有的东西去和用途不大的金铢银片进行交换，这的确是难于理解的，难怪伟大的思想家萨维尼(《契约论》，Obligat. Ⅱ, 406)，也认为这事非常“神秘”。经济学在此地的任务，就在于说明人类何以会有这种神秘的行为。有些人认为这种行为的原因在于人们的协约或为人们共同意志之具体表现的法律，特别是在货币的铸币形态上，更容易产生这个见解。柏拉图与亚里士多德就是如此。柏拉图称货币是“为便于交换的协约票券”(《共和国》，de. rep. Ⅱ, 12)。亚里士多德亦说货币由协约产生，但其产生并非通过自然，而是通过法律(《伦理学》，Eth. Hic. Ⅴ,8)。在另一地方，亚氏更明白地表示这个见解，他说：“当人类相约以某物作为一切商品的等价物而互相授受时，就产生货币的现象。”(《政法学》，Pol, Ⅰ,6)——罗马的法律家保罗斯，也用同样的方法来解决这个问题。他指出了物物交换的各种困难，认为解除困难之道只有通过一个公共制度——货(转下页注)

在国家的疆域内，通常都由立法给予一商品的货币性质以虽然微小

(接上页注)币——的采用。他说："为便于交换，必须有一物具有固定不变的名目价值，这个价值的记号乃社会所赋予。然后，在交换时计算其交换力，就依据其名目价值而不依据实际价值"(见《贾斯蒂尼安法律全书》，*Justinian's Gesetzsammlung* L, 1, D. de contr. emt. 18, 1)。所以，保氏也把货币的起源归因于社会的权威。——此外，关于贵金属在一切商品中所以占有特殊地位，系由于其所具有的特别属性的见解，也已开始于古代。亚里士多德就首先指出贵金属处理与搬运的容易(《政治学》，*Polit.* Ⅰ,6)；在另一地方，他又注意到贵金属价格的比较稳定《伦理学》，*Eth, Hic.* Ⅴ,6)。色诺芬并且观察到贵金属，尤其是白银在数量上的销路的广大。他认为铜器、铁器、葡萄酒与谷物等，若提供较多的数量于市场，其价格就将剧烈地低落，白银则不然，它总有较广的销路(《雅典的收入》，*de vectigal. Athen.*4)。普利尼厄斯也特别指出贵金属尤其是黄金的耐久性与不灭性(《自然史》，*hist. nat.* 33, c. 19,31)。

中世纪及16世纪所发表的关于货币制度及度量衡制度的丰富文献，都在菲利浦·拉贝编纂的《货币图书目录》("*Bibliotheca nummaria,*" ed. Reichenberg, 1692)一书里集其大成了。在布台利阿那藏书(*Collectio Budeliana* 1591年版)与弗雷赫编辑的《货币》(*De re monetaria*, 1605)中，也包括着这个时代里多数值得注目的各种有关文献。罗雪尔在其《体系》(System Ⅰ, §.116,5)中，也热心地注意到这时的一部分重要文献。这些文献所讨论的，大部分是货币制度的实际问题及诸侯的货币改铸权问题。其中一部分也讨论到货币的起源问题，并依据古代的研究，引证了亚里士多德的说法。如奥雷斯缪斯(*Tractat. de orig. et jure* etc., ed, Freher, S. 2 append.)、拜尔(《货币论文集》，*Tract. de monetis*, ed Freher, S. 33)、莫利纳斯(《论货币的变迁》，*Tract. de mutatione monetarum*, 1555, edit, Budeliena, S, 485)、库阿罗维亚(《古货币》，*Veter, numm. collat.* 1560, ed Bud S. 648)、马莱斯特罗伊特(《矛盾论》，*Paradoxa* 1566, ibid. S. 747)、梅诺修斯(《意见集》，*Consilia*, ibid, S. 705)、布德留斯(《论钱币及货币》，*De monetis et re nummaria*, 1591, S. 10)等。这些人的研究路线，可概括如下：即他们都先说明直接交换的困难；其次说明这种困难可由货币的采用而消除；然后强调贵金属特别适合于作为货币；最后再引证亚里士多德的话，得出贵金属通过人类的立法，事实上已成为货币的结论。这些人在反对诸侯滥用货币管理权一点，有其重大的功绩，但关于货币起源的问题，则皆未超越前人的见解。在这点上古代意大利人与英国人也不例外。如达文扎蒂就坚持亚里士多德与保罗斯的见解，认为货币的起源是由于国家的权力(《货币学讲义》，*Lezioni sulle monete*, 1588, S. 24. ed Cust)。蒙塔纳里也是同样(《货币论》，*Della Moneta*, Cap. 1, S. 17, 32 und Cap. Ⅶ, S. 118, ed. Cust.)。罗伯茨所编的《商人的商业地图》(*Merchants map of commerce*, 1638)比17世纪其他任何著作都较能反映英国当时的国民经济观，在这本书上，他也把货币的起源归因于同一的根源(S. 15, der ed. 1700)。

在18世纪前半叶的财政学家里，洛氏在货币起源的研究上是一个卓越的人。博伊扎德还把货币的起源归因于政府的权威；沃班(《皇家辅币》，*Dlme royale*, 1707, S. 51, ed. Daire)与博伊斯吉尔伯特(《关于财富性质的论文》，*Dissertation sur la nature des richesses*, Chap. Ⅱ)也止于强调货币作为交易手段的必要性。反之，洛氏则断然排斥了协约说，而从一切商品中认出贵金属的特异地位，并从其特异地位以说明其货币性质(见《关于货币的考察》，*Considération sur le nummeraire*, 1720, Chap. Ⅰ；其理论最初见于《贸易与货币》，*Trade and money*, 1705；与《货币使用纪念集》，*Memoire sur l'usage des monnaies*, 1720, P. 1)。这一点在洛氏以前还没有人这样做过，所以洛氏就成为正确的货币起源理论的创始者。吉诺维西(《讲义》，*Lezioni*, Part. Ⅱ, C.2,4,1769)与杜尔阁(《关于财富的形成与分配的考察》，*Sur la formation et dis tribution desrichesses*,1771, §§.42—45)，在否定货币起源于人类协约这一点就依从了他。同时，贝卡利亚(《政治经济学》，*Economia publica*, P. Ⅳ, C. Ⅱ, §§.7—8)、维里(《政治经济学》，*Della economia politica*, §.2，及《法律杂谈》，*Riflessioni sulle leggi*, P. Ⅰ,S.21,ed. Custodi)、杜尔阁(同上书及《关于纸币的书札》，*Lettre sur le papier—monnaie*, S.97,ed. Daire)、亚当·斯密(《国富论》，*Wealth of nations*, B. Ⅰ.Chap. Ⅳ, 1776)、及布希(《货币流通》，*Geldumlauf* Ⅱ. B. Ⅵ)等，则把洛氏从贵金属的特异性以说明其货币性质的尝试，在更适合的方法上加以发展。在近代经济学者中，附和这些人的，有马尔萨斯(《政治经济学原理》，*Principles of Pol. Econ.*, Chap. Ⅱ. sect. 1)、麦卡洛克(《政治经济学原理》，*Principles of Pol. Econ.*, P. Ⅰ. Ch. 24)、米尔(《政(转下页注)

然而不可否定的力量。 但如上所述，货币(其变种铸币又当别论)的起源完全是自然发生的，它受立法的影响极少。 它不是国家的发明，也不是立法行为的产物。 国家的批准与货币概念全无关系。 一定商品因经济关系而自然成为货币，丝毫也不需要国家的力量。

但是，在某一财货适应着交易的需要，被国家批准为法定货币以后，凡对国家的贡纳以及其余一切债务(这些债务或者是本来未加以特别约定，或者虽然有过特别约定，但由于什么原因又不予照行的债务)，就都可合法地用这种财货来进行支付。 从而这种财货就被国家赋予了一种一般代表力。 这样，我们就可知，一种财货之成为货币，虽不由于国家的批准，但国家的批准则可使这种财货的货币性质更加完全。[1]

第二节 各国及各时代所特有的货币

货币并不是经济人协约的产物，不是国家立法行为的产物，也不是

(接上页注)治经济学原理》，*Principles of Pol. Econ.*, B. Ⅲ. Chap. Ⅶ)、乔亚(《展望》，Nuovo prospetto, 1815, Ⅰ, S. 118 ff.)、鲍德里拉特(《手册》，Manuel, Part Ⅲ, Chap. Ⅲ, Ⅰ, 1863)及加尼尔(《论》，Traitéchap XⅦ, 1868)等。 在德国的经济学者中，附和这个说法的有克劳斯(《国家经济》，Staatsw., B. Ⅰ S. 61 ff., ed. 1808)与利德(《国民工业》，National—Industrie, 1800, Ⅰ S. 48 ff.)二人。 在18世纪前半叶，德国经济学者对历史研究还没有什么兴趣，所以关于货币起源的问题，在奥本多弗、波利茨、洛茨、扎卡赖亚及赫尔曼等人的著作中竟未触及。 一直到劳、艾斯伦、罗雪尔、希尔德布兰德、尼斯和稍前的墨查德等，才随着经济学领域内历史研究的开始，再以货币的起源作为研究的问题。 ——但到现在为止，从所出现的论文来看，则问题却未得到进展。 穆勒在货币的起源上，承认国家与人类愿望的两个因素，并认为使这两个因素统合为一的就是贵金属(《货币的理论》，Theorie des Geldes, 1816, S. 156)。 霍夫曼则将货币的起源再归因于人类的协约(《货币论》，Lehre vom Gelde, 1838, S. 10)，谢瓦利尔也是同样，(《货币》，《讲义》，La monnaie, Cours Ⅲ. S.3, 1850)。 对于这个问题具有较大意义的是奥本海姆的关于货币本质的专著(《货币的本质》，Die Natur des Geldes, 1855)。 自然，它的意义不在其关于货币起源的特有见解(S. 4 ff.)，而在其对于成为交换手段以后的商品，如何失去其本来的性质而成为单纯的价值票券的说明中。 对于他后面这个见解，我们是坚决加以反对的。 他这个见解基于这样一个看法：即交易圆满进行以后，货币的有用金属性质，就往往在经济人的意识中失去，这时，在经济人的意识中，就只认为货币不过是一个交换手段，其所具有的交换力量，则为社会习惯所保证。 这就是奥氏的看法。 这个看法自然也是正确的，但货币的有用金属性质，若由于什么原因而失去，则很明显，其交换力与其所根据的习惯，恐亦将不得不归于消灭。 所以，在交易高度发达的地方，虽难否定货币为多数经济人视为单纯的票券，但若其有用金属的性质失去，则上述说明所根据的错觉也就不存在了。

[1] 参阅斯坦因：《国民经济学教科书》(Lehrbuch der Volksw., 1858 S. 55)，特别是尼斯：《杜平根杂志》，(Tübing. Ztschr. 1858, S. 266)与孟森：《罗马铸币史》(Geschichte des röm Münzwesens, 1860, Einleit. Ⅶ und Ⅷ)。

人民的发明创造。随着各经济人自己经济利益的提高，无论在何地，他们都同时达到了这样的明确认识：即他们若以销售力较小的商品，换入销售力较大的商品，则他们的特殊经济目的，必因而能够得到显著的改善。因此，随着国民经济的发展，货币(销售力较大的商品)就在许多不相关联的文化中心地同时产生出来了。但由于货币不过是人类经济的自然产物，故它的特别现象形态亦由各地各时的特别经济状态所形成。在同一国家内，不同的时代可有不同的财货在交易中占据着货币的地位；在同一时代内，不同的国家也可有不同的财货在交易中占据着货币的地位。

在经济发展的初期，似乎大部分民族之最具有销售力的商品都是家畜。在游牧民族和从游牧进展到农业的一切民族中，家畜实为各人财产的重要部分。在没有人工道路，只有依靠家畜载运自己到远地的情况下，家畜的销售力自然对于一切经济主体来说都是最普遍的。家畜是充分具有保存力的商品，在牧地，很多家畜可放置于户外，它的维持费也微少。在人人都想尽量保有多量畜群的文化阶段，随便运多少家畜到市场，也不会嫌过多。所以，家畜销售力在时间上和数量上的界限就相当地广大。在这个时代，如像家畜这样具有较高销售力的商品，可以说并不多见。加之，在这个时代，与家畜的交易，实亦比与其他任何商品的交易要发达。家畜在一切商品中既是最有销售力的商品，它就成为古代各民族的自然货币。[1]

---

[1] 货币的观念与最古的交换手段——家畜的观念常相结合，并表现于大部分国家的语言中。古代北欧语的“naut”，既是牛的意思，也是货币的意思；古代佛里斯兰(荷兰最北部的地区名——译者)语的“sket”，既意味着家畜，也意味着货币。哥达语的“faihu”，盎格鲁撒克逊语的“féoh”，北亨勃里亚语的“feh”以及其余一切日耳曼系方言的类似文字，都同时用于家畜、财产与货币等意义(依据《首要杂志》，Haupt's Zeitschrift, IX, p. 549, Note 101 上瓦克那格尔氏的见解，此外参阅迪芬巴赫：《比较哥达语字典》，Vergleichendes Wörterbuch der gothischen Sprache, Ⅰ, 350 ff. 2,757；特伦奇：《英字集注》，A select glossary of English words, p. 30 上的有趣注解)。在 lex Fris. add. 11 上有“对于马或对于货币”的话。在卡斯尔 F. 12 上有“Pecunia fihu”的话(Pecunia 是货币，fihu 是家畜——译者)。古代斯拉夫语的“skotum”，是家畜的意思，但也是一个格罗辛(货币的单位名称，等于 12 个分尼——译者)的意思(内塞尔曼：《立陶宛字典》，Litauisches Wörterbuch)，拉丁语的 Pecunia, Peculium 等，都从 pecus(家畜)一字而来，这是一般人都注意到的。雅典人最古的货币，似乎就叫作“βοῦς”(牛)。“βοῦς”这一字现在(转下页注)

古代最开化的民族希腊人，就在荷马时代，在商业中还没有看见像今日这样的铸币痕迹。商业还主要是物物交换，构成人们财货的是畜群，支付也以家畜进行，商品也以家畜评价，罚金也以家畜征收。根据历史记载，德拉科古希腊严酷的立法者(约生于公元前620年——译者)还规定以家畜征课罚金，到了梭伦(古希腊的法学家，约生于公元前600年——译者)，才规定按照一只羊合一个德拉格美(古希腊货币名——译者)、一头牛合五个德拉格美的比例，以金属货币来征收罚金。以牧畜为业的古代意大利人的祖先，比希腊人还更明显地以家畜作为货币。罗马人一直到较晚时期，还以牛与羊作为交换手段。最早的罚金，就规定以家畜缴纳。这种规定还表现于公元前454年的“Lex Aternia Tarpeia”法，经过24年后，才以铸币额规定罚金。[1]我们的祖先日耳曼人，在他们进步到用银器和陶器进行计价的时代，还认为有多量家畜的人就有多量的财富。荷马时代的希腊人，在他们进行交换的时候，也以家畜尤其是马(也用武器)作为交换手段。家畜为希腊人所较喜爱的财产，法律上的罚金，也以家畜和武器缴纳。[2]奥托大帝还征收家畜罚金。阿拉伯人在穆罕默德时代还存在家畜货币。[3]信仰拜火教的东亚细亚各民族，在邻近各国早已采用金属货币以后，才以其他的货币形态

(接上页注)还保存在“βοῦζ έπi γλώ ýτηζ”(舌头上的牛转而为仔细而沉默的人)这样一个谚语中。这是波勒克斯的臆说，也是一般人所知道的。Dekoboion、Tesseraboion、Hekatomboion等字都是货币额的名称。这些字有人说并不起源于曾经存在的家畜货币，而起源于最古的金属货币。主张这种见解的人，在从前有波勒克斯与普卢塔克，在最近有伯利及其他许多学者。但我则认为这样的见解是比较正确的：即在惯用的家畜货币渐渐转移到金属货币时，最初一头家畜的金属价值，就形成新货币的名义价值，从而表示家畜头数的词语，就变成金属铸币及其数额的名称了。在阿拉伯人的语言内，也看得出家畜概念与货币概念的关系，有时既意味着所有与家畜、有时又意味着财产与货币的“mâl”一字，就是这一点的证明(弗雷塔格：《阿拉伯辞典》，Arab. Lexik. Ⅳ, 221, Maninski p. 4225.)。

[1] 比克：《度量衡的研究》(Metrologische Unters. 1838. S. 385 ff.)；孟森：《罗马铸币史》(Geschichte des römischen Münzwesens, 1860, S. 169)；赫尔奇：《希腊及罗马的度量衡》(Griechische und römische Metrologie, 1862, S. 124 ff., 188 ff.)。

[2] 瓦格那格尔：《古日耳曼的工商航运业》，(“Gewerbe, Handel und Schifffahrt der altem Germanen”, in Haupt's Zeitschrift Ⅸ. 548 ff.)；格林：《德国的古代法》(Deutsche Rechtsalterthümer, S. 586 ff.)；索特比尔：《德国历史研究中的关于黄金与铸币历史的论文集》(Beitrage zur Geschichte des Geld-und Münzwesens in den Forschungen zur deutschen Geschichte, Ⅰ, 215.)。

[3] 斯伦伦格：《穆罕默德的生活》(Leben Mohamed's Ⅲ. S. 139.)。

代替家畜货币。[1]希伯来人[2]、小亚细亚人及美索布达米亚人，我们也可想象在他们有史记载以前，曾用过家畜作为货币，不过找不着证据罢了。当这些民族在历史上出现的时候，的确已经放弃家畜货币了，但他们曾经使用过家畜货币，一则可以从以后的发展中得到证明，二则还可以从这样一个判断中得到证明，就是：在文化初期就已经使用金属或金属器物作大宗支付之用，那终是违反事实的。[3]

但是，随着文化的发展，特别是随着职业的分化与由于职业分化所形成的都市的逐渐发展，就使家畜的销售力不得不逐渐减少，而其他商品尤其是有用金属的销售力，则不得不相应地增大。与农民交换的手工业者，能够接受家畜货币的，实在是属于少见的例子。对于都市的居民来说，无论在何种情况下，暂时保有家畜，都不但是一个麻烦与累赘，而且也要伴随着巨大的经济牺牲。就对农夫本身来说，若要进行家畜的保护与饲养而不伴随着任何经济牺牲，那也只限于他们能够支配足够的牧地并能将家畜放置于户外的时候才是可能的。所以随着文化的发展，家畜在空间上、时间上和数量上的销售范围就日益缩减，从而它就不再为最有销售力的商品，不再为**经济**的货币，因而最后就停止为货币了。

曾对家畜给以货币性质的一切文明民族，在从游牧经济和纯农业经济进展到农工业经济的时代，就抛弃了家畜货币而采用有用金属作为货币。在有用金属中，特别是那些容易获得、质地柔软、易于加工的铜、银、金等，被人用来作为货币，有时铁也被人用来作为货币。这些有用金属之作为货币，是比较容易贯彻的，因为在采用家畜货币的时候，一些小额的支付，早已用金属器皿和粗劣金属来进行了。

铜是使用最早的金属，它被农夫用来作锄，被军人用来作武器，被手工业者用来作各种工具。它与金银等又为各种容器及装饰品的最早

[1] 施皮格尔：《阿范斯大圣书》(Avesta, deutsche Bearbeitung, Ⅰ, S. 94 ff.)。
[2] 利维：《犹太铸币史》(Geschichte der jüdischen Münzen, S. 7.)。
[3] 参阅罗雪尔：《体系》(System, Ⅰ, §. 118, Not. 5.)。

的原料。因此，各民族在从家畜货币进展到金属货币的文化阶段，铜及其合金就为一般人最喜使用的财货。金银对文化程度低下的人来说，是满足炫耀欲望的重要手段，所以它们也是人人所希求的财货。并且，在早些时期，金属的用途不多，因此都是先将其制成器物用于交换，到后来更改成未经加工的原材料形态，于是它的用途更可以由各人自便，同时也易于分割，所以它的销售就不限于少数人之间了。加以它们搬运方便而费用少，更由于它们具有耐久力，所以它们的销售力既不限于小范围的经济人，也不限于狭隘的空间与时间。此外，它们作为一般竞争的对象物，经常能够按着经济价格销售，这一点也不是其他任何商品所能及的。由于这些缘故，所以它们的数量无论多少，都毫无问题地能以经济价格卖出。这样，我们就看到了铜、金、银三者在游牧经济、纯农业经济以后的时代里成为最有销售力的财货，从而成为独占的交换手段的经济状态。

但是，这种转变绝不是突然实行的，各民族也不是以同样的方式实行的。新的金属货币在完全驱逐旧的家畜货币以前，通常在长久的期间内，还同家畜货币并行不悖。尽管一头家畜的价格，改为按照已成为货币以后的金属计算，但即使在这个金属已经单独流通，即家畜货币已经遭到废黜之后，家畜货币单位的名称还被保存着。希腊人的德卡博伊恩(相当于牛 10 头的货币——译者)、特塞拉博伊恩(相当于牛 4 头的货币——译者)和赫卡汤博伊恩(相当于牛 100 头的货币——译者)，与罗马人、高卢人的金属货币，就属于这一种。金属货币上的家畜图案，可以说就是这个评价的象征。[1]

认为黄铜和青铜是最重要的有用金属，也是较古的交换手段，而贵金属则是到较晚的时候才用作货币的说法，是一点也不确实的。在亚洲的东部，即在中国(印度殆亦如此)，我们可见到铜币的完全发展。同

[1] 普卢塔克：《西修斯集》(Thes. 19)；普利尼厄斯：《自然史》(h. n. 18. 3)；施莱伯：《历史手册》(*Taschenbuche für Gesch*, 2. 67 ff. 240 ffg. 3. 401 fgg.)。

样，在中部意大利，铜也发展成为特有的货币。反之，在幼发拉底和底格里斯两河的原始文化流域，则就一点也没有铜币独立存在的痕迹。在近东诸国、埃及、希腊、西西里及南部意大利等处，即使也曾使用过铜币，但其独立的发展，却为地中海的大规模商品交易所阻碍(因铜对于大规模商品交易是不方便的)。在这里，可以完全确定而不容置疑的是，采用铜币的一切国家，随着其文化的进步，特别是随着其商品交易地区的扩大，比较低价的金属就必然向比较高价的金属转换，即必然从铜铁向金银转换(采用银币的国家，则向金币转换)。或者这个转换虽未成为事实，但其倾向则无疑是存在的。在赛拜恩人(古代意大利中部的民族——译者)的一个城市里，当家畜货币被淘汰之后，他们同邻近的农村地区进行交易时就采用铜作为货币。这一方面是因为赛拜恩人的生活习惯俭朴，另一方面则因为铜对于农村和城市居民都是最有用的金属，故人们都愿意接受它，同时铜的产量比较多——在文明初期这两个条件乃是一种财货成为货币所必需的。加以铜的保存既容易而又无费用，其运送费亦比较便宜，所以在狭隘的地区内，铜是能充分适用于货币目的的财货。但到交易范围扩大和大规模商业产生以后，铜即丧失其货币能力，而贵金属则代之成为最有销售力的商品，因而也就自然成为一切文化进步、经济发达民族的货币了。

其他民族的历史，也说明由于他们的经济发展是非常不同的，因此他们的货币制度也是非常不同的。

当欧洲人初次踏入墨西哥的时候，据当时目击者的报道来推断，墨西哥那时实已达到经济文化相当发达的阶段。墨西哥的土著民族古代亚特克人的交易制度，从两个理由上看，实值得我们特别重视：第一，从他们的交易制度可以证明指导人类行为的经济观念(即尽可能地完全满足其欲望)，无论在什么地方，都将产生同样的经济现象。第二，墨西哥乃是从物物交换过渡到货币经济的一个很好的范例，从而也是一些财货从其余一切财货中被选出来作为货币的特殊过程的一个很好的范例。

侵略者及当时著作家的报道，都描写墨西哥是一个拥有许多城市并进行着制度完善的大规模交易的国家。在城市里每日有一次集市，每五日有一次大集市，这些大集市均匀地分布于国内，彼此不相侵犯。各村有两三个商品交易广场，广场内有各种商品陈列的场所，在这个场所以外是不准进行交易的，只有食品及运送困难的商品(木材、鞣皮材料、石料等)才可例外。聚集于首都墨西哥集市的人数，在常日是20 000至25 000人，在大集市日是40 000至50 000人，交易的商品种类也极为繁多。[1]

在此处发生了一个有趣味的问题，就是在与旧世界的市场相类似的旧墨西哥市场内，从其本质与起源看来，是否已出现了类似于我们所谓货币的现象?

事实上，依据西班牙侵略者的报道，在他们初次踏入墨西哥的时候，这个地方的交易，在很久以前就已脱离了物物交换的范畴，一些商品如我们在前所述，已在财货交易中取得了货币商品的地位。能够装8 000至24 000个可可豆的小袋、某种小的棉布、涂于羽毛上的金粉、铜块以及小锡片等，在一般使用财货直接交换不可能的时候，就是任何人都愿意当成货币来接受的商品，虽然他们并不直接需要这些商品。在墨西哥市场交易的商品，据目击者传说，有下面这些种类：活的与死的兽类、可可、其他一切食品、贵金属、药品、野菜、橡胶、树脂、土壤、调剂药品、由芦荟与山棕榈的纤维及兽毛制成的商品、由羽毛与木材及石料制成的商品，以及金、铜、锡、木材、石料、鞣皮材料与兽皮等。我们看一看这些商品，就可知道欧洲人当时踏入的墨西哥已是拥有许多城市的进步的工业国，我们再从墨西哥人还不熟悉大部分家畜这一点，就可知墨西哥根本未曾有过家畜货币。同时，由于可可是亚特克人的日常饮料，棉布是他们最普通的衣料，金、铜、锡是他们最通行的有用金属，我们再看一看这些财货的内在性质，及其比其余一切商品

[1] 克拉维格罗：《墨西哥史》(Geschichte von Mexiko, 1, Band, Ⅶ. Buch, 35. Abth.)。

所具有的优越销售力，我们就不难理解为什么这些财货曾成为亚特克人的自然货币，虽然就货币的发达程度来说，还是很低的。

狩猎民族在其对外部进行交易时以兽皮作为货币，也基于同样的原因。狩猎民族通常都拥有多量的毛皮制品，这是因为他们经常是依靠猎取牲畜来果腹，所以日久之后就积累了很多兽皮。其结果就使人们对稀见的及特别美丽的兽皮产生竞争。于是当他们与其他民族进行交易时，兽皮市场必然随之产生，同时毛皮制品也必然成为最有销售力的财货了。这时，就是狩猎者相互间发生交易，也彼此愿意接受毛皮制品了。狩猎者甲在交换时不一定需要狩猎者乙的兽皮，但他却可以借助于乙的那种兽皮在市场上较容易地交换其所需要的其他有用财货。所以，兽皮对于他虽然只具有单纯商品的性质，但总较他所拥有的其他销售力较小的商品为优，所以他还是把它交换进来。这一种情况在以毛皮制品与外部交易的一切狩猎民族中都看得出来。[1]

在非洲内地以盐板与奴隶为货币，在亚马孙河上游以蜡块为货币，在冰岛与纽芬兰以干鳕为货币，在马利兰与弗吉尼亚以烟草为货币，在英属西印度以砂糖为货币，在葡萄牙附近以象牙为货币。这些财货之所以成为货币，就因为这些财货在各地是主要的交易品，犹如狩猎民族的毛皮制品一样，它们都有很高的销售力。此外，其他许多财货之所以成为一地方的货币，则可归因于其所具有的一般而巨大的使用价值或由此而产生的巨大的销售力。例如锡瓦(非洲东北部的地名——译者)绿洲的枣椰子仁，亚细亚高原及西伯利亚的茶砖，努比亚(非洲东北部尼罗河流域地区——译者)及塞纳的玻璃珠，亚赫地方(非洲)的一种拘色普

---

[1] 在哈德生拜公司所属的许多地方，今日还以海狸的皮作为交易的计算单位。在这个地方，3头黄鼬等于1头海狸，1头白狐等于2头海狸，1头黑狐或熊等于4头海狸，1枝猎枪等于15头海狸(《外国》，Ausland, 1848, Nr. 21.)。爱沙尼亚语的“raha”是货币的意思，拉普兰(北极的地名——译者)人的类似语则是毛皮价值的意义(克鲁格：《俄国的铸币》，*Zur Münzkunde Russlands*, 1805)。关于俄国中世纪的毛皮货币，可参阅内斯特、史吕格译本(Übersetzt. von Schlöger, III. S. 90)。古语Kung(货币)本来是黄鼬的意思。1610年俄国某陆军金柜为敌军占领的时候，发现其中有5 450卢布的银和7 000卢布的毛皮制品(Karamsin, XI, S. 183)；罗雪尔：《体系》(System Ⅰ, §. 118, 3, 1868)；此外参阅斯托奇劳译本(Uebersetz v. Rau, Ⅲ, S. 25)。

黍等。 由于同样的原因，贝壳也被当作货币用，人们把它作装饰品而同时又作为交易商品。[1]

这样看来，我们就可知货币(在空间上与时间上有各种不同的特殊现象形态)既不是因协约或立法强制的结果而产生的，也不是由于单纯的偶然事件而出现的。 它完全是各时代各民族的不同经济状态的自然产物。

第三节 作为“价格尺度”及交换品储备之最经济形态的货币

由于交易的逐渐发达与货币作用的逐渐发挥，就造成各种商品均能相互交易的经济状态，并使价格形成的界限亦受活泼竞争的影响而日渐趋于狭小。 这样一来，在一定场所和一定地点，就使一切商品都相互形成一定的价格比例，根据这个价格比例，这些商品都能相互交换。

现在，假定下列商品(以一定的品质为前提)在一定市场与一定时点上的价格如下：

每一生的勒	有效价格	平均价格
白糖：	24—26 塞勒	25 塞勒
棉花：	29—31 塞勒	30 塞勒
面粉：	5½—6½ 塞勒	6 塞勒

(生的勒，量名——译者)

假定商品的平均价格就是商品既可购买又能卖出的价格，则在上面这个场合，4 生的勒的白糖就为 3⅓ 生的勒棉花的等价物，而同时后者又为 16⅔ 生的勒的面粉和 100 塞勒的等价物。 一商品的这样意义的等价物，我们若称其为该商品的“交换价值”，同时，该商品买和卖一致的货币额，我们若称其为“优越意义的交换价值”，则我们在此就达到

[1] 罗雪尔：《体系》(System Ⅰ, §. 119, Note 12.)。

了我们科学中关于交换价值的、特别是关于作为“交换价值尺度”的货币的支配见解。

杜尔阁说：“在交易发达的国家内，某一种财货比例于其他每种财货，都有一个通行价格。这样，某种财货的一定量，就表现为其他每一种财货一定量的等价物。当我们要表现一个财货的交换价值时，我们只要明白表示为该财货等价物的其他一商品的数量就行了。因此在这里我们就可明白这一点：即构成交易对象的一切财货，都可相互衡量，并且，每一财货都可用作其他一切财货的尺度。”与杜尔阁同样的话，差不多可见于其余一切经济学者。他们亦得到与杜尔阁在其名著《关于财富的形成与分配》[1]一书中所发表的相同的结论。这个结论就是：在存在的一切“交换价值尺度”中，货币是最适合的尺度，从而也是最一般的尺度。这个尺度的唯一缺陷，就是货币价值本身不是不变的量而是可变的量。[2]所以，货币只能在一定时点上提供一个“交换价值”的确实尺度，而不能在不同时点上提供一个“交换价值”的确实尺度。

但依据我们在价格理论中所表示的见解，我们已知客观意义的财货等价物，无论在什么地方都是不存在的。所以，想把货币作为一般财货“交换价值尺度”的理论，也是不能成立的。因为这个理论的基础首先就是虚拟的和谬误的。

在一个羊毛市场上，一定品质的羊毛1生的勒，有时虽可以按103弗洛林(货币名——译者)的价格卖出，但同时在同一市场，则很可能以较高或较低的价格，例如104、103½或102、102½弗洛林的价格成交。并且，还留在市场的其余购买者，或只愿以101弗洛林的价格买进，而销售者则只愿以105弗洛林的价格卖出。在这样一种情况下，

---

[1] 《关于财富的形成与分配的考察》(Sur la form, et distribut des ricnesses, S, 25 ed Daire)，此外参阅罗雪尔：《体系》(System, I, §. 166, 1868)；尼斯：《杜平根杂志》(Tübing. Zeitschrift, 1858, S. 262.)。

[2] 关于此点，特别参阅赫尔弗里西：《贵金属价值的周期的变动》(Von den periodischen Schwankungen im Werthe der edlen Metalle, 1843.)。

羊毛1生的勒的“交换价值”究竟是多少呢？或反过来说，多少数量的羊毛才是100弗洛林的“交换价值”呢？在此我们可以明确知道的，只是1生的勒羊毛在101至105弗洛林的界限内，可在该市场和该时点买进或卖出。能够相互交换的一定量的羊毛与一定量的货币(或其他商品)，即客观意义上的所谓等价物，的确在什么地方也看不出来，从而这样一个等价物(“交换价值”)的尺度根本是没有的，因此也就根本无从谈论。

为着实现经济的目的，以大致的精确度进行评价，特别是以货币进行评价，实为实际生活所要求。在近乎精确的计算就可以的一切场合，平均价格可谓最合于这个目的，而可以作为该项评价的基础。但在需要进行精确评价的场合，则这种评价方法对于实际生活将是完全不够的，甚至将使我们陷于错误。精确的评价须随评价者的意图而定，评价者的意图可分为如下的三类：

(1) 计算一定财货提供市场可被**卖出**的价格；

(2) 计算一定种类和品质的财货在市场可被**买进**的价格；

(3) 计算为一定财货的等价物(对**一定经济主体**而言)的某商品数量或货币额。

第一、二两个问题可由以前所讲的理论得到解答。如前所述，价格形成是在两个极限之间进行的。其下限可以名为**需要价格**(商品在市场被需求的价格)，其上限可以名为**供给价格**(商品可被提供于市场的价格)。需要价格通常构成上面第一类计算的基础，供给价格则构成上面第二类计算的基础。但第三个问题的解答则较困难。因为在这个问题上，必须考虑其等价物(主观意义的)成为问题的财货在该经济主体的经济中所占有的地位，尤其是必须考虑该财货的使用价值与交换价值二者中，究竟哪一个对该经济主体较为重要。

我们假定经济主体甲有a、b、c财货与d、e、f财货，更假定a、b、c财货的使用价值对他较为重要，而d、e、f财货的交换价值对他较为重要。在这种情况之下，他卖出a、b、c财货所预期可能得到的货币额对他说来，必不是这些财货的等价物。因为这些财货的使用价值，对于他是较大的，而且也是较经济的，除非卖出的价格相当于他可以买进与 a、b、c 具有同等使用价值的财货，然而像这样的价格不是他预期可以得到的。至于 d、e、f 财货，则对他来说，本来就是商品，本来就是可用以交换、并可用以和货币交换的财货。所以卖出它们所得到的价格，对他来说，一定是这些财货的等价物。因此，要正确规定一种财货的等价物，不考虑这种财货的所有者及这种财货对其所有者所具有的经济地位是不可能的。同样，要规定包括多种财货在内的一个财货总体，或是说一宗财产的等价物，也必须先行分别计算各使用财货和各商品(交换财货)的等价物才可能。[1]

依据上面所述，可知一般“交换价值”的理论、特别是认货币为“交换价值”尺度的那种货币理论，都是不对的。不过，我们考察了货币的本质与职能以后，在进行上述种种**评价**时，若以货币作为评价的工具，却是最为适宜的(不过应注意：评价不等于“交换价值”的衡量)。我们在前边已经讨论过三种性质的评价，在这三种当中，第一、二两种评价的目的，在于算出一商品在一定时点和一定市场可被买卖的财货数量(即价格)。这些财货数量，事实上在进行交易的时候，通常都是以**货币**的数额来表现的。所以，计算一商品所能买卖的货币数额，就是评价的直接目的。

在发达的交易关系之下，货币同时又是其他一切商品所赖以进行直接评价的唯一商品。在直接交换业已消灭，各种商品的价格都以货币额来表现的地方，任何其他方式的评价，都缺乏确实的基础。例如，用货币来对谷物或羊毛评价，是比较简单的，但用谷物来对羊毛评价，或用羊毛来对谷物评价，则就有很大的困难。因为这两种财货并没有

[1] 在我们科学中从未十分注意的这种区别，却一直是法律学者们深入研究的现象。因为对于法律学者来说，在被要求赔偿损害的一切场合及其他许多场合，这个区别问题都具有实际的意义。例如某学者的藏书被什么人不法夺去而被责令赔偿时，其赔偿价格对这个学者来说，或只不过为其藏书价值的一部分。但对重视藏书交换价值的学者继承人来说，则其赔偿价格，或已是该项藏书的精确等价物了。

进行着直接的交换(即使在进行，也是稀有的例外)，因而就缺少它们的有效价格，以作为评价的基础。所以，这种评价就只有在它们已有货币评价作为计算前提的情况下才可能。而用货币来对财货评价，则依据现行的有效价格就可以直接进行了。

所以，用货币来对商品评价，不只如前所述，最适于评价的实际目的，而且在实际执行上也是最简易的方法。至于用商品来进行评价，则是以货币评价为前提的复杂方法。

同样的道理也适用于主观意义的财货等价物的计算。因如前所述，财货等价物的计算，是以第一、二两种评价为基础、为前提的。

在这里，我们就不难明白之所以通常我们总以货币评价商品的原因了。并且，就在这个意义上(在发达的交易关系下，货币是进行评价的最适宜的商品[1])，我们才将货币称为价格尺度。[2]

经济人为便于需要时购入其他财货(无论享乐财货或生产资料)，通常都在其财产之中，特别设置一部分备用财产。这部分财产也以货币为最适宜的保存手段，其原因也与以上相同。经济人用以购入享乐财货的财产部分，通常都使其先换为货币形态，然后用以换取那些能最迅速而最确实地满足其欲望的东西。在经济人的资本之中，尚未构成计

[1] 在一商品获得货币性质的一切地方，对于其他商品的评价，都以这个商品来进行，从而这个货币商品就获得了价格尺度的职能。但这个职能却既不与货币商品相结合，也不是货币性质的必然结果，更不是货币性质的前提与原因。一般来说，货币的确是适宜的价格尺度，尤其金属货币以其高度的代替性与安定性，自为最适宜的价格尺度。但其他获得货币性质的商品如武器、金属器具、青铜轮等则绝不能用作价格尺度。所以，价格尺度的职能是不存在于货币概念之中的。一些经济学者求货币概念于价值尺度，显然误解了货币的真正本质。

[2] 亚里士多德已经认为货币是人类财货交易的尺度(《伦理学》，Ethic. Nicom. Ⅴ, 8 und Ⅸ, Ⅰ)。在经济学者中，认为货币的起源应完全或主要归因于经济人对于“交换价值”尺度或价格尺度的需要，并认为贵金属的货币性质亦应归因于其对此目的的特殊适合性的，为这样一些人：即布罗基亚(《货币论》，Delle monete, 1743, C. Ⅰ, S. 304 ed. Cust)、莱利(《观察集》，Osservazioni, 1751, Cap. Ⅵ. Art. Ⅰ. §. 14 ff.)、加里安尼(《货币论》，Della moneta, 1750 Lib. Ⅰ, c. Ⅰ, S. 23 ff. und Lib. Ⅱ.C. 1, S. 120 ff der ed 1831)、吉诺维西(《讲义》，Lezioni, Part. Ⅱ, C. 2, 4, 1769)、哈奇森(《道德哲学体系》，A system of moral philosophy 1755; Book Ⅱ, Ch. Ⅻ, §. 2)、李嘉图(《政治经济学原理》，Principles of polit. econ. Chap. Ⅲ, S. 46, ed. 1846)、斯托奇(《政治经济学讲义》，Cours d'écon. politique, Petersb. 1815, Ⅰ. Introd. gen., S. 8. ff.)、斯坦因(《国家科学的体系》，System d. Staatswissenschaft, 1852, Ⅰ. S. 217 ff.)、谢弗勒(《人类经济的社会体系》，Das gesellschaftliche System der menschlichen Wirtschaft, 1867, §. 60 ff.)等。

划的生产要素的部分，根据同样的理由，也以保存于货币形态为最适宜。因为，其他任何商品，为要换成所需的生产资料，都必须先于事前换成货币。实际经验所告诉我们的也是如此。经济人在其消费品储存中，通常都努力把那些商品部分换成货币(可用以直接满足其欲望的消费品则不在此范围)；在其资本之中，也把那些还未构成生产要素的部分换成货币，以促进其经济目的的实现。

另外，有人认为货币具有这样一个职能，就是它能够将现在价值转移为将来价值，但是这一说法是完全错误的。贵金属因其耐久性与容易保存之故，虽颇适合于价值移转的目的，但其他更具有适合性的商品则亦不少。如经验昭示我们，在一些地方获得货币性质的，却不是贵金属而是保存力较差的财货，而这些财货则都只适合于流通的目的而不适合于保存的目的。[1]

总括以上所说，可得如下的结论：成为货币的商品，一面既适合于用以评定一切财货的价值，一面也适宜于用以设置交换用的财货储存。金属货币(在经济学领域内，研究者一般说到货币时，都是指的金属货币)在事实上更适宜于这一些目的。在此我们同样可以明确的，就是价值尺度的职能与价值储藏的职能不为货币本身所具有，因这些职能不过是偶然发生的，它们并未包含在货币概念之中。

---

[1] 这个理论的主要代表者可见于17世纪的英国大哲学家间，霍布斯认为人类都有保存其暂时不用的财产价值的愿望，并指出这个保存目的和容易搬运的目的，可以通过将其财产价值换成金属货币的方法而达到(利维坦：《论国家》，de civitate, Pars Ⅱ, C. 24, S. 123, oper. 1668)。洛克也同样(《地方政府论》，Of civil government, Book Ⅱ, Ch. 5, §. 46 ff., 1691，及《关于货币价值上升的进一步考察》，*Further considerations concerning raising the value of money*, Ⅰ, §. 1, 1698)。对于亚里士多德的货币见解加以发展的有班迪尼，从指出物物交换所具有的许多困难开始，他说自己的财货为他人所需要，但他人所有的财货，则未必为自己所需要，因此他必须有一种东西作为“担保”，以便将来可以随时换进自己所需要的东西。这一个担保职能，就由贵金属来担任(《经济学讲演》，Discorso economico, 1737. bei Custodi, S. 142 ff.)。将这个理论加以发展的，在意大利有奥特斯(《国民经济论》，Della economia nazionale LVI, c. 1 und Lettere: XVI, S. 258, edit, Custodi)、科纳利(《货币杂感》，*Riflessioni sulle monete* Ⅲ und: Lettera ad un legislatore, S. 153 bei Custodi)与卡利(《商业与货币的起源》，*Del origine del commercio e della moneta* §§. 1 und 2)；在法国有迪士(《关于商业与金融的回忆录》，*Reflexions sur le commerce et finances*, 1738, Chap. Ⅲ, 1. P. 895, Daire)；在德国有施马尔兹(《关于国家学的书篇》，Staatsw in Briefen, 18 8, S. 48 ff.)；在英国，最近有麦克劳德对此理论加以探讨(《政治经济学纲要》，*Elements of polit, econ.* 1858, S, 24)。

第四节 铸　币

由于上面关于货币本质与其起源的说明，我们已可明白，在文明国家通常的交易关系之下，贵金属将自然成为**经济的**货币。但贵金属用作货币，却有一些缺点，经济人应作的努力，就是要除去这些缺点。贵金属用作货币的主要缺点有二：第一是确定它的真假与成色的困难，第二是收付时必须确凿的麻烦。这些困难与麻烦，若不伴随着时间的损失和经济的牺牲，是不容易克服的。

因检查贵金属的真假与成色，须使用化学药品与特殊技能，故检查的工作只有行家才能担任。切割坚固的金属，不只必须耗费劳力与时间，而且贵金属本身也会由于切割和熔化而将蒙受不少的损失。

有名的后印度漫游家巴斯琴，在其关于缅甸(在缅甸所流通的，是未经铸造的银块)的著作中，对于贵金属用作货币所产生的困难，有极生动的描写。

巴斯琴说："在缅甸，若要到市场购物，需先准备一锭银子、一个槌子、一个凿子、一杆秤和一些砝码。当你问：'这口锅是什么价钱'时，商人就说'请把你的银子拿出来看看'，商人在看了银子以后，才彼此讲定价格，于是商人就给客人一个小铁砧，使其将银锭打碎，经商人称定分量后，客人还需用自己的秤复称。由于打碎的银子，不见得正是其所需的分量，所以通常买物，都照碎银的分量，买够等价之物为止。只能用纯银购买的巨额交易，其手续更为麻烦，因精确鉴定银子的真假，必须唤来试金者，而为此又需付出相当的代价。"

对于各民族在不知铸造金属货币以前进行交易所遭遇的困难，上面的描写实给我们一个鲜明的图画。由于这一种困难不知几度地被人反复强调，所以消除这种困难的愿望，就一直存在于人们的心中。

在上面这两个困难中，经济人最初认为必须首先除去的是第一个困难，即确定金属成色的困难。为克服这个困难，通常就由国家的权力机关或由值得信赖的人们，在金属条块上刻铸印记。这种印记虽不保证其重量，却保证其成色。故刻印后支付于人，其所有者就可免去麻烦的和费钱的检验手续了。这样，我们就可知，刻印后的金属，在称量一点上，虽仍与以前相同，但检查真假与成色，则已没有必要了。

同时在许多场合，或者稍迟一点，在经济人的头脑里，又浮现着这样一种想法：即金属的重量也可以用类似的方法铸字于其上，并事先就可把金属分裂成细小的薄片。这一事当然以这样办为最好：即按照交易的要求，将贵金属分裂成各种大小的薄片，在薄片上铸明成色及重量，以便在被人伪造或诈取时立可辨认出来。这个目的可由金属货币的铸造而达到，这样就产生今日我们所看见的铸币。所以，铸币实不外是一种铸造的金属片，其成色及重量表现于可资信赖的样式，其精确度亦合于经济生活中的实际目的，对于可能发生的欺诈亦以有效方法加以防止的一种货币形态。有了铸币以后，我们在任何交易上，都不须经过试金、切凿、称量的麻烦，只须进行简单的加算，就可确定所需的贵金属分量。所以铸币的国民经济意义，就在于接受它时可省去检查贵金属的真假、成色与重量的烦劳；交付它时也可省去证明其真假、成色与重量的烦琐；因而在流通时所必然伴随着的、可以造成时间浪费与经济牺牲的许多繁杂手续，现在都成为不必要了。这样的结果，又使贵金属的销售力，较前更为提高。[1]

保证铸币的重量与成色，最好由国家来担任，因为国家权力是人人

---

[1] 在铸币用金属分割为块片时，每一块片本来就具有交易上所惯用的重量。罗马的亚斯，本来就是黄铜一磅。英国的磅在爱德华一世时，按照“陶尔度量衡法”，就是包含一定成色的白银一磅。法国的里佛在查理大帝时，按照“特罗依度量衡法”，也是白银一磅。英国的先令与便士，也同样是交易上惯用的重量。在亨利三世的某一法律上，有这样一句话：“一夸特小麦若值 12 先令，则一个白面包就应值 11 先令 4 便士”(参阅亚当 · 斯密：《国富论》，Wealth of nations, B, Ⅰ, Ch. 4)。奥地利的马克、先令与分尼，如众所周知，也原来是交易的重量。由于后代铸币发行者屡次铸造劣币的结果，在大多数国家内，此贵金属交易重量，就与通常的交易重量相背离。这种情况实大大促进了误认货币具有“交换价值尺度”的见解，但在经济正常的国家中，国法不过是规定出贵金属据以进行交易的标准而已。近来有些国家，试图在不妨碍交易便利的范围内，再使交易重量与铸币重量相一致。如德国与奥国，就试图以关税镑作为铸币制度的基础。

公认的，同时对于伪造者国家又拥有惩罚的权力。事实上，各国政府也以铸造交易所需的铸币当作自己的职责，不过政府在执行这种职责时，往往滥用其权力，遂使人们忘却铸币成色与质量的保证为铸造者应有的责任，以致怀疑货币是否仍为一种商品，甚至认为货币是纯粹观念之物，完全是一种便利设施而已。这样一种情况，即政府在处理货币时，将其当成人类便利的产物、当成政府立法的任意产物的情形，就促成了关于货币本质的种种谬见。

奥地利的铸币是不完美的，其所以不完美，主要由于在重量上不能制作得完全精确，并且，由于各种实际上的理由(如一定铸造费用的限制等)，就连在技术上能够达到的精确度，在铸造时也不能追求。铸币出厂以后，在流通之间又因磨损而增大其缺陷，以致同一价值的铸币，其重量也不相等。

上面这种缺点，随着贵金属分割得愈小而愈显著。为着适应小额交易的要求，而铸造轻便的小铸币，是有其必要的。但这种小铸币的铸造，在技术上却有极大的困难。无论如何细心制作，也必须付出与铸币价值不相称的经济费用。不过，小铸币又是不可缺少的，凡熟习交易的人都很能理解没有小铸币而发生的困难。

巴斯琴说：“在暹罗没有比二安那更小的铸币，所以想购买二安那价格以下之物的人，就必须等待另一欲望产生，以便合买时其价格恰恰等于二安那。或必须与他人合作购买，而由两人共同分担。”在墨西哥的都市里，一般都用肥皂作辅币，在乡村则用鸡蛋作辅币。在秘鲁的高地，土著人都携带一个筐子，筐子分成若干格，每格中盛各种零星物品，有的盛着针，有的盛着线，也可能是蜡烛或其他日用品，以供交易时付款找零之用。在缅甸的北部，凡购买水果、烟叶等零星物品，都用铅块支付。买者皆携带大箱，中存铅块，同时还要随带大秤。在乡村无法兑换银锭的地方，为便于零星购买，需携一盛铅大袋，由仆人负荷随行。

在大部分文明国家内，为避免铸造贵金属小片时的技术经济上的困难，一般皆选择一种低值金属如黄铜青铜等，铸造成为辅币。

仅仅为便利着想，人们除了必需之外，自然是不会将其为交换而储存的财货大部分换成这类铸币的。所以这类铸币在交易上，不过居于次要的地位，因而其重量即使减到一半或减到一半以下，也没有什么妨碍，并且反能增进交换双方的便利。不过，在铸造这种重量不足的货币时，必须具备两个条件：第一，必须随时能兑换为贵金属铸币；第二，必须按交易所需之数量铸造发行。能随时兑换为贵金属铸币，是防止政府滥用铸币发行权的较正确而可靠的方针。此种辅币的一部分价值，即在于其本身的价值之中，其余一部分价值则应作这样的解释：即此种辅币可用以向发行者兑换贵金属铸币，也可用以清偿对发行者所负的债务。此外，对于一般人的债务，在未满贵金属铸币一单位的数额以内，亦可用辅币来清偿。在这种情况下，一般人为享受轻便辅币所提供的较大的便利，对于这些无关紧要的变通办法就不加计较了。因铸币易于携带和使用方便的利益，实远较其十足重量为重要。基于同样的理由，在许多国家内，也用白银铸造一些比较轻便的银铸币，由于技术上和经济上的理由，纵然不能照面额铸成十足重量的铸币，但只需这种铸币刻记有面额价值，并且就照面额价值行使，也没有什么不利的地方。

译名对照表

A

亚当 · 斯密 Adam Smith

安布罗修斯 Ambrosius

安那 Anna

亚里士多德 Aristoteles

亚特克 Azteken

B

培根 Bacon

班迪尼 Bandini

鲍德里拉特 Baudrillart

巴里 Bari

巴斯夏 Bastiat

巴斯琴 Bastian

鲍姆斯塔克 Baumstark

贝卡利亚 Beccaria

贝尔 Bell

贝内克 Benecke

伯纳达克 Bernardakia

伯恩哈第 Bernhardi

伯利 Beulé

博伊斯吉尔伯特 Boisguillebert

博伊扎德 Boizard

波斯尼亚人 Bosnier

比克 Böckh

布罗协 Brocher

布罗基亚 Broggia

布德留斯 Budelius

布希 Büsch

拜尔 Byel

C

卡纳德 Canard

凯雷 Carey

卡纳普 Carnap

卡利 Carli

卡斯尔 Cassell

谢瓦利尔 Chevalier

克拉维格罗 Claviegero

克莱门特 Clement

科克林 Cocquelin

康迪拉克 Condillac

科纳利 Cornari

库阿罗维亚 Couarouvia

D

达尔马西亚人 Dalmatiner

达文扎蒂 Davanzati

德卡博伊恩 Dekaboion

迪芬巴赫 Diefanbach

迪泽尔 Dietzel

德雷克姆 Drachme

德拉科 Drako

杜邦 Dupont

迪土 Dutot

杜林 Dühring

E

埃伦伯格 Ehrenberg

埃利森 Ellison

爱明豪斯 Emminghaus

区斯伦 Eiselen

F

福尔波内 Forbonnais

弗雷赫 Freher

弗雷塔格 Freytag

弗洛林 Florin

弗里德兰德 Friedländer

佛里斯兰 Friesland

富尔达 Fulda

G

高卢人 Gallier

加里安尼 Galiani

加尼尔 Garnier

吉诺维西 Genovesi

古萨伯 Ghussub

乔亚 Gioja

格拉泽 Glaser

戈德施米特 Goldschmidt

戈达 Gotha

格拉夫 Graff

格林 Grimm

格罗辛 Groschen

吉兰明 Guillanmin

H

哈斯纳 Hasner

海伍德 Haywood

赫卡汤博伊恩 Hekatomboion

赫尔弗里西 Helferich

赫尔曼 Hermann

霍夫曼 Hoffmann

霍布斯 Hobbes

霍夫兰 Hufeland

赫尔奇 Hultsch

哈奇森 Hutcheson

希尔德布兰德 Hildebrand

J

雅各布 Jacob

米尔 J. S. Mill

朱思蒂 Justi

K

卡尔帕屯 Karpathen

肯纳 Kenner

克莱茵沃希特 Kleinwächter

尼斯 Knies

科默津斯基 Komorzynski

克劳斯 Kraus

哥罗西亚人 Kroatien

克鲁格 Krug

L

拉贝 Labbe

兰德代尔 Landerdale

拉普兰 Lappland

洛 Law

莱利 Leri

特罗纳 Le Trosne

利维坦 Leviathan

利维 Levy

利希特 Licht

林德沃姆 Lindwurm

里佛 Livre

洛克 Locke

洛思 Loth

洛茨 Lotz

利德 Lueder

M

麦卡洛克 MacCulloch

麦克劳德 Macleodt

马札儿人 Magyaren

马莱斯特罗伊特 Malestroit

马尔萨斯 Malthus

曼戈尔德 Mangoldt

马里兰 Maryland

梅诺修斯 Menochius

梅岑 Metzen

迈耶 Meyer

米凯利斯 Michaelis

莫利纳斯 Molinaeus

孟森 Mommsen

蒙塔纳里 Montanari

孟德斯鸠 Montesquieu

芒 Mun

墨查德 Murchardt

穆勒 Müller

N

奈克 Necker

内塞尔曼 Nesselmann

内斯特 Nestor

努比亚人 Nubier

诺德亨布里亚 Nordhumbria

O

奥本多弗 Oberndorfer

奥本海姆 Oppenheim

奥特斯 Ortes

奥雷斯缪斯 Oresmius

奥托 Otto

P

保罗斯 Paulus

菲利浦 Philipp

柏拉图 Plato

普利尼厄斯 Plinius

普卢塔克 Plutarch

波勒克斯 Pollux

波利茨 Pölitz

普林斯—斯密 Prince-Smith

普劳登 Proudhon

Q

奎奈 Quesnay

R

劳 Rau

伦奇 Rentsch

李嘉图 Ricardo

里德尔 Riedel

罗伯茨 Roberts

罗伯特斯 Rodbertus

罗雪尔 Roscher

罗斯勒 Rösler

S

赛拜恩人 Sabinisch

萨维尼 Savigny

萨伊 Say

谢弗勒 Schäffle

谢尔 Scheel

施马尔兹 Schmalz

施略泽 Schlözer

席勒 Schiller

施莫勒 Schmoller

舍恩 Schön

舒茨 Schütz

施瓦本 Schwaben

锡瓦 Siwah

塞纳 Senar

西尼尔 Senior

施皮格尔 Spiegel

斯普伦格 Sprenger

斯坦因 Stein

斯图尔特 Steuart

斯托奇 Storch

索登 Soden

索特比尔 Soetbeer

梭伦 Solon

索南费尔斯 Sonnenfels

T

特塞拉博伊恩 Tesseraboion

塞勒 Thaler

西蒂斯 Thetes

托马斯 Thomas

托马辛 Thomassin

蒂拉尔 Tiral

托伦斯 Torrens

特伦奇 Trench

特罗依 Troyes

杜尔阁 Turgot

U

乌尔菲拉斯 Ulfilas

V

沃班 Vauban

维里 Verri

W

瓦克那格尔 Wackernagel

瓦尔拉斯 Walras

沃思 Wirth

X

色诺芬 Xenophon

Z

扎卡赖亚 Zachariae

附　录

卡尔·门格尔及奥地利经济学之基础*

卡伦·沃恩

现代奥地利经济学派的所有分支追根溯源都来自卡尔·门格尔的著作，尤其是他那本 1871 年出版的《国民经济学原理》(以下简称《原理》)。作为开山祖师，门格尔思想的许多方面令人迷惑不解，他的著作时至今日才开始完全为人理解。我们读他的著作越多，也就越发意识到他的思想之复杂。他遗留下来的悬而未决的问题在现代奥地利学派中至少派生出两派不同的观点。

20 世纪诠释门格尔著作的两种截然不同的方法都证实了上述的事实。门格尔一方面能够而且已经被看作新古典经济学当之无愧的奠基者，另一方面则又被奉为挑战新古典正统另一派经济学的创始人。[1]这两种解释都可以从他的著作中引经据典，寻求支持，虽然我最终认为强调门格尔不同于新古典经济学的说法更令人信服，但这亦非定论。

本章的核心就是讨论门格尔著作中模棱两可的篇幅。这些篇幅导致了后人在解读门格尔真实思想的过程中出现的大量分歧。但是首先应该指出的是，在经济思想的发展中，出现对立的评价门格尔地位之观点的原因，在于不管是他在世的时候还是死后多年，人们都较难接触到他的著作。

---

* 本文译自卡伦·沃恩（Karen I.Vaughn）《奥地利经济学在美国——传统的变迁》第二章。

[1] 把对门格尔思想的解释划为两派也许过于谨慎了。现代经济学家哈耶克、柯兹纳(Isinel Kirzner)、拉赫曼(Ludwig Lachman)、希克斯(John Hicks)、瓦尔夏(Viviem Walsh)、施特莱斯勒(Evic Streissler)虽然都在其各自的著作中极好地证明他们追随着门格尔的主题思想，但都各不相同。

门格尔著作不多，却力臻完美，他后期积数十年精力修订的《原理》的第二版，却劳而无功，至死未能付梓[1]，同时，他还拒绝重印首版，故而更年轻一代的经济学家无缘直接阅读他的著作，以从中获益。因此，尽管自奥地利学派创始以来，众多对奥地利学派信奉程度不一的经济学家便不断地积极参与学术争论，可是直到近来，此学派的开山祖师门格尔相对而言仍默默无闻，他的观点是经过两位大名鼎鼎的学生，即维塞尔与庞巴维克的有选择的传播，才得以被介绍进入主流职业经济学圈中。这两位学生各自阐发其对门格尔的理解。相对而言，即便在门格尔在世时，在奥地利以外，也几乎没有经济学家拜读门格尔的扛鼎之作《原理》的。

因此之故，门格尔在奥地利之外的名声，与其说来自他重要的理论经济学，倒不如说是出自日后那本文字激扬的方法论著作。在20世纪初期，门格尔因为这场方法论论战而名声大噪。然而，后来众多经济学家却一口咬定，这场奥地利与德国历史学派的论战是在浪费职业精力。

因而，在将近一个世纪里，就理论经济学成就而言，门格尔几乎只是被简单地看作三位“发现”现代新古典经济学的革命者之一。20世纪经济学思想史的教材一本接一本地称誉门格尔与杰文斯、瓦尔拉斯共同发现了主观价值理论，尤其是边际效用递减理论。然而，由于门格尔是用文字而不是数学论述价值理论，这些教材都认为，相对于其余两位，门格尔思想的科学性要弱一些。他们责备他明显地不具备数学技巧，以致其理论表述缺乏应有的严密性。[2]即便如此，作为创始人，他依靠文字而非数学，并未有损于他在同行中的声望，他还独立地发现了新古典经济分析的核心。

---

[1] 门格尔去世后，其子卡尔·门格尔编辑的第二版《原理》在1923年出版。较之第一版，篇幅要长得多，因为它收集了门格尔遗留下的各种笔记。虽然人们对新版在多大程度上代表门格尔的思想还议论纷纷，但事实上由于它拖到1923年才再版，所以此前整整一代经济学家很少能阅读他的著作，至于第二版是否对当代经济学思想产生巨大影响我们也不清楚。

[2] 贾菲争辩说门格尔不使用数学发展他的价值理论，是出于原则考虑而并非因为无知。他指出门格尔在与瓦尔拉斯的通信中承认，数学仅仅只是一个说明工具，对它取代他所应用的“分析—综合方法”的必要性有着自己的看法。

不仅如此，传统教材还交口称赞他的原创力。一般说来，原因有二：其一，他表述的理论结构，引导其门徒维塞尔沿着他的边际效用递减理论逻辑延伸，发展出机会成本概念。其二，便是从高级财货理论中推导出要素归属理论。几乎整个20世纪，世人都把这些看成早期奥地利学派的主要和实质性的经济思想成就。

当然，对于这些成就意义的评价不一。如果说主流经济学称许门格尔理论，视之为更正式地融入传统经济学的先行理论的话，那么早期奥地利学派则倾向于认为，它们已完满无缺地奠定他们派别的经济分析基础。因此，在主流经济学家看来，门格尔的边际效用理论，是不甚完美地表述数学般精确的边际效用递减理论；而某些后期奥地利学派人士，则把它视为对个人理性选择原理的完美表述。换言之，新古典经济学家们认定他的高级财货理论走进了理论的死胡同，而奥地利人却尊之为经济周期理论的先驱。

一般而言，经济思想史教材反映了职业经济学家的共识。他们认为新古典经济学重要的见识迅速而无阻碍地流入主流经济学中，而奥地利经济学派只是新古典经济学发展过程中的一个插曲，令人称奇的是，20世纪20至30年代奥地利经济学派自己居然亦附和这个看法。所有经济学教材都采用了这套简明的划分体系，绝大多数经济学家也是套用这个体系理解其专业史的。但70年代之后，这套体系便土崩瓦解了。

门格尔的《原理》到50年代才姗姗来迟地译成英文，而对他的贡献进行认真的重新评价，则更是迟至70年代方才启动。1972年，为纪念边际革命一百周年，施特莱斯勒撰文发问："奥地利学派在多大程度上算是边际主义者?"他的回答是"并不是很大"。[1]紧随其后的是希克斯和W.韦伯编辑的一组论文，其中一篇名为"卡尔·门格尔与奥地利经济学"。该文主要是重新评价门格尔的资本理论，1975年威廉·贾

[1] 施特莱斯勒认为门格尔的《原理》是对亚当·斯密《国富论》的有意识补充，故而，它不是静态的，而是关注进步的著作，我发现他的论辩完全令人信服。

菲则写了“门格尔、杰文斯和瓦尔拉斯之分殊”。他在文中争辩说，边际革命中几位英雄差异的方面要远比共通之处重要。1978年，《大西洋经济杂志》出版专刊研讨门格尔及其与当代经济学理论的关系。其中拉赫曼的《门格尔及边际主义革命》短文对于现代人重新解读门格尔尤为重要。以上这些研究的结论都认为，不能再把门格尔简单地当成萌芽时期新古典的经济学家。

虽然重评门格尔的诸家各执一端，但都不约而同地突出一个主题，即一些经济学家把门格尔仅仅描述成一位用文字而不是数学来表述边际效用的理论家，未免失之简约。有人争辩说，门格尔的《原理》实质上是探讨经济发展而不是边际效用理论，有人则表明在门格尔理论中“无知”和“错误”因素的地位十分重要，甚至还有人辩称门格尔的成就与其说是完成了主观主义革命，还不如说是开启了这场革命。上述作者都声称百余年来我们一直误读门格尔，他远非具有相同思想范式研究同一计划的科学家中的一位，或默顿所谓科学发现中“重合”的一个事例，他的思想轨迹迥然不同于一般。[1]文献上一经突破，随后二十多年便是对门格尔持续不断的重新评价。只不过这次强调了他与新古典理论之间的差异而非共同之处。

尽管新近发现的许多门格尔学术成就不容置疑，但人们免不了奇怪“难道以前对门格尔的解释完全错了”？难道这仅仅是因为通过第二手材料，然后再戴上新古典的有色眼镜研究门格尔所致？或者这种重读门格尔只是反偶像崇拜者所希望的一种夸大其词，很大程度上为的是替20世纪后半期方才起步的研究纲领寻找合法的先驱者？谁是真正的门格尔？尽管他出色地洞见经济现象，难道他只是一位囿于文字分析的新古典经济学家？抑或他奠定了将人类社会行为理论化的一条革命道路？这种人类社会行为理论与他同代的新古典成员的假设和所要探寻的问题都不尽相同。

---

[1] 不仅马洛茨基(Mirowski)近来执这一观点，马克斯 · 阿尔特(Max Alter)也如此。后者强调了生物进化论对门格尔真实社会(Soial reality)概念的重要性。

细细品味门格尔的原著，就不难理解双方都言之成理。这两个“门格尔”都源起于他的《原理》和方法论著作《关于社会科学、尤其是政治经济学方法的探讨》(以下简称《探讨》)。读者所注意的门格尔只是在经济科学中与读者兴趣最为契合、背景假设最为相同的门格尔罢了，因为从《原理》中你都可以找到这两个门格尔，但没有哪一派能完全统一门格尔著作中截然不同的部分。

但是，如果两派解释都可以从门格尔著作中得到支持，那么，哪一种解释更接近他的真实意图呢？当然，也许会有人争辩说这个问题是在耍滑头，因为它与我们解读其著作毫无关系。一个人永远不可能钻入某人心中来探知他要写什么，人们所知的只是他实际上写了什么。然而，即便我冒不能自圆其说之险，我仍认为用新方法解读门格尔要优于旧的方法，并且更吻合门格尔的著作。一个人要接受旧派解释就不得不舍弃大部分门格尔的著作，至少要多于接受新派所要舍弃的，进而言之，我们虽然不能解答他的意图何在，却可以检视他文章中力图解决的问题，从中理出其写作意图的线索。

门格尔是出于两个主要目的才提笔为一批特殊读者撰写著作的，这批特殊读者就是德国历史学派。他的写作目的，其一是彻底驳倒为人所蔑视的劳动价值论，代之以紧紧转绕着个体选择的价值理论；其二是表明这种价值理论能更好地为历史研究提供一般的综合理论。第一个目标大体上与杰文斯相同，而稍左于瓦尔拉斯；第二个目标则开启了另一条不同于传统经济学的推理过程的思路。虽然在19世纪末期的所谓方法论大战中，门格尔与施莫勒的论战给人留下辛辣、刻薄的印象，但他实际上相当尊重历史学派的研究，所以才会试图发展出一套经济增长与发展理论以提示德国历史学派的研究。而他所信奉的经济理论也是从个人行为的理论开始的，这就使他的理论相似于(不是等同于)新古典经济学。门格尔从未集中其所有零散的文章，并加以统一的解释。这造成了门格尔学术成就中许多矛盾之处，亦有助于我们理解现代奥地利学派许多主要冲突乃至未来可能的争论。

一、作为一个不完全的新古典主义者的门格尔

最初把门格尔仅仅当作一个边际主义革命者，究其原因，当然主要归因于门格尔那套主观主义和个人主义的价值理论构成了其经济理论中核心的统一的原理。一如杰文斯、瓦尔拉斯与德国历史学派，门格尔相信李嘉图的劳动价值论是站不住脚的。门格尔没有把价值基于客体或人类行为之上，相反，他认为价值来源于个体对能够满足其需要的有用财货的估价。

如同其他发现边际效用递减规律的人一样，门格尔提出，首先，人类各种需要的重要程度存在着一定的秩序等级；其次，人们连续享用某一财货单位越多，满足程度也就越低。这就是我们所知的“边际效用递减规律”。[1]门格尔由此博得了边际革命发起者之一的声名，但与此同时，他表述这个观点的方式又表明他并非是一个纯粹的新古典主义者。

门格尔用图表阐释其理论，表中假设一个消费者面对着十种数量不一的财货，它们的重要性递减程度则以数字表示，他争辩道，消费者对一种财货的满足将随着另外一些财货的满足而进入均衡。但是，因为他没有给出一个收入约束，从门格尔的表中得不出这位假定的消费者将达到一个什么样的消费均衡。因此，人们只是嘉许他发展了新古典的消费选择理论。此外，人们还认为门格尔接下来的所有有关分配财货数量越多、其使用意义就连续下降的讨论，是在用不甚精确的文字揭示同样的效用最大化主题。[2]

---

[1] 施特莱斯勒解释道，由维塞尔所提出的“grenznutzen”术语，后来经马歇尔翻译成了“边际效用”。

[2] 甚至门格尔大作的英译者，丁沃尔(Ding Wall)和海兹利茨(Hoselitz)，也感到有必要指出门格尔在《原理》英文版第 126 页的长注脚(本书第 66 页脚注［1］——编者)中的错误。我曾撰文认为门格尔书中的价值差距(scale of value)图仅仅是一般原理的图表形式，用来说明为什么个人将消费各种有价值财货，而不是在移向重要性更小的财货之前倾其所能欲求的最重要财货。这个图表并不足以解决最佳消费问题。他数字式表格并非用来代替他的文字分析。相反，在这个图表之后的文字讨论中，我们可以发现他真正清晰地阐释了边际效用原理。

这还不是不把门格尔当作最初的新古典主义者的唯一原因。尽管人们可以为新古典经济学的完整定义争执不休，但很明显，新古典理论就是市场竞争变动程度决定均衡价格的理论。从这个意义上说，门格尔当然是个新古典主义者。他的交换理论甚是特别，是一个实物贸易模式。在这个模式中，个人完全依靠互相估量边际价值来以马易牛，价格也被指明落在标准均衡限度之内。不仅如此，门格尔还探索了市场规模扩大后对价格的影响。他指出随着交易者数量的增多，均衡价格的范围也越来越小。在这些事例中，他不仅推算均衡价格，更是把价格特意描述成“任何两个经济个体之间经济均衡的标志”。

设定经济交换限度的整个概念暗示着人类行为以某些均衡为基础。[1]门格尔认为真实的经济均衡只是局部的和短暂的，世界的特征更多地表现为变动不居，而不是均衡状态。但是我们还是能够定义不时地存在于真实世界之中的均衡：经济交换的基础通常是变换的，然而，我们发现交换事务永久的持续性现象。但是，甚至在这个通过我们深入观察的交易的链条中，我们也能在特殊的时段、一些特殊的人在特殊种类的财货上交易静止的点。在这些静止的点中，没有财货交易的发生，因为一种交换的经济限制已经达到了。(参见本书第 107 页)[2]

在上述一段文字中，门格尔简单明了地描绘出局部均衡概念。在日后他写的方法论著作《探讨》中，他也多次探讨了经济价格——这个概念类似于一般均衡价格。他认为只有当人们起而保护自己的经济利益，对于实现自己目标及相应手段具有完全的知识，理解了经济环境(知悉所有市场机会并将其计入个人核算)以及有追求自己目标的自由时，才会有“正确”的价格。在这个讨论中，他把经济价格视为一个基准点，以此衡量现实价格偏离那些充分反映经济意识的价格的程

[1] 门格尔也曾在谈论高级财货时较为隐晦地提到现在和未来消费之间的均衡。

[2] 均衡作为“静止点”的概念仅仅指个人在其知识和机会限度内达到最佳目标而暂时停止了交易。然而，它绝不意味着在这种体制下会达到一般均衡的可能性。实际上，门格尔的一般均衡概念与其说是经济过程的终点，毋宁说是逻辑上阻挠的秩序。就此而言，米瑟斯拥护门格尔的均衡含义。

度——近似于一般均衡价格。

自然，由他的财货边际价值递减理论，物物交换的贸易模型，以及对市场条件变化下的价格的探讨(而且这种探讨可完全被解释为对完全竞争市场登峰造极的理解，并且，他的“完全的经济环境”就是具有完备的相关信息、所有价格等于成本等的一般均衡)，有人争辩说他是一个早期的新古典主义者。 不仅如此，他文章中预见到的新古典理论还相当超前，诸如，他讨论了交易成本对价格的影响，提到了商标与专利也是一种经济财货，并且还简略地提及公共财货问题。[1]

毫无疑问，门格尔著作中新古典推理的例子不胜枚举，然而把他解释成正在成型的新古典经济学家却需要有意识地忽略使他产生类似新古典观点的语境，人们必须要舍弃他多次谈及的知识，丢开他对制度功能及其产生的讨论，忽略他清楚描述调整过程的重要性以及他对人类进步的论述。 然而，恰是当我们考虑到这部分内容，才越发明白地认为门格尔是新古典经济学家的观点只是一面之词，从另一个角度看，可以认为门格尔确实创立了一套不同于新古典的奥地利经济学派理论。

二、独树一帜的理论家——门格尔

在我们开始理解门格尔作为提供了替代新古典之观点学说的经济理论家时，首先必须考虑他的写作语境。 随着主流经济学的兴起和发展，职业偏见使得经济思想史家们在20世纪早期低估了门格尔深厚的德国经济学和哲学的基础。 这个忽略着实令人吃惊。 因为19世纪德奥两国学术界不仅关系密切，而且门格尔还把《原理》一书毕恭毕敬地奉献给后

[1] 门格尔尤其是认为在先进社会中，公共财货就是那些通常由政府提供的那些东西，比如教育和纯粹的饮用水。 既然它们免费供给所有使用者，那么对消费者而言就失去了“经济财货特征”。 它们介于自然供给无限充足以致无需经济化的自由财货与稀缺经济财货之间。

来被人们誉为德国的历史学派领袖和奠基者的罗雪尔博士。[1]

德国旧历史学派包括罗雪尔、尼斯，还有希尔德布兰德。他们共同反对英国古典学派及其方法上合理的概念，学派的成员一致认为经济规律不同于物理学规律，因为人类的动机要远比一般利己主义者所承认的假设复杂得多。故而，经济规律不可能从简单原理推导出来，而只能经过细致地研究具体的经济史实，通过归纳过程才能得出这些规律。他们所反对的与其说是理论，还不如说是李嘉图派单一的因果演绎理论，他们甚至还渴望能把历史方法奉为经济分析的唯一圭臬。

那么，为什么门格尔要把他首部理论大作献给罗雪尔呢？道理很简单，他相信自己已提供历史研究一般的综合理论。[2]并认为没有处理历史之中人类如何行为的理论，就不可能令人满意地解释历史上的经济现象。门格尔有关人类行为的理论，尤其是价值理论解答了人类如何与财货产生联系以及所导致的历史变革的问题。门格尔曾经说过他是在病态的亢奋中写就《原理》的。这种情感状态，倒是与那些坚信自己已经找到解决千古之谜的方法，并急于赢得他们老师赞同的人的心态完全相同。

门格尔没有如愿以偿地成为德国读者心目中拯救历史学派研究纲领的英雄，而他的志向也并不有助于解释那部分不同于新古典的经济学思想。事实上，如果我们考虑到他与德国知识界前前后后的关系，就有可能理解，那些与新古典观点水火不容的文句，对于前后连贯地解读门格尔思想的至关重要性。我们尤其还要进一步注意门格尔思想中有关知识、过程、计划及制度成长等不易理解的东西。

---

[1] 毫无疑问，门格尔自己给人造成的普遍印象是，他与德国人的不同点要多于相似点。方法论之争的极端对立，把门格尔与施莫勒的位置都推往两个极端，以至于两人似乎毫无共通之处。

[2] 这一点在《原理》序言中已有所显露，他批评了那些否认存在普遍经济规律的人，并争辩说所谓归纳主义者(他虽未明说，其实暗示德国历史学派就是归纳主义者)误解了培根方法。但他承认，他对经济学的改革是建立在几乎全是德国学者先前所著著作的基础上的。因而，他的著作将被视为“一个奥地利同道者所发出的友谊的敬礼。从德国，曾有许多卓越的学者，以其优秀的著作，对我们奥国人给以很多科学的鼓励，我这本书就希望被视为是一个微弱的回声”(本书“序言”第 4 页)，虽然人们一定可以觉察出门格尔继承了德国人并有些谄媚，但是，无疑他认为对于德国研究纲领的贡献远比英国古典学派贡献为大，并奠定了其基础。

三、门格尔的假设

门格尔《原理》开篇之语就与众不同，大异于一般经济学课本：“一切事物都受到因果规律的支配。这个大道理是没有例外的；并且，我们若要在经验范围内，去找寻这个原理的相反例子，也将是徒劳无益的。不断进步着的人类发展，不但没有动摇这个原理的正确性，而且还使人们对于这个原理的适用范围的认识比从前更为扩大。所以对这个原理的不可动摇的和不断增长的承认是与人类的进步相结合的。”门格尔的这番话语道出了《原理》的核心问题，我们也从中了解到他对人类进步或者更特别地说是人类财富进步原因的饶有兴趣的解释。一如旧历史学派，他也关注对历史变革进程的理解，但又不像同时代的德国人，他试图把他的历史进程理论，建立在包括人类行为与物质原因的因果理论之上。

但是，是什么样的因果关系导致了人类财富的进步？这个问题使他发展出一套人类行为和人类价值的一般理论。在新古典经济学传统中，经济问题就是在各种竞争性目标下稀缺资源的分配问题。《原理》虽然没有否定这个观点，但门格尔把人类面对的经济问题置于更为宽广的背景中。如果人类拥有他们相关需求及周围环境的知识，并且有能力影响他们的生活条件，他们才能经济化他们所有的东西。门格尔认为只有通过知识和行为才能满足人类固有的需求。因此，为了合理地决断经济事务，首要的经济问题就是要知道“事物以及人类欲望满足之间的因果关系”。

比起典型的新古典经济学家，门格尔要少些想当然。举例来说，他罗列的有用物成为财货的前提条件就十分周密：“1：人类对此物的欲望；2：使此物能与人类欲望满足保持着因果关系的物的本身属性；3：人类对此因果关系的认识；4：人类对于此物的支配，即人类事实上能够获得此物以满足其欲望。”(参见本书第2页)我们可以把第一个和第四个属性看作是在表述偏好和约束。但第二、第三个因素却在传统经济学找不到相应范畴。第二个因素是真实客观的条件，即那些事物能提供人类追求的目标。但是第三个因素——知识是经济成长的固有的核心部分——在新古典经济学中是作为一个假设而存在的。

事实上，贯穿《原理》全书，门格尔始终强调知识、权力以及追求经济福利与发展意愿结合起来的重要性。经济生活围绕着知识、权力而展开。所谓的知识便是指：事物与满足之间因果关系的知识、一级财货(现在我们的术语就是资本财货)与更高级财货之关系的知识、财货可用数量方面的知识、贸易机会的知识，而且，权力则使知识得到最佳的利用。获取知识是人类争取经济福利的斗争中不可分割的部分。

我们看到门格尔在《原理》一书中，不厌其烦地举例说明财货及其满足人类需要能力之间因果关系的知识的增长，是如何推动人类进步的。实际上，他直截了当地批评亚当·斯密把劳动分工的深化当作财富来源的观点过于狭隘了，他争辩道：“至于人类所能支配的享乐资料的数量，这时虽然还受着人类对于物的因果关系的理解能力的限制，以及也受到人类对于这些物所能支配的权力范围的限制，但除此以外，就不受其他的限制了。……将来人类经济的进步，可以从上述进步中求得其表现的尺度。”(参见本书第20页)[1]有意思的是，门格尔热情而积极地支持知识增长产生进步的观点，却引起拉赫曼在1978年撰文批评他不是一个纯粹主观主义者。

---

[1] 门格尔对亚当·斯密的主要批评，是他没能区分出两种生产方法。一种是把已知生产方法分成几个部分，一种是发现新的生产方法和满足需要的途径。虽然，分工能增加产量，但是，人类真正的增加产量，经济进步则通过生产技术的发明以及产品种类的拓展得以实现，因此“人类愈向这个方向进步，财货的种类就愈多，从而社会上的职务也就愈繁，分工的进步也就愈为必要和愈为经济”(本书第19页)，当然，门格尔对亚当·斯密的批评有失公允。斯密的确提到了机械发明对于提高生产率的重要性，并且也举出了这方面的事例。但是，门格尔确实比斯密更多地强调消费产品种类的多样性是经济进步的标志。强调产品的多样性对于现代奥地利学派十分重要。

门格尔相信存在着客观自然规律，财货或多或少具有满足人类需要的属性。因此，人类需要去了解财货的属性及其满足需要的能力之间的因果关系。但人们也许既不能正确认识财货的客观属性，也会错误地了解其需求性质。比方说在远古时期，人们相信巫医会治愈疾病，但随着知识增长，他们就会意识到这个信念大可非议，故而，门格尔的术语辞典中还专门有“虚拟财货”一词。

对于一个纯粹主观主义者，“虚拟财货”无疑有些自相矛盾。[1]如果是由个人的主观估值来确定财货，何以一种财货较之其他财货更有虚拟性呢? 门格尔的答案是：虽然任何时刻价值都依赖于主观需要的评估，但假以时日，人们显然能够懂得知识并纠正谬误。

如果有人想继续讨论进步，那就得界定其内涵。门格尔没有依据国民财富来表示进步。因为他认为人们不可能采用一种足够精确的方法来累计个人财富，从而产生这种颇有意义的国民财富衡量标准。[2]进步的衡量标准只能是个人标准。然而，如果一个人认为即便依据后来得到的知识，个人的估值也永远不可能错误的话，那么人们如何从对人类需要之满足程度的主观评估来估值财货呢? 但可能会在一定意义上理解错误，即一旦得到更好信息，他们就会意识到错误。巫医客观上不能治病，进步便意味着人们开始认识到这一点并代之以更好的医疗方法：“一个民族的文化愈高，人们对于物的真实本质和固有性质的研究愈深，则真实财货的数目就愈大，而虚拟财货的数目就愈小。在经验上，凡真实财货最贫乏的民族，其虚拟财货的数目通常就愈大，这事就

---

[1] 沙尔莫(Jereny Shearm)则用很多证据反对门格尔使用虚拟财货的结构。他也争论说门格尔愿意在人类选择环境中包括一个客观部分也许对奥地利学派有额外功用。

[2] 考虑一下国民财产的概念：“在这里，我们所处理的不是为满足一国国民的欲望所支配的、并交其机关管理和处理的经济财货的总体，而是为国民中各经济人、各社团为其各自目的所支配的经济财货的总体。所以它与我们通常名为财产的概念，在本质上是有差异的。……但在我们今日的社会关系下，一国国民中的经济人，为满足其特殊欲望而支配的经济财货总体，很显然地不能构成这样一种经济意义上的财产，而只能构成一个通过人们的交换，以将这些个别财产结合在一起的财产复合体。”(本书第 50 页)这里，我们注意一下米塞斯和哈耶克在相似意义上使用交换学这一术语。这个词被用来表示个人经济活动关系而非整个经济。

是在‘真认识’即知识与人类的福利间存在着密切关系的有力证明。”(参见本书第 3 页)[1]

门格尔对人类文明进步的论述在《原理》中可谓俯拾即是，以至于我们很难否认他写作的主要目的在于提供一套经济发展理论，而非静态的经济分配理论。一旦明了这一点，我们就会大惑不解于为何人们要用另一种方法解读《原理》。

进步是财货及其人类需要满足之间因果关系的知识不断增长之结果，但它有着一个新古典研究方案忽略不计的维度，即时间维度。门格尔认为“因果观念离不开时间概念”，因为变革过程包含着发生和变化，而这些只能借助时间过程才得以想象。

人类生活在时间之中，故而他们不但苦恼于有关周围环境及其需要的有限知识，而且还得现在作出在未来才有结果的决定，人类的无知与永不停止的增长知识的尝试，预示着其经济活动绝不只是被动和反应性的。人类必定有某种学习过程，采取区别于过去的一些行动以走向未来。人类在时间隧道里致力于有目的的行动，来满足自己需要。

门格尔的高级财货理论，尤为明显地体现出他对人类行为中时间因素的关注。消费财货是第一级财货，而生产它们则要经过一些必需的中间阶段。因而，满足消费，人类必须先生产较高级财货，再由它们制造出低级财货。然而，当人们投资财货时，他们甚至无法确定生产过程中时间多变的性质。

强调生产过程中时间的重要性是早期奥地利学派资本理论中众所周知的特点。[2]它衍生出与众不同、屡受批判的商业周期理论。但是，门格尔有关时间的经济学观点并非仅存于资本理论，其著名的价值理论中

[1] 自然，一个人无须为理解门格尔论点而赞同他，如果一个生活在现代文化背景下的学生考虑一下门格尔用来说明虚拟财货的概念，那他也许认为进步的结果之一就是我们发明的新虚拟财货与被舍弃的至少一样多。

[2] 早期奥地利学派几乎是由庞巴维克的文章和著作才为人所知的。庞巴维克发展了时间偏好的利息理论，把生产率与生产过程长度的迂回性联系起来，并试图通过定义确定生产的平均时段来衡量迂回的程度。

就具有时间特征，只不过人们不大了解而未加注意罢了。

我们知道门格尔的价值理论被认为是简单、不完善的，它只是近似于给定信息条件下的消费均衡理论。但是，这种解释是人们掐头去尾、仅阅读他理论的中间部分所致。我们必须看到他在阐明边际效用理论之后[1]，紧随而来的便是对个人因未来不确定性而要制订计划的讨论。

为了充分满足需要，人类必须预期在计划实行期间他们的需要和资源状况，以便采取步骤，克服资源的任何潜在的短缺。[2]制订这个计划，还必须考虑到需求会因时而变，因此针对意外事件还得有一些计划。[3]但是作出估量后，一旦人们通常估量的资源出现短缺，他们就会搜肠刮肚地寻找额外资源。经济行为远非只是在竞争性的各项目标中分配资源，它需要预见、想象、计划和行动。计划的整个内涵，就是指它是在时间之中展开的过程。

毋庸置疑，门格尔著作中不乏均衡状态的表述，但它却因门格尔关注积极行为而不引人注目。让我们考察一下他的交换和价格理论。不错，人们可以将它视为门格尔在煞费苦心地定义均衡价格，但更准确地说，它实际上是一套经济过程理论。他写道："人类从事于经济活动，一般都遵循着尽可能地完全满足其欲望的原则，也就是说，人类都从外物中探索其可用之物，并将其置于自己支配之下，以改善其经济状态。人类既遵循这样一个原则，则在上述情况之下，自必热心加以研讨，以期能利用它去尽可能更好地满足其欲望"(参见本书第 100 页)。显然，门格尔笔下的交易者解决的不仅是最大化问题。他们积极地寻

[1] 用边际效用递减术语来刻画门格尔的价值理论是有误导性的。他的理论描述了连续使用一种财货如何导致持续性地减小其使用重要性，正是最后的使用重要性才决定了任一单位数量财货的价值。

[2] 他把那些被估计的需要称为"需求"(requirement)，这个概念至今我们仍无相应的现代术语。虽然斯蒂格勒曾争辩说这个需求就是那些能够把边际效用降低到零的足够数量的财货(而人们也许只能消费经济财货而无法减小其总体效用)。但是，我把这种解释视为尝试着把门格尔独特观念适合于新古典经济学的需求，即偏好也不是客观需要，它们似乎是对家庭中常用财货计划性消费的估计。

[3] 应该注意门格尔的暗示，即他并没有假设需要(用现代术语称为口味"taste")是稳定的，人们会懂得如何认识他们的需要以及他们的资源。这就使他明显不同于乔治·斯蒂格勒和加里·贝克尔所定义的严格的新古典研究纲领。

找交易伙伴，并利用人们之间估价的不同性。再者，因为交易活动需要知识和努力，故不是所有的人都得到相同的结论。真正的贸易将依存于因人而异的真实环境。经济学家的任务就是发现那些找到贸易伙伴，个人就会互相交易的规律，并发展这些一般规律，以说明在一个更成熟的市场下价格形成的过程。因此，门格尔的价格理论，最初是在描述对经济价格的种种限制，而不是尝试着去决定均衡价格。[1]

在解释日趋激烈的竞争对贸易和价格产生影响时，门格尔进一步地揭示贸易和经济均衡之间的关系。他一改新古典典型的论证次序，以孤立的垄断开始，并接着指出：随着市场中买卖双方人数增多，潜在的价格范围是如何越来越小的。门格尔所强调的，与其说是在不同市场模型下推导出均衡价格，还不如说是在给予一种分析性的历史解释，来说明竞争的激烈化如何导致价格越来越低、产品越来越多，以及每个经济机会更完善地得到利用。事实上，门格尔有关价格形成的篇章，构成了其对经济发展特征、而非均衡价格的分析。[2]

门格尔相信，进步标志是知识不断增长、产品日渐丰富、经济体制和关系越发复杂和稳定，并更好地满足人类需要。随着人类知识的增长和进步，真实价格也就更为逼近经济价格。经济学成了一门专门解释这个进步如何可能的科学。

四、方　法　论

门格尔原本打算写的经济学著作多达 4 卷。《原理》只是头一卷。但其余 3 卷未能完成，至于《原理》本身，虽然反复推敲和修改，

[1] 30 年代门格尔讲席继承者汉斯·迈耶(Hans Mayer)把门格尔理论描述成价格形成而非价格决定理论。

[2] 施特莱斯勒认为在门格尔的讨论中，均衡价格的调整是一个社会过程，并且颇费周折，“如果说瓦尔拉斯的拍卖人需要一分钟的话，那么门格尔的拍卖者要一个世纪”。

但他本人始终未能满意而迟迟未交付出版。而他另一本主要著作则是探讨方法论的著作，即《探讨》。此书的出版，乃至被学界所承认，都颇费周折。这解释了为什么门格尔会具有早期新古典经济学家的名声，也说明了人们何以如此长时间地忽视他与历史学派的关系。

《原理》出版后，在奥地利广受欢迎，它很快确定了许多奥地利经济学家的研究方向。这些人日后成为奥地利学派的中流砥柱。该学派阵容庞大，成员有门格尔及其两位大名鼎鼎的同事：维塞尔和庞巴维克。在奥地利以外名气稍逊的还有：萨克斯，科莫齐恩斯基，楚克坎德尔和施拉腾霍芬。他们的著作都承袭门格尔的思想传统。但是德国人却没有像门格尔所期待的那样欢迎他。

虽然门格尔认为他填补了历史学派纲领中的理论空白，但不幸的是德国人却从未如此看待他的理论。诚然，罗雪尔的口吻相当温和，甚至还略微赞同地评论《原理》。但连他也不认为这本书是在拯救老历史学派。或许，门格尔对德国人的冷淡大惑不解，于是他在 1875 年着手撰写第二本著作《探讨》。从书名中就可以知道门格尔所讨论的是理论、历史和经济政策之间的关系。到 20 世纪中叶，门格尔一直因此书而名声大噪。

门格尔将经济学分为三个相关领域：历史统计部分研究经济现象中个别的和独特的方面；理论部分则探讨经济现象的一般性质；国家经济的实践部分则大体上等于经济政策。尽管历史学派钟情于经济现象中的独特和具体方面，可门格尔争辩说，如果没有精确法则(exact law)以及经济理论，他们的研究就不可能完美无缺。因为研究就需要建立起那些构成典型关系的各种理想类型，历史资料只有作为这些类型的某些方面才能被人理解。经济理论则是由一般类型和典型关系的精确法则构成的。[1]

[1] 门格尔对理想类型的讨论影响了马克斯·韦伯的社会学方法论以及米塞斯、拉赫曼对经济学方法论说明的尝试。

虽然门格尔坚持经济学的经济规律具有科学性质，但他和历史学派一样都认为这种科学性并不意味着其规律与物理学规律别无二致。经济学规律显然并不像物理学规律那样严格。但这种现象并非经济学所独有，事实上其他学科亦然。事实上，所有的科学的严密程度都参差不齐，即便在自然科学中，其规律称得上是绝对严格的学科也不多。那些只表明经验法则的学科的价值也不言自明。无疑，日后米塞斯和哈耶克所称的自然科学与社会科学的差异便来源于此。

经济规律之所以异于物理学规律，乃是因为这些规律是在一个非常复杂的现实中体现的。在这个现实中，经济规律的后果会因为可观察到的人追求非经济目标而改变。所以，一个人不可能通过指出一些相反的经验事实而否定经济学规律。这样的程序，无异于用测量三角形来验证几何学的规律。[1]但果真如此，那怎样用因果规律来解释这些事件呢?

与门格尔自己所称的培根式的“经验实在论”，即自然科学研究方法相反，他拥护社会科学采用“精确研究方法”，致力于明白每一件真实事件中最简单的要素。正是因为它们最简单，所以它们必须被认为具有严格的典型意义。在经济学中应用精确研究方法，事实上意味着，我们必须把人类现象化约为最简单的原始构成要素。对门格尔来说，经济理论中最简单的要素就是人类的估值理论，从它可以推导出更复杂的经济关系。很明显这是一种个人主义方法论。

颇让人值得注意的，是门格尔用来比较精确研究方法与研究经验现象的经验实在论研究方法的例子。因为门格尔在解释均衡结构时也使用这个例子。门格尔声称，即使在真实世界中人们极少观察到经济价格，人们还是可以用精确研究方法来预测经济价格。然而，虽然预测经济价格的规律真实存在而且十分精确，但是由于非经济环境，价格在经验上的表现却是变动不居的。实际上，如果真实世界真的具备了经

[1] 参见米塞斯有关人类行为学不可辩驳的特征的论述。

济环境所需的全部条件，比如最大化、信息完备、行动完全自由等等，倒是令人惊奇的。真实价格总是偏离经济价格，而经验现实主义的作用，是以经济价格为出发点，发现两者的偏离程度。但是门格尔却从未解释在没有经验价格的情况下，一个人是如何发现经济价格的。故而，他似乎创设了一套让人无法使用的比较标准。由此可以看出门格尔的论证和传统经济理论之间的相似性。后者以经济价格理论为前提预测真实价格的变化方向。[1]

五、无意图秩序理论

门格尔在其第一卷著作中就已经开始探讨方法的地位，但多少不太令人信服；第二卷则气量狭小地批评了历史学派的局限性。第三卷篇幅最短，但理论成就最为重要。它表明从《原理》中发展出来的个人价值原理，能够提供一种历史理论、一种系统的社会变迁理论。该书远比其他著作更清晰地说明，人类行为理论如何一清二楚地解释了历史所描述的社会制度的兴起。

循苏格兰启蒙运动之传统[2]，门格尔规定“精确研究方法”的问题，是去发现“在没有公共意志引导下，那些提供公共福利并对其发展有重要意义的各种制度是怎样建立的?”门格尔的答案是，个人追求各自经济利益的时候，也惠及他人，从而扩大了他的潜在收益的知识或逐渐增强其追求利益的能力，最终形成了承载这些知识和能力的制度。

---

[1] 尽管门格尔坚持精确理论对于理解真实经济实体的重要性，但他相信人类不是纯粹的经济动物。经济学提供的仅仅是人类行为的精确规律。要全面地理解真实的社会就需要更广阔的人类科学(the science of man)，以及全面地理解人类活动的历史背景。经济学所描述的寻求物质满足的人完全受自利的支配，但人类动机极为复杂，这仅是其中之一。经济学属于人类经历中一部分而非全部的经历。

[2] 门格尔赞同大卫·休谟、亚当·斯密以及亚当·弗格森的论点，他们把社会制度描述成“人类行为的结果，而不是人类设计的产物”，这样，任何历史理论的前提便似乎就是表明社会秩序是如何作为有目的的人类行为的无意图副产品而产生的。

门格尔用货币、法律、语言、市场等社会制度和社团，乃至国家本身的起源等为例子，论证他的思想。

门格尔在《原理》一书中，首次通过讨论货币的起源来发展出一般秩序理论。货币是个人在实物交易中，试图提高满足自己需要的机会时产生的无意图结果。因为实物贸易体制中，需求双方互相满足要求有一次成功的交换。因此，一些人发现如果他们用市场性更低的商品来交换市场性更高的商品，就能够增加它们的交易机会。一袋小麦显然要比一双定制的鞋子更容易与其他物品交换。最后，当人们最终满足了他们的需求，越来越多地从事间接贸易，把市场性较低的商品交换成市场性较高的商品，结果就出现了一种制度化的充当货币的商品。货币的产生过程既不是有意识的设计，也不是先前就可预测的产物。经过这个过程产生的制度绝非人类刻意追求的结果，而是各个个体有意识的经济行为所导致的无意图结局。

尽管门格尔煞费苦心地以货币为例，阐述无意图秩序(人们也许会争辩说他只是解释了这个例子)，但在《探讨》一书中也多次提到了其他事例。当能力有别，职业不同的人定居在新的地区时，因为他们相信将会有更好的市场使他们的技术有用武之地，所以新的居民点就会蓬勃兴起。而国家的产生则主要是经过日益增长的合作，各个家庭的居住越发紧密，于是出于共同利益的需要，他们才决定联合起来。门格尔争辩说，绝大多数社会组织并不是人类有意识设计的产物，而是指导人们走向更为个人化目标的人类行为的无意图结果。这正是人类社会中有机发展的本质。

门格尔所讨论的有机秩序尤为有趣，这倒不仅仅在于他对这些秩序所进行的描述，更在于他提供了一个简要的理论来分析这些秩序是如何发展的。在论述货币历史的起源时，他提到某些人比其余人更敏锐地意识到获得市场性更高的商品的好处，因为它有益于人们更接近最终目标。人们并不是同时都能发现间接交换的好处的，但每个人最后都会明白这一点。因为“没有什么比人们获知他人应用正确方法获得经济成功更能激励人们发现他们的经济利益”。门格尔的一般系统发展理论与生物进化论没有多大相似之处，它倒更像是受个人经济利益驱动，通过模仿而产生的新的信息的发现和传播的过程。因而它也是门格尔的一种尝试，即使经济学中事物生成和发展的研究合乎经济科学的精确法则。可是，直到20世纪50年代之后，门格尔无意图秩序才再一次占据奥地利学派的舞台中心。

六、方法论之争

了解了门格尔主要思想后，也许有人会期望他的著作能在德、奥经济学家中展开对话。不幸之至，门格尔傲慢的语气没能引来学术上诚心诚意的交流。不仅如此，《探讨》一书一直拖到1883年方才刊行，其时，罗雪尔已不再主导德国经济学界，而由另一位年轻的历史学派领袖施莫勒取而代之。他毫不妥协地反对一切先验的普适理论，所以，如果说罗雪尔对待门格尔的著作还算客气的话，那么施莫勒则算得上是极力反对的了。

1883年，施莫勒采用一种特别有辱人格的方式对《探讨》冷嘲热讽，门格尔立即还以颜色，于1884年写出《历史主义的谬误》。这本小册子同样文字尖刻，极富论辩色彩。哈耶克曾说，门格尔无情地击败施莫勒。即便事实如此，施莫勒本人却从未认输。他把寄给他的门格尔著作一字未读便一退了之，以此令人瞠目结舌的方式羞辱了门格尔，后来又在期刊上最后一次发表文章大放厥词。

这就是经济学文献中说起过的令人讨厌的方法论之争。这场论战当时并未明显地决出胜负，也没有化解相敌对的观点。最终，门格尔的方法更为接近20世纪经济学所采用的方法。颇具讽刺意味的是施莫勒在晚年，他几乎承认了所有门氏捍卫理论必要性的观点。但在非德语学术界，专业学者所形成的共识却是整场争论都不过是在浪费时间。[1]

有人会同意，如果不是这场论战，门格尔会更好地把时间花在经济学理论上。但他的损失还不止于此，更大的损失是门格尔的名声以及奥地利之外的人们对他的理解。门格尔与施莫勒情感上势不两立，他们的观点在专业人士心目中处于两极。而且，门格尔小心翼翼地为理论在经验研究中争取地位的尝试，被简化成追求纯粹的理论。所以，尽管门格尔以试图为历史研究发展一般的理论开始其经济学家的职业生涯，然而他却被当作反历史的人；尽管他希望揭示出理论、历史、经济变革之间的关系，可他渐渐地被当成极端的先验理论捍卫者；尽管他希望表述内在于历史环境中的个人主义方法论，可人们却认为他是极端个人主义和“闪电式计算”(极端完全理性的个人)[2]提倡者。故而，方法论大战的尘烟淹没了门格尔对知识、时间、不确定性、过程和秩序的重要洞见。

七、门格尔及旧奥地利学派的命运

诚如我先前所争辩的，主张门格尔开创新古典的经济学固然没错，却并未全面反映《原理》中所要表达的主要思想。门格尔的价值理论的确可以轻而易举地置于新古典模型之中，但它本身不过是一项更大尝试的一个组成部分。这个尝试便是力图回答亚当·斯密的基本问题：国民财富进步的原因何在？门格尔认为进步的源泉来自知识的增长。

[1] 玻斯塔夫的文章所执观点与之相反，认为方法论之争并非浪费时间而是不同的认识论观点的真正冲突。他争辩说，门格尔与施莫勒之间的差异根源在于他们各自不同的对概念以及由此形成的对经济规律概念的观点。施莫勒以为概念只是贴在普通归纳上的标签，而这些普通归纳源于广泛的资料，并随着资料的改变而改变。因此任何描述复杂实体的尝试将以其观察程度为基础，并等待着修正。从这些概念中引出的经济规律本身是偶然的和短期的。另一方面，门格尔则认为概念是仅仅从那些普遍有效的适用的事例中抽象归纳出来的。当一个人理解了现象的本质，就有可能从那些普遍适用的概念中推导出精确的经济学规律。

[2] “闪电式计算”这一术语是托尔斯坦·凡勃伦(Thorstein Veblen)提出的。他嘲笑20世纪早期任何发展经济人概念的尝试。虽然他那个时代的新古典正统的发展证明他批判的正确性，但门格尔的理论则不受他批判的约束。

因为这些知识告诉我们财货以及人类需要之间的因果关系。他还表明人类为满足所需而采取的积极行动是如何推动进步的。寻求满足人类需要的途径，导致知识增长以及控制资源的权力扩大。

门格尔认为，经济增长的具体表现便是经济日益复杂而价格越发逼近完全经济境况(类似于完全竞争条件)下所达到的价格。这种复杂性显而易见，从社会产品增加，高度发达的劳动分工，乃至为满足人类对更完善的经济信息欲求，以及便利交易而产生的种种经济制度中，均可看到。门格尔在著作中清晰地描述均衡概念——例如，双方的交换导致各种均衡——但均衡变动迅速，转瞬即逝。因为它反映了永恒变化的经济条件并描绘出某些永难企及的长远目标。

我们知道学术界赞誉门格尔的价值理论，然而他的同代人却遗忘了他更大的主题，即知识增长导致经济的增长和发展。德国历史学派自不必说，他们本该最欣赏门格尔的科学研究，结果却极端敌视他的理论结构，从而完全忽视其对经济史的意义。但奥地利那些接近门格尔的同事又是怎样的呢？他们为什么也如此迟钝地对待门格尔思想中的独到之处呢？具有讽刺意味的是，维塞尔和庞巴维克这两位门氏密友和最知名的同事都分别发展了其思想中近似于新古典经济学的部分，从而掩盖了他同新古典经济学的差异。

先看一下维塞尔。边际效用理论及其与交换和价格的关系激发起他的浓厚兴趣。他把边际效用理论作为自己著作的出发点，并把它发展为更近似于正在成型的新古典边际效用理论。在他众所周知的《自然价值》中，他过于淋漓尽致地阐释门格尔价值理论的意义。他不仅重新叙述，而且详尽地解释边际效用递减规律，并拓展成为机会成本理论。他也生动地描绘出需求曲线，表明成本法则与价值法则之间的一致性。维塞尔还从门格尔的高级财货价值出发，发展出生产要素价值的归属理论，而这是门格尔不曾论述的。

颇能说明问题的是，正是维塞尔本人最早把门格尔归入新古典阵营的。在《自然价值》序言中，维塞尔清楚地把门格尔与杰文斯、瓦尔拉斯以及戈森并列为四大价值规律发现者，维氏认为，门格尔要比其他人更为系统地解释价值，这不仅在于门格尔所论证的价值现象更为普遍，而且在于其适用范围较之他人要来得广泛。[1]维塞尔还特别因为采用数学方式论证而批评瓦尔拉斯，在他看来，价值规律绝非表现为数量规则。“要搞清楚价值的含糊不清的概念，要描述价值的种种形式，要分析价值在经济生活中的作用，要说明价值同那么多其他现象之间的关系；简言之，我们必须提供一部需要文字而不是数字的价值理论。”

因此，维塞尔认为，奥地利学派与其他边际效用学派的区别之处，是它的价值理论多少是文字式的而非数字化的。此言一出，他对门格尔成就的简略评论就成为之后一个世纪大部分时间里公认的观点。

甚至自那以后，那些人数日增的应用几何、代数公式的经济学家们，认为维塞尔和门格尔有关数学的看法已有些落伍了。因为他们整页整页争辩的事情只消几条线段就可以讲得明明白白了。毫不奇怪，人们逐渐认定奥地利经济学家拒绝认同数量经济学实在是排斥最新科学技术的落后之举。如果问题只局限于说明价值理论，这种批评也未尝不对。对于20世纪前后新古典经济学竭力要解答的特殊问题，用几何分析和数学公式说明的确省时省力，推理也增添几分准确性。但他们(甚至包括维塞尔本人)并没有考虑到一个事实，即门格尔最先提出的问题要远比简单价格理论及其对要素定价的意义远为广泛和复杂。

可笑的是，维塞尔如此成功地限制了奥地利经济学派关注的焦点，并且忽略了时间、知识增长、能动的过程等问题，以至于到1932年，罗宾斯在他反映奥地利经济学影响的经典之作《论经济科学的性质和意义》中，认为奥地利学派主要关注于财富分配问题而非增长问题。[2]他

---

[1] 维塞尔把上述门格尔的高人之处归因于他受益于德国学派。因为后者“耐心细致，费尽心力说明了普遍的经济概念，并逻辑地安排具体现象，使之达到抽象的高度。也许可以大而言之，德国学派长久以来对概念的说明，使得我们的任务只是通过充分观察充实这些概念而已”。

[2] 罗宾斯写这本小书的目的在于通过关注选择问题反对经济学的“唯物主义”定义，并用奥地利学派所争辩的方式支持经济科学严格的价值自由。他争辩说经济学是有关一定人类行为的科学，因为经济学归纳了所有常有稀缺和多种目的特点的人类努力。“故而，我们可以得出结论，说就表现出稀缺这一方面而言，任何一种人类行为可以得到经济学的归纳。”可以颇有启示意义地指出在此书首版序言中，罗宾斯特别地感谢米瑟斯、威克斯蒂德对说明他自己论点的帮助。

把经济学定义为“从经济目标和具有各种不同用途的稀缺性手段之间的关系中研究人类行为的科学”。无论罗宾斯本人究竟是什么意思，这个定义一般很容易地被看作一种静态均衡的解释。[1]

在奥地利经济学发展的早期，对经济变革的关注体现在庞巴维克发展出来的资本与利息理论之中。熊彼特在《经济分析史》中写过，门格尔曾说过庞巴维克的资本利息理论是他所犯过的最大错误。因为庞巴维克重新把李嘉图因素诸如古典工资基金(classical wage fund)引入资本理论，还试图平均化复杂的生产过程，从而实质上确定生产的平均时段。但是，庞巴维克的生产结构理论以及“利息的三大支柱”(其中两个是主观主义性质：收入的边际效用递减和未来变得有用的财货的边际效用递减)，的确保持了对时间和过程的关注。进而言之，人们所提及的各种商业周期理论很大程度上是以庞巴维克的生产理论为基础，从而注重时间与生产之间互动关系的。资本理论不可能脱离“过程”概念。但是庞巴维克以形式主义式的研究方法贯穿其理论的各个部分，故而人们虽然激烈地争论其观点[2]，却都跳不出新古典语境。因此，整个学术界关注李嘉图学派和庞巴维克的形式主义框架甚于门格尔学派的有关过程。资本财货非均质的论题也就不足为怪了。

故而，甚至门格尔的门徒也只是拣拾他思想中近似于正在成型的新古典所讨论的观念，而不是其著作中真正的思想。久而久之，门格尔也无法自我辩解了。至于他潜在的德国读者对他的陌生则部分归因于施莫勒，他成功地把门格尔派赶出德国学术界；部分归因于门格尔拒绝再版《原理》，这使别人更难接触他的原著了。而在日益重要的英语世界，由于马歇尔在世纪之交时树立了绝对权威，因而即使他的《原

---

[1] 柯兹纳(Israel Kinzner)比较的是“罗宾斯派”最大化行动以及他自己有关经济学定义的缺陷。因为罗宾斯派的行为纯粹只是反应性和计算性的，而柯兹纳却是在手段、目的框架中感知人类行为及其变革的意义。

[2] 庞巴维克与J.B.克拉克就资本性质问题展开了激烈争论，随后，哈耶克和奈特在实质相同的基础上继续争论不休。克拉克和奈特都把资本看作一个连续的、渗透并能产生回报的价值资金，而庞巴维克和哈耶克则指出了时间制度的重要性，以及资本存货的组成，并强调了为了从资本中维持收入而进行的必要的精心选择。

理》对有兴趣的经济学家十分有用，门格尔也不太可能备受注目。

这并非说，自门格尔以后，奥地利学派已背弃某些独到的思想。奥地利人从未一干二净地忘却时间、知识、过程的重要性，无论他们怎样融入新古典正统之中，但是为了加入更大的学术圈，就必须越来越多地用新古典术语发展奥地利学派观念。显然，像熊彼特、哈伯勒、马赫卢普、摩根斯坦所有这些奥地利学派的后起之秀，都是通过发展奥地利学派论题而成为新古典主流的一分子。[1]颇有意思的是，甚至米塞斯这样一位其名字在外国就象征着奥地利学派的这批人中最纯粹的奥地利经济学家也是如此，只不过程度稍小而已。

毫无疑问，到了20年代，包括奥地利学派在内的大多数经济学家都相信不再有什么独树一帜的奥地利学派了，这个学派所有重大成就，要么轻易地融入新古典正统思想之中，要么为经济学界门派长期不和提供了论题。故而不存在什么奥地利学派，有的只是人们认为碰巧在奥地利发源的观念罢了。人们遗忘了门格尔谈到的知识、无知、时间、过程，它们要么被忽略不计，要么被人认为与新古典所讨论的核心问题无甚关联。然而，就在这种普遍共识之下，仍然存在着对经济体制功能的不同理解，这种理解上的差异并不通过理论上不同观点的直接交锋，而是借助社会主义可行性论战而体现出来，它很快就破坏了门格尔与马歇尔—瓦尔拉斯新古典经济学派貌似的一致。

蒋狄青　黄冰源　译

[1] 哈伯勒(Haberler)有关商业周期的著作是在过程理论范围之中，而马赫卢普有关知识信息的著作则是奥地利学派主题在新古典背景中的发展。人们也可以争辩说摩根斯坦的博弈理论是在较之于门格尔和庞巴维克交换模型更大的背景中建立人类互动关系的模型。熊彼特的例子甚至更有趣：虽然他大量地保留了奥地利学派对过程和制度的关注，这在他的《经济发展理论》和《经济周期》以及《资本主义、社会主义和民主》几本著作中表现尤为明显，但他却把瓦尔拉斯静态均衡经济学当作科学典范。人们尽管从不能确知熊彼特是否真的相信瓦尔拉斯派的经济学，但他在后期借其指责奥地利学派缺少“科学性”则是确定无疑的。

Carl Menger
GRUNDSÄTZE DER
VOLKSWIRTHSCHAFTSLEHRE
Wilhelm Braumüller
Wien, 1871
本书根据维也纳威廉·勃劳漠勒公司 1871 年版本译出

图书在版编目(CIP)数据

国民经济学原理 / (奥) 卡尔·门格尔著 ; 刘絜敖译. -- 上海 : 格致出版社 : 上海人民出版社, 2024.
ISBN 978-7-5432-3588-5

Ⅰ. F20

中国国家版本馆 CIP 数据核字第 2024NE4617 号

责任编辑 忻雁翔
装帧设计 陆智昌
美术编辑 路 静

国民经济学原理

[奥]卡尔·门格尔 著
刘絜敖 译

出　　版 格致出版社
上海人民出版社
(201101 上海市闵行区号景路 159 弄 C 座)
发　　行 上海人民出版社发行中心
印　　刷 上海商务联西印刷有限公司
开　　本 635×965 1/16
印　　张 15.5
插　　页 2
字　　数 210,000
版　　次 2024 年 7 月第 1 版
印　　次 2024 年 7 月第 1 次印刷
ISBN 978-7-5432-3588-5/F·1588
定　　价 69.00 元